基金项目：河北省社会科学基金项目
课题名称：乡村振兴战略下我省农村职业教育困境和发展路径研究
课题编号：HB18JY035

乡村振兴背景下
河北省农村职业教育推进研究

石秋香◎著

燕山大学出版社
·秦皇岛·

图书在版编目（CIP）数据

乡村振兴背景下河北省农村职业教育推进研究 / 石秋香著. —秦皇岛：燕山大学出版社，2022.5

ISBN 978-7-5761-0329-8

Ⅰ. ①乡⋯ Ⅱ. ①石⋯ Ⅲ. ①乡村教育－职业教育－研究－河北 Ⅳ. ①G725

中国版本图书馆 CIP 数据核字（2022）第 061201 号

乡村振兴背景下河北省农村职业教育推进研究
石秋香 著

出 版 人：陈 玉			
责任编辑：王 宁		策划编辑：王 宁	
责任印制：吴 波		封面设计：吴 波	
出版发行：燕山大学出版社		电 话：0335-8387555	
地 址：河北省秦皇岛市河北大街西段 438 号		邮政编码：066004	
印 刷：英格拉姆印刷(固安)有限公司		经 销：全国新华书店	
开 本：170mm×240mm 1/16		印 张：16.5	
版 次：2022 年 5 月第 1 版		印 次：2022 年 5 月第 1 次印刷	
书 号：ISBN 978-7-5761-0329-8		字 数：248 千字	
定 价：67.00 元			

版权所有 侵权必究

如发生印刷、装订质量问题，读者可与出版社联系调换

联系电话：0335-8387718

前　言

本书是 2018 年河北省社会科学基金项目"乡村振兴战略下我省农村职业教育困境和发展路径研究"（编号：HB18JY035）的研究成果。

党的十九大提出实施乡村振兴战略，表明我国农村的发展进入了一个新的征程，"三农"问题的解决有了新的起点。国家相关部门出台了一系列意见、方案、指南，大力扶持和积极推动乡村振兴战略的实施，各省纷纷响应。河北省随之出台了《中共河北省委河北省人民政府关于实施乡村振兴战略的意见》《河北省乡村振兴战略规划（2018—2022 年）》等相关文件。河北省乡村振兴战略的不断推进，使培养乡村振兴人才走入农村职业教育领域，农村职业教育既面临着新的机遇，也面临着新的挑战。如何基于乡村振兴推动河北省农村职业教育的发展，成为摆在农村职业教育和乡村振兴战略实施面前的现实问题。

在世界范围内，相关学者从多个方面对农村职业教育进行了探索，取得了很多有益的经验，如德国、美国、日本、丹麦、意大利、瑞士等国家，从国家层面颁布了与农村职业教育相关的法律，使农村职业教育适应本国的发展需要，同时在农村职业教育人才培养、农村职业教育形式、农村职业教育体系、农村教育内容等方面取得了一些经验，为我国农村职业教育的发展提供了理论和实践方面的借鉴。我国农村职业教育的发展经历了初步形成、探索发展、稳步上升、黄金发展、创新发展 5 个阶段。河北省的农村职业教育经历了农业中学的试办和兴起、中等职业教育快速发展、县级职教中心的建设与推广、城镇化进程中农村劳动力转移培训、服务精准扶贫与乡村振兴战略等阶段。乡村振兴战略背景下农村职业教育的发展是 2017 年以来各专家学者和农村职业教育院校一直关注的热点问题。

笔者基于乡村振兴背景下河北省农村职业教育面临的机遇和挑战，探讨如何在乡村振兴实施过程中推进河北省农村职业教育，河北省农村职业教育围绕乡村振兴需求精准定位人才培养目标，发展以终身教育为核心的职业教育理念，融合"校企、乡村、互联网＋"三位一体的多途径人才培养体系，构建"1+1×N"农村职业教育新模式，提出乡村振兴背景下农村职业教育师资培养的对策，推进以培养新型职业农民为目的的农村职业教育的发展，对河北省农村职业教育在乡村振兴背景下的发展具有一定的现实意义。农村职业教育精准对接乡村振兴人力资本需求，为乡村振兴提供职业教育扶持，拓展了乡村振兴背景下农村职业教育发展的理论与实践。

本书共分为十章。第一章是绪论，说明了乡村振兴背景下河北省农村职业教育推进研究的研究背景、研究目的和意义；梳理了美国、德国、日本、澳大利亚、瑞典、韩国等国关于职业教育的相关研究，介绍了国外的相关研究对促进乡村振兴背景下河北省职业教育推进的启示和经验借鉴；国内的相关研究概述，按照时间顺序，自新中国成立开始，经历了初步形成、探索研究、稳步上升、黄金发展、创新发展5个发展阶段；梳理了我国农村职业教育的现状和河北省农村职业教育的现状，以及乡村运动的探索与实践；最后从政策、理论和实践方面梳理了乡村振兴背景下农村职业教育的研究现状，为后续工作的开展奠定了研究基础。第二章是理论基础和相关概念界定，总结阐述了"三农"理论、人力资本理论、供给侧结构性改革理论以及社会分层理论的主要观点，界定了乡村振兴战略、职业教育、农村职业教育等概念。第三章是从乡村振兴助推农村职业教育的发展和农村职业教育赋能乡村振兴两个方面阐述乡村振兴与农村职业教育的关系。在分析乡村振兴背景下农村职业教育价值演变的基础上，从乡村振兴为农村职业教育提供阵地、提高农村职业教育的服务能力和提升农村职业教育的创新能力3个方面阐述乡村振兴对农村职业教育的推动；从农村职业教育振兴乡村产业经济、助力乡村人才培育、促进城乡融合发展、强化乡村文化传承和对接乡村精准扶贫5个方面阐述农村职业教育赋能乡村振兴。第四章通过对河北省乡村发展和农村职业教育发展经验的梳理，提出了乡村振兴背景下对河北省农村职业教育推进的启示。第五章论述了乡村振兴背景下河北省农村职业教育的机遇和挑战。从产业振兴、人才需求、农民需求3个方面分析了乡村振兴给农村职业教育带来的机遇；从农村职业教育供给侧改革、教育观念、教育资源、教育体系和教育师资5个方面论述了农村职业教育在乡村振兴背景下面临的挑战。第六章在分析农村职业教育定位演变的基础上，分析了河北省农村职业教育定位的发展历史，以及乡村振兴背景下河北省农村职业教育定位的新需求，在人力资本理论、供给侧结构性改革理论以及社会分层理论的指导下，进一步提出河北省农村职业教育的新定位。第七章在分析农村职业教育内容的基础上，从乡村振兴背景下的社会需求和个人需求两方面论述河北省农村职业教育服务内容的新需求，进而从专业设置和课程设置两方面构建了河北省农村职业教育的内容，并以乡土课程的开设为个案，分析了河北省农村职业教育课程的推进。第八章在分析农村职业教育形式结构的基础上，分析了乡村振兴与河北省农村职业教育形式的关系，从农村职业教育新形式构建的理念、培养体系和人才培训方式3个方面论述了乡村振兴背景下河北省农村职业教育"校企、乡村、互联网+"三位一体人才培养体系的构建。第九章探讨了乡村振兴背景下河北省农村职业教育模式的推进。首先，介绍了农村职业教育模式的内涵与特点，梳理了国内外农村职业教育模式的类型及对河北省农村职业教育模式推进的启示；其次，基于乡村振兴视角，探讨了农村职业教育的任务、要求和定位；最后，构建了"1+1×N"农村职业教育新模式。第十章分析了河北省农村职业教育师资现状，提出乡村振兴背景下河北省农村职业教育师资培养对策。

  本书在撰写过程中借鉴和参考了许多专家、学者以及同人的一些研究成果和经验总结，在此表示感谢。此外，基于对农村职业教育和乡村振兴相关数据的获取和数据核实的需要，笔者联系了部分地市政府和农村职业教育学校等，得到了大力支持，在此表示感谢！河北科技师范学院的宁永红教授对本书的框架设计提出了宝贵的意见，在此表示感谢！河北科技师范学院的硕士研究生王敏、黄陈辉、张林欣、石翠维和张钰在本书的撰写过程中承担了大量的校稿工作，在此表示感谢！由于笔者水平有限，书中难免存在不妥之处，望各位专家及读者批评指正，后续会更改完善。

石秋香

2022 年 2 月 28 日

目　　录

第一章　绪论 …………………………………………………… 001
　第一节　研究背景 ………………………………………………… 001
　　一、乡村振兴战略的提出 ……………………………………… 001
　　二、乡村振兴的关键是人才振兴 ……………………………… 003
　　三、农村职业教育赋能乡村人才振兴 ………………………… 005
　　四、乡村振兴背景下河北省农村职业教育的新使命 ………… 007
　第二节　研究目的和意义 ………………………………………… 008
　　一、研究目的 …………………………………………………… 008
　　二、研究意义 …………………………………………………… 009
　第三节　国内外研究现状 ………………………………………… 011
　　一、农村职业教育研究现状 …………………………………… 011
　　二、乡村发展研究现状 ………………………………………… 016
　　三、国内外乡村振兴背景下农村职业教育的研究现状 ……… 019
　　四、研究述评 …………………………………………………… 021

第二章　理论基础和相关概念界定 …………………………… 024
　第一节　农村职业教育和乡村振兴的理论基础 ………………… 024
　　一、"三农"理论 ………………………………………………… 024
　　二、人力资本理论 ……………………………………………… 031
　　三、供给侧结构性改革理论 …………………………………… 038
　　四、社会分层理论 ……………………………………………… 043

第二节　相关概念界定···049
　　一、乡村振兴战略···049
　　二、职业教育···050
　　三、农村职业教育···050

第三章　乡村振兴与农村职业教育的关系·················052
第一节　乡村振兴助推农村职业教育的发展·················052
　　一、乡村振兴背景下农村职业教育的价值演变·········052
　　二、乡村振兴为农村职业教育提供阵地·····················058
　　三、乡村振兴提高农村职业教育的服务能力·············061
　　四、乡村振兴提升农村职业教育的创新能力·············062
第二节　农村职业教育赋能乡村振兴·····························063
　　一、农村职业教育振兴乡村产业经济·························063
　　二、农村职业教育助力乡村人才培养·························066
　　三、农村职业教育促进城乡融合发展·························067
　　四、农村职业教育强化乡村文化传承·························069
　　五、农村职业教育对接乡村精准扶贫·························070

第四章　河北省乡村发展和农村职业教育的经验·······073
第一节　河北省乡村发展的经验·····································073
　　一、建设"长城之乡文化带"·······································074
　　二、发挥地域优势，建设特色产业·····························076
　　三、开发乡村旅游，助力乡村振兴·····························077
　　四、电商发展助力乡村振兴···080
　　五、研究述评···081
第二节　河北省农村职业教育发展的经验·····················082
　　一、坚持发展农村职业教育的信心不动摇·················083
　　二、坚决执行政府对农村职业教育的领导和统筹·····084
　　三、充分调动各部门的积极性，不断总结与创新·····085

四、坚持以农村职业教育为经济和社会发展服务 …………… 086
　　五、开放办学，充分发挥农村职业教育的多功能作用 ……… 087
　　六、研究述评 ……………………………………………………… 088

第五章　乡村振兴背景下农村职业教育的机遇与挑战 ………… 090
　第一节　乡村振兴背景下农村职业教育的机遇 ………………… 090
　　一、乡村振兴的产业振兴为农村职业教育定位带来机遇 …… 090
　　二、乡村振兴的人才需求为农村职业教育服务带来机遇 …… 092
　　三、乡村振兴背景下农民需求升级为农村职业教育体系带来
　　　　机遇 …………………………………………………………… 096
　第二节　乡村振兴背景下农村职业教育的新挑战 ……………… 101
　　一、农村职业教育供给侧结构性改革新挑战 ………………… 101
　　二、农村职业教育观念新挑战 ………………………………… 104
　　三、农村职业教育资源新挑战 ………………………………… 107
　　四、农村职业教育体系新挑战 ………………………………… 108
　　五、农村职业教育师资新挑战 ………………………………… 111

第六章　乡村振兴背景下河北省农村职业教育定位推进 ………… 114
　第一节　农村职业教育定位的演变 ……………………………… 114
　　一、单一发展阶段（1949—1977年） ………………………… 114
　　二、缓慢恢复阶段（1978—1984年） ………………………… 115
　　三、持续改革阶段（1985—2000年） ………………………… 117
　　四、全面深化阶段（2001年至今） …………………………… 118
　第二节　乡村振兴背景下河北省农村职业教育定位的新需求 … 120
　　一、河北省农村职业教育的定位发展 ………………………… 120
　　二、乡村振兴背景下河北省农村职业教育定位新需求 ……… 121
　第三节　教育新定位：终身教育+精准对位新型职业农民 …… 126
　　一、乡村振兴背景下的新型职业农民 ………………………… 126
　　二、乡村振兴背景下农村职业教育的终身教育理念 ………… 129

三、"终身教育+精准对位新型职业农民"的教育新定位 ········ 131

第七章 乡村振兴背景下河北省农村职业教育内容推进 ········ 136
第一节 农村职业教育内容概述 ········ 136
一、农村职业教育专业设置 ········ 137
二、农村职业教育课程设置 ········ 140
第二节 乡村振兴背景下河北省农村职业教育服务内容的新需求 ··· 144
一、乡村振兴背景下的社会需求 ········ 144
二、乡村振兴背景下的个人需求 ········ 148
第三节 乡村振兴背景下河北省农村职业教育内容的构建 ········ 150
一、专业设置的原则导向 ········ 151
二、课程设置的改革方向 ········ 154
三、乡村振兴背景下河北省职业教育课程设置案例 ········ 156

第八章 乡村振兴背景下河北省农村职业教育形式推进 ········ 163
第一节 农村职业教育形式结构 ········ 163
一、农村职业教育形式的类型 ········ 163
二、农村职业教育的结构联系 ········ 169
第二节 河北省农村职业教育形式与乡村振兴 ········ 173
一、农村职业教育形式的现状 ········ 174
二、乡村振兴的需求 ········ 179
三、农村职业教育形式与乡村振兴的关系 ········ 180
第三节 教育新形式:"校企、乡村、互联网+"三位一体人才培养体系 ········ 182
一、农村职业教育新形式构建的理念 ········ 182
二、农村职业教育培养体系的构建 ········ 184
三、农村职业教育人才培训的方式 ········ 189

第九章　乡村振兴背景下河北省农村职业教育模式推进 ……… 191
第一节　农村职业教育模式 …………………………………… 191
一、农村职业教育模式的内涵与特点 ………………………… 191
二、国外农村职业教育模式的类型 …………………………… 193
三、国内农村职业教育模式的类型 …………………………… 201
四、国内外农村职业教育模式的启示 ………………………… 203
第二节　乡村振兴对农村职业教育模式提出的新要求 ……… 205
一、农村职业教育的任务及要求 ……………………………… 205
二、农村职业教育模式的定位 ………………………………… 206
第三节　"1+1×N"农村职业教育新模式的构建 …………… 208
一、农村职业教育模式的现存问题及原因 …………………… 208
二、农村职业教育新模式的指导思想 ………………………… 210
三、农村职业教育"1+1×N"新模式 ………………………… 212

第十章　乡村振兴背景下河北省农村职业教育师资推进 ……… 219
第一节　河北省农村职业教育师资现状 ……………………… 219
一、河北省农村职业教育师资结构现状 ……………………… 219
二、河北省农村职业教育教师专业化发展水平现状 ………… 221
三、河北省农村职业教育教师教学水平现状 ………………… 225
四、河北省农村职业教育教师的职业认同现状 ……………… 228
五、河北省农村职业教育师资稳定性现状 …………………… 231
第二节　乡村振兴背景下河北省农村职业教育师资培养 …… 233
一、加强在职教师的专业化培训 ……………………………… 233
二、培养"双师型"教师队伍 ………………………………… 237
三、建立教师专业群组 ………………………………………… 243
四、提升教师社会地位、身份认同与尊严 …………………… 246
五、建立合理的教师考核机制 ………………………………… 248

第一章 绪　　论

第一节　研究背景

一、乡村振兴战略的提出

（一）乡村振兴战略提出的背景

我国是传统的农业大国，农业一直是国民经济的命脉。党中央、国务院2004年提出各个部门都要关注"三农"的发展，多年来一直强调解决农村问题，体现了中国共产党对农村发展的深切关注。改革开放以来，我国的综合国力和国际地位渐渐提升，农村经济与国家实力也得到了快速发展。首先，从中央到地方实行家庭联产承包责任制度。其次，农民不再向国家交税，减轻了自身的经济负担。最后，实施城市和农村一起规划和城乡基本医疗保险一体化等一系列代表性政策。然而，在进步的同时也出现了一些问题，主要表现为城市的经济快速发展与农村经济缓慢发展之间的不均衡。我国的城市发展具有优势资源，城市经济发展迅速，与此相反的是，农村没有优势资源并且有部分优势资源偏向城市，从而导致经济发展缺乏活力，进而逐渐出现停滞的趋势，使得农村地区的发展陷入困境[①]，减缓了经济发展的速度。

2017年10月，党的十九大胜利召开，习近平总书记提出了实施乡村振兴战略，并且赋予其与其他六个战略同等的地位，成为全面建成小康社会的关键转变、全面建设中国特色社会主义现代化强国的经济基石。习近平总书

---

① 孔祥智. 乡村振兴的九个维度 [M]. 广州：广东人民出版社，2018.

记强调了解决"三农"问题的关键所在,就是要抓住农村的发展[①]。2017年12月,中共中央召开会议,针对农村的发展工作进行了非常详细的布局安排,明确了未来农村的前进方向,保证农村的发展不走弯路。《中共中央 国务院关于实施乡村振兴战略的意见》于2018年1月2日颁布。同年3月,李克强总理汇报政府工作时指出,进行乡村振兴战略是没有什么能够阻挡且一定要进行的。这些政策、报告对我国的农村发展进行了规划,对我国农村经济的发展具有统领性、规划性与指导性。

(二)乡村振兴的核心内涵

党的十九大报告和《中共中央 国务院关于实施乡村振兴战略的意见》[②]明确指出什么是乡村振兴。农村想要发展,"就要将农村产业放在发展的第一位,根据农村产业兴旺的要求,使得自然生态平衡发展,农民的生活富裕。在中国共产党的领导下,建立城乡融合发展的乡村振兴策略、适合农村发展的体系制度,不断地完善农村的发展制度"。《中共中央 国务院关于实施乡村振兴战略的意见》提出:"到2020年,乡村振兴取得重要进展,制度框架和政策体系基本形成。"在思想层面上,农村的发展要坚定不移地服从中国特色社会主义的时代要求,建立完善发展的政策体系、农村治理系统和政策法令,促进农村经济的建设、产业的现代化和专业化,让农村成为自然生态协调的生命地。因此,乡村振兴战略其实就是为了解决"三农"问题[③],提高农民的收入,解决农民的衣食住行问题,进而提高农村经济发展的速度,促进农村经济发展。

(三)乡村振兴的意义

我国城市和农村发展的速度不一样,针对农村发展落后等问题,解决的关键在于农村发展,即乡村振兴。除此之外,乡村振兴对解决农村发展的其

---

① 刘汉成. 乡村振兴战略的理论与实践 [M]. 北京:中国经济出版社,2019.
② 中共中央国务院关于实施乡村振兴战略的意见 [EB/OL].(2018-02-04).http://www.gov.cn/zhengce/2018-02/04/content_5263807.htm.
③ 张旭刚. 乡村振兴战略下农村职业教育产教融合发展动力机制研究 [J]. 教育与职业,2019(20):19-26.

他问题具有很大的作用和价值。

第一，对于农村来说，乡村振兴一是能够提高农民的竞争力。乡村振兴为农村的发展提供资源、培养人才以及指明发展方向，调动农村自身发展的活力。二是有助于解决农民的衣食住行问题。乡村振兴战略有利于加快农村地区产业转型升级的速度，有利于帮助农村贫困地区摆脱困境。例如，在农村地区进行对农民的农业技术经济指导，向农民推荐各种先进的科学农业技术，使得每个农民都能够利用先进的技术来使农田的产量增加，进而提高农业产业经济，有效解决农民的衣食住行问题，促进农村的经济发展。三是有助于促进农村全方位发展。乡村振兴战略为农村的发展培养科技、农业、技能、医疗等各式各样的人才，促进乡村经济快速发展，从而在农村的文化建设、基层服务建设中发挥了非常重要的作用。

第二，对于国家的发展与治理来说，乡村振兴战略也有很大的作用。全面建成小康社会和全面建设中国社会主义现代化强国的重要手段之一就是发展农村。中国社会发展经济的关键在于农村经济的发展，农村问题是重中之重。乡村振兴是各个地方农村经济的发展，为国家的全面建设指明方向并提供一些经验，也为我国进行新型城市化建设创新提供了借鉴思路。我国的工业化、城市化是必然趋势，而在乡村振兴的前提下，打造新型乡村，推动城乡一体化，构建和谐城乡发展体系，可为农村和城市的协调发展作出一定探索，提供借鉴参考。

二、乡村振兴的关键是人才振兴

党的十九大报告明确指出，开展乡村地区人才选拔培养工作，努力培养大量有助于解决农村实际问题的高质量人才，加快农村产业的发展速度。农村的人力资源是进行新农村现代化建设、发展农村经济和实施乡村振兴战略的力量所在。乡村振兴战略的全面落实一定要把培养实用人才放在农村发展的第一位，以人才作为主要线索，因此，首先要发展农村教育，尤其是农村职业教育。乡村振兴战略的推进很大一部分需要依靠人才，根据"快速发展在前引导，强化中间部分的发展，带动农村一线教育"进行分类，完善农村职业学校中"三农"人才的教育制度和培训系统。

早期我国的农村发展建设缓慢，只有一些人进行探索，例如，梁漱溟、晏阳初、陶行知等教育家通过开设学堂指导农民，开展了以启发农民智力、培养农民道德、改善农民生活为主题的农村建设活动，并取得了一些成绩。2013年，中共中央、国务院印发的《关于加快发展现代农业进一步增强农村发展活力的若干意见》明确提出，要按农村农业现代化发展要求，指导农民掌握先进的生产技术，拥有现代化的生产要素[①]，改变农村的经营方式，培育新型职业农民，培养农村新型的实用劳动力，提高农村职业教育和职业训练的质量，提高农田的产量。2018年，《中共中央 国务院关于实施乡村振兴战略的意见》文件指出，农村的发展要依靠人才，教育出人才，只有将农村产业与职业教育学习相结合，农村职业教育才能有所进步。《乡村振兴战略规划（2018—2022年）》再次强调，必须先发展农村职业教育，培养高质量高技能的人才，以适应农村产业发展和经济振兴的需要。因此，我国农村发展的根本方向是建立完善的农村职业教育体系，培养新型职业农民。新型职业农民是指具有科学文化素质、掌握现代农业生产技能、具备一定经营管理能力，以农业生产、经营或服务作为主要职业，以农业收入作为主要生活来源，居住在农村或集镇的农业从业人员。

培养新型职业农民，是符合我国乡村发展需求、顺应我国乡村社会经济发展和产业发展的重要人才培养导向的。首先，农村职业教育最根本是为了培养新型农民。解决农民的衣食住行问题一直是我们面临的困难，培养能从事现代农业活动的新型职业农民是解决这一问题的重要举措。党的十八大重点强调了地方要大力培养新型职业农民和农村实用人才，解决我国农村最本质最核心的内容也在于此，也是最为迫切的要求。2016年，中共中央、国务院发布的《关于落实发展新理念加快农业现代化实现全面小康目标的若干意见》指出："以产业为基础，以人的发展为根本目的，规划、建设、管理、服务农村，实现农业强起来、农民富起来、农村美起来。"首先，将新型职业农民的培育放在首位，是有效推动乡村振兴的重要举措。其次，新型农民是

---

① 新华网.习近平对职业教育工作作出重要指示[EB/OL].（2021-04-03）.http://www.xinhuanet.com/politics/leaders/2021-04-13/c_1127324347.htm?appid=812082.

形成新的农业发展体系的主体①。新的农业发展主体是职业农民,这一点是不可否认的。新型职业农民是农村产业社会化的支柱力量,也是新的农业发展的主体和力量源泉。农村职业教育的推进必须解决培养新型职业农民的专业性、关键性问题。通过颁布政策、健全教育培训、完善教育管理制度等措施,培养高素质的新型农民,从而吸引农民回到农村发展,创新产业,进一步发展建设现代农业产业一体化,不断为农业农村的发展提供充足后劲,逐步完善农业经营体系②。最后,培养新型职业农民是推进科教兴农、促进农民增加收入的重要手段之一。进入新时代,中国农村正处在传统农业向现代农业转变的时刻。发展新的、科学合理的农业有很多需要考虑的方面,其中最重要的是先进、实用、科学合理的农业技术,当然还有充足的物质装备等。然而,由于现在农民的应用素质低、能力不够,无法操作好的设备,也无法应用新的科学技术,导致农村经济发展缓慢。新型职业农民作为农村新的农业发展主体,大多数都会在农业生产和经营中加大物质和科技投入。培养新型职业农民本质上是使传统农村农业发展与科技进步、劳动者能力发展相关。因此,深化农村职业教育改革,通过多种形式培养新型职业农民,是促使农民不断增加收入的重要途径。

因此,要推动乡村人才建设,鼓励多元化人才在农村发展过程中将自己的才能全都发挥出来,为乡村振兴发展提供强有力的人才建设力量。农村的发展从本质上来说是人力的发展,也就是说,要将农村还没有开发的人力资源全部开发出来,成为促进新农村发展专业化的重要力量。以农村劳动力为主线,农村职业教育推进发展工作正在如火如荼地进行③。

三、农村职业教育赋能乡村人才振兴

农村劳动力资源是改善农民的生活状态、建成小康社会的核心力量,是解决农村根本问题的关键。农村职业教育是指以农村地区的农民及其子女为

---

① 张胜,王斯敏.乡村振兴急需更多优秀"新农人"[N].光明日报,2021-09-30(007).
② 向文.乡村振兴需要大力发展农村职业教育[J].乡村振兴,2021(9):36-37.
③ 丁慧炯.新常态视野下现代职业教育治理体系研究[M].北京:经济日报出版社,2018.

主要教育对象，传递各个农村产业所需要的基础知识、基本技能的教育活动。农村职业教育是对农民进行新的高质量培训，将传统农民转变为高生产力和高素质的现代农民。它不仅可以提高农民的职业能力，而且有利于开发农业生产资源以及农村的人力资源，对乡村经济的发展具有巨的大推动作用。

农民取得技术技能最准确、最合理的方式之一就是职业教育，尤其是在现代社会。国家颁布现代职业教育政策，呼吁地方培养新型职业农民，是促进农村人力资本开发和积累的重要途径，也是促进农村经济发展的重要方式。值得注意的是，现代农村职业教育体系的构建还需要美好和谐的农村社会环境，这保证了职业教育观念的有效传播。农村职业教育不仅要不断提升农民的科学技术素质、思想政治素质和身体素质，更核心的是要培育一大批有学识文化、懂得农业技术、懂农村产业管理的新型职业农民。农村职业教育这些优势恰恰满足了乡村振兴的需求。

职业教育在农村地区的作用：首先，农村地区的职业教育能够让更多的农民接受训练，培养更多的实用农村人才[①]。其次，职业教育推动农村实用人才体系的发展。随着国家对农村职业教育的重视，农村职业教育的课程设置越来越切合农村地区实际，教学设计与信息技术整合得更紧密，现代化教学设备不断完善，农村职业教育质量有一定的提高，学生掌握知识并应用知识解决问题的能力不断提升，进一步推动了农村实用人才体系的发展。最后，职业教育能够提高农村人才的就业竞争力。职业教育能够为农村地区培养人才，提供振兴乡村的人才力量。农村职业教育不仅让学生学习理论知识，还可以培养学生的实用技能。职业教育学校与企业对接，为学生提供锻炼技能的平台，使学生能更好地适应社会，能够将理论知识转化为实践操作能力，提高农村人才的就业竞争力，更好地利用农村人才资源。

2019年，《国家职业教育改革实施方案》提出，地方要服从中央的政策法令，培养新的农村人才，为农村的经济发展提供经济来源[②]。文件强调了职

---

① 夏卫红.乡村振兴战略背景下的农村职业教育创新发展研究[J].农村经济与科技，2021，32（13）：302-304.
② 朱惠兰，温建明.乡村振兴战略下县域职业教育发展优化路径[J].继续教育研究，2021（3）：45-49.

业教育分为学校教育和职业训练，职业学校和应用型本科学校要根据国家的要求和本地的需求进行教学和培养相应的实用技术技能人才[1]。农村职业教育是国民教育体系之一，为农村提供所需的人力资源，具有培养多元化人才、传播传统农业文化、促进农民创新的作用。2020年，《职业教育提质培优行动计划（2020—2023年）》强调，要为农村产业等领域进行职业教育以培养人才，建设100所好的高校为农村培养人才作准备，这在服务基层乡村振兴战略方面发挥了巨大的作用。2021年，《关于加快推进乡村人才振兴的意见》更是强调，要加快推进农村职业教育的发展。由此可见，在新的历史时期，为乡村振兴赋能依然是职业教育的重要使命。

农业职业教育有着"三农"工作人才培养、培育和培训的重要职责，通过不断创新和完善具有农业职业发展特色的教育与培训体系，创新培养高素质农业技术人才，为农业现代化培养人才，为乡村振兴提供强大的人才指导与智力帮助，对助力国家乡村振兴战略具有重要意义[2]。

四、乡村振兴背景下河北省农村职业教育的新使命

河北省颁布《河北省职业教育改革发展实施方案》《职业院校股份制混合所有制办学试点方案》《河北省职业院校专业结构优化调整实施方案》等与职业教育相关的政策，实现改革举措的有机衔接、一起发力，河北省职业教育进入高质量发展的快车道，为建立现代化、科技化经济强省、和谐河北提供了力量源泉[3]。

中共河北省委河北省人民政府《全面深化新时代教师队伍建设改革的实施意见》、中共河北省委《关于实现巩固拓展脱贫攻坚成果同乡村振兴有效衔接的实施意见》指出，对河北省农村教育的整体发展进行规划，提高农村职

---

[1] 瞿宏杰.乡村振兴战略中的农业职业教育支撑策略研究[J].襄阳职业技术学院学报，2021，20（3）：103-106，135.
[2] 瞿晓理.职业教育"赋能"乡村振兴：实践与优化[J].职业技术教育，2021，42（13）：59-64.
[3] 段伟，肖维英.职业教育服务乡村产业振兴路径研究——基于高质量发展视角下供给侧结构性改革[J].农村经济与科技，2021，32（7）：296-298.

业教育的质量，持续巩固拓展脱贫攻坚的成果。2021年7月，教育部办公厅、财政部办公厅联合发布的《关于做好2021年"三区"人才支持计划教师专项计划有关实施工作的通知》和教育部等五部门印发的《边远贫困地区、边疆民族地区和革命老区人才支持计划教师专项计划实施方案》[①]，为河北省的农村职业教育发展指明了方向。

乡村振兴赋予了河北省农村职业教育的新使命——有效衔接乡村振兴。在对河北省乡村振兴和农村职业教育发展经验进行梳理的基础上，分析河北省农村职业教育定位的发展历史，以及乡村振兴背景下河北省农村职业教育的需求，在人力资本理论、供给侧结构性改革理论以及社会分层理论的指导下，进一步提出河北省农村职业教育新定位，为乡村振兴背景下河北省农村职业教育的发展指明方向。河北省围绕乡村振兴战略优化农村职业教育，树立人才培养目标，适应乡村振兴需要，培养新型职业农民；以满足乡村振兴需求为导向，提出新的河北省农村职业教育形式、内容和模式；围绕乡村振兴的产业需要，产教结合、校企结合，加强农村职业教育人才培养与职业培养的力度。各个地方要根据自己的实力发挥其对农村职业教育的推进功能，在农村地区建立的学校要有稳定的优质教师队伍，保证职校学生的学习质量，尽力解决各种问题，使得乡村振兴战略背景下河北省农村职业教育的推进工作能够顺利开展。

第二节　研究目的和意义

一、研究目的

我国当前社会的主要矛盾是人民日益增长的美好生活需要和不平衡不充分的发展之间的矛盾。城乡发展不均衡是我国社会主要矛盾的重要组成部分，

---

① 教育部等五部门关于印发《边远贫困地区、边疆民族地区和革命老区人才支持计划教师专项计划实施方案》的通知 [EB/OL]．（2021-12-20）．https://hk.lexiscn.com/law/content.php?isEnglish=N&origin_id=1628873&provider_id=1．

发展农村经济能够有效地解决城乡发展问题。乡村振兴战略的实施能有效促进乡村的发展与振兴，有效推动河北省农村职业教育的发展。实施乡村振兴战略，离不开农村经济的发展，离不开对新型职业农民的培育，离不开对乡村资源的重组和再造。农村职业教育是培育农村实用人才、促进农业技术创新、推动农业产业发展的重要载体和媒介，能为乡村产业振兴提供智力之源和动力支撑[①]。

2018年，河北省认真落实党中央、省委省政府关于"三农"的总体布局，以农村发展为主要线索，形成了一系列关于乡村振兴的专项文件和职业教育改革的文件，探索乡村振兴背景下新型职业农民的精准培育，对农村职业教育的改革、乡村振兴人才的培养具有普遍的借鉴意义。截至2018年年底，河北省乡村工作人员有3023.2万人，农业相关产业生产总值约5707亿元，第一产业生产总值约3338.59亿元，中等职业学校农业专业在校生52482人。河北省传统的农、林、牧、渔类专业技能较强。基于河北省乡村振兴战略，农村职业教育需精准对接乡村振兴人才需求，包括农、林、牧、渔等传统技能人才以及农村农业现代化所需的各级各类第二、第三产业人才，以加速河北省城乡的均衡发展[②]。

本书在探讨乡村振兴与农村职业教育关系的基础上，进一步探讨了农村职业教育的机遇与挑战，探讨如何在乡村振兴的背景下对河北省农村职业教育进行精准定位，调整农村职业教育内容、农村职业教育形式，培育农村职业教育师资队伍，构建以培养切合河北省乡村振兴的新型职业农民为目的的农村职业教育的推进路径。

二、研究意义

（一）理论意义

"三农"问题是党中央、国务院、河北省委省政府一直重点关注的农民生

---

① 刘坤. 乡村振兴与职业教育研究 [J]. 乡村科技, 2020（18）：42-43.
② 凌琪帆, 曹晔. 新中国成立70年我国农村职业教育的发展历程与成就 [J]. 职教论坛, 2019（10）：21-27.

计问题。"三农"问题解决的关键就是实现乡村振兴，这是当前河北省的一项重点工作。乡村振兴战略的实施，对农村职业教育发展来说既是机遇也是挑战。本书通过对现有研究成果的比较和梳理，在探索讨论乡村振兴战略和农村职业教育关系的基础上，运用人力资本理论、"三农"理论、农村职业教育供给侧结构性改革理论和社会分层理论，结合河北省农村职业教育的现状，从农村职业教育定位、教育内容、教育形式、师资队伍建设等方面，构建乡村振兴背景下河北省农村职业教育的推进路径，为河北省农村职业教育对接乡村振兴战略的实施提供理论借鉴，为乡村振兴背景下河北省农村职业教育各项工作的持续推进提供一定的理论支持。

（二）实践意义

1. 为乡村振兴背景下培育乡村人才提供实践指导

乡村振兴战略的总体目标是实现农村产业现代化。农业农村现代化急需具有现代化技能的高质量乡村人才的参与。河北省农业现代化过程中还存在一定的职业教育短板，如秦皇岛市农村职业教育水平相对落后，农村人才的整体素质难以满足秦皇岛市农村现代化和乡村振兴对人才的需求，且乡村振兴背景下新农村的建设也更多地体现出对第二、第三产业的需求，例如对乡村社会治理人才、乡村社会文明建设人才的需求。因此，河北省的农村职业教育应培养多种技能人才，从而为乡村振兴作准备。首先，为乡村振兴培养新的劳动力人才。在乡村振兴战略背景下，切合河北省农村地区经济发展的需求，培养爱好农业、懂科学技术和善于经营管理的新型职业农民，为乡村振兴储存人才。其次，为乡村振兴培养专业发展人才。职业学校需要根据市场的变化灵活开设专业，探索新的人才培养模式，培养一批具有农业专业知识的高质量技术技能型人才。

2. 为农村职业教育的改革提供实践方向

农村职业教育精准对接乡村振兴的人力资本需求，为乡村振兴提出了职业教育的发展要求和目标，开拓了农村地区的职业教育发展范围。通过农村的职业教育，可以更好地改变农民的思维方式，可以让农民拥有与农业有关的丰富的理论知识和专业的现代化农业技能，培育农民的乡土情怀，开阔农民的眼界和视野，促使农民借鉴科学合理的农业种植理念，提高农田的产量，拓宽农民增收的渠道，还可以改善农村贫困地区劳动力的流失状况。农村职业教育的改革发展推动了当地农村经济的快速发展，为农民提供了就业和创新农村产业的机会。

3. 为农村职业教育助力乡村文明治理提供借鉴

职业教育助力乡村振兴能有效提升乡村人口素质。2022年，《关于实现巩固拓展教育脱贫攻坚成果同乡村振兴有效衔接的意见》提出，加强对农村贫困地区的资源投入，发挥思想文化的教育功能[①]。在农村职业教育课程中融入乡土内容，实施传播农村文化的政策，对反映乡村振兴方面的好的艺术作品持支持态度，发展反映农村优秀文化的新产品，建立乡村特色文化产业体系，进一步促进乡村文化振兴，为农村职业教育助力乡村文明治理提供借鉴。

4. 为助推乡村社会结构治理提供人才支撑

2019年，河北省委、省政府出台《关于坚持农业农村优先发展扎实推进乡村振兴战略实施意见》指出，完善农村治理体系是必不可少的[②]。"对农村进行有效合理的治理"是乡村振兴的主要目标之一，农村职业教育是有效推动乡村治理人才培育的重要途径，农村职业教育从乡村振兴的治理理念、治理框架、治理工具和治理内容等方面培育乡村社会治理人才，为提升乡村社会治理效能提供保障，为农村治理现代化提供劳动力人才资源。

第三节　国内外研究现状

一、农村职业教育研究现状

（一）国外农村职业教育研究现状

农村发展较快的国家，其职业教育的制度内容比较丰富。例如，可以对

---

① 关于实现巩固拓展教育脱贫攻坚成果同乡村振兴有效衔接的意见 [EB/OL]．（2021-03-25）．http://www.gov.cn/zhengce/2021-03/22/content_5594969.htm.

② 鲁昕．职业教育在乡村振兴中大有可为 [J]．乡村振兴，2021（9）：48-49．

农村的人力资源进行整合、开发、管理，使得农村的经济有所发展，注重农村人力资源的储备等[①]。这些国家都有确定的、相对完整的农村职业教育系统，对我国的农村地区职业教育的发展具有借鉴意义。20世纪50年代初，美国开设了"就业机会办事处"，目的是给更多人提供工作的机会，而且每个州都要求州政府颁布落实《就业机会法》，这项法律规定要对美国的农村人进行培养，让农民的孩子上学，并提出了企业必须对低收入农户进行资助的法律要求[②]。1962年，美国联邦政府发布《人力发展与培训法案》，通过法案的颁布实行，人力培训成为保障充分就业的一项重要制度。在更早的时候，美国历史上有名的"史密斯-利弗法"也帮助美国的农民找到了工作。美国的一系列法律政策表明，农村职业教育的重点在于人力资本的应用。1909年，英国颁布了世界上第一个有关职业指导的法则，即《职业指导法》，紧接着又颁布了《职业选择法》，并在英国全国开始设立农民交流中心，促进农民相互交流。1948年，《就业与培训法》规定英国的所有中学生都要接受一定的工作前的培训。与美国相比，英国的职业教育系统总的来说是非常完整的，由国家、私人和企业一起开展对农民的教育。法国有很长的职业教育发展历程，其特点是国家与个人一起创立，以农场的培训为主，让每家每户的孩子都有相应的锻炼方式。1969年，德国联邦政府《职业教育法》对农民的职业教育进行了非常科学合理又包含了诸多领域要求的设定[③]。德国农村职业教育的特色是完全的地方农业系统、合理的经费投入、科学的"二元系统"。澳大利亚非常看重职业教育，特别是对农业技术的教育，其政府对农业技术的投入，形成了具有地方特色的职业教育训练形式，这是澳大利亚职业教育独有的，即从小学到职业培训，再到大学教育都有一套上下连接的完整的系统[④]。丹麦、意大利、瑞典也非常重视农村职业教育的发展。丹麦是一个农牧业高度发达的国家，重视对农民的职业技术培训；意大利从20世纪70年代以来，其政

---

① 朱康，张军. 国外职业农民培育的启迪 [J]. 北京农业，2011（1）：43-44.
② 王会钧，王珊珊. 发达国家农民职业教育的特点及其启示 [J]. 边疆经济与文化，2006（8）：119-120.
③ 王固琴. 中德农民职业教育比较与借鉴 [J]. 职教通讯，2011（13）：47-50.
④ 朱闻军. 澳大利亚职业技术教育及其对中国农民培训的启示 [J]. 世界农业，2007（6）：57-59.

府就强调农村职业教育强调要顺应旅游市场的需要；20世纪50年代，瑞典就开始了九年义务教育，培养了不同专业的职业工作者，倡导每个学生根据自身特点进行工作训练。

日本对于农业产业的教育投入也很多，教育层次已经有3～5个[①]。日本建有专门的农业大学，以农业学校、职业学校作为培育训练的实施场所。1961年，日本的《农业基本法》反映出农民的重要性[②]。韩国也在农村教育上下了很大功夫，他们的农村教育的主要发力点就是提升农民的素养，让农民变得有文化，进而对农村劳动力资源进行开发[③]。在韩国，参加农业科学技术的培训要到专门的场所，这是一个巨大的进步，根据本国农业结构的调整不断增设新专业，拓展新的教育领域。俄罗斯的农村职业教育对我国也有一定的借鉴意义，民众更倾向于自己办学校，是国家和民众一起参与的特别的职业教育。俄罗斯农民教育的训练方式多样化、办学形式多样化。在俄罗斯，农民教育的类型包括高级农业教育、农村中级职业教育、农村初级教育、高校后继续教育4种[④]。4个层级从低级到高级，培养了各种各样、各个领域的农村人才。巴西联邦政府在1991年成立了农业职业教育服务机构，为农民提供技术上的指导，有利于国家对农村职业教育的扶持。1995年，巴西政府提出一项"员工继续培训计划"，使得农民在后来的工作发展中有自己的优势[⑤]。印度的农村发展落后，但是它的农村教育是以国家为中心、以法律为保障进行的。南非的农民教育也是由国家规划的，每个农业部门都要出一份力，为南非的农业发展协调配合、共同进步。

---

① 赴日本、韩国考察团. 对日本、韩国农民职业技术教育考察报告 [J]. 农村财政与财务，2000（7）：44-47.
② 张玉琴. 中日职业教育区域研究 [M]. 保定：河北大学出版社，2005.
③ 戴洪生，张瑞慈. 韩国农民职业教育的特点及启示 [J]. 高等农业教育，2003（3）：94-95.
④ 杨明胜，王帅，詹林庆，等. 巴南区双河口镇农村劳动力结构现状及优化途径探讨 [J]. 南方农业，2014，8（13）：56-59.
⑤ 李逸波，周瑾，赵邦宏，等. 金砖国家职业农民培育的经验 [J]. 世界农业，2015（1）：173-176.

（二）国内农村职业教育研究现状

我国的经济发展非常快，农村职业教育经历了初始形成发展、探索研究发展、稳步上升、黄金发展、创新发展5个发展阶段。我国农村的现代化、专业化发展离不开农村经济的发展，更离不开农村职业教育的发展。

1. 初始形成发展

新中国成立之后，教育是一个很大的问题，还需要作很多努力。在民国时期，我国农村的教育基本上是跟随西方的脚步，具有浓厚的西方特色，其在实施时存在很多问题，因此，新中国成立之后，采用新的路径，以苏联的中等专业教育和技工教育为主，在农村广泛推行。新中国成立之初，教育为国家建设服务，学校向广大人民打开大门，提高了人民的文化水平，此时农村的教育以工农教育为主，这使得农村的孩子们有了接受初等教育的保障，紧接着一股扫盲运动在农村开展，同时大力推行小学教育。1956年，中共中央发布《1956年到1967年全国农业发展纲要（草案）》，培养对农业生产合作社的发展有益的人才这个想法由此产生。这一时期主要是农业学校的兴起。

2. 探索研究发展

1978年，党的十一届三中全会决定实行改革开放政策，农村地区实行家庭联产承包责任制，提高了农民的收入，激发了农民务农的积极性。国家给予一些民营企业一定的政策帮助，农村的经济建设进入了探索发现期，有大量中级技术人才缺口。同年，在全国教育工作会议上，邓小平讲道："教育的发展水平要和国民经济发展水平一样。"会议还提出，对中学的教育结构进行符合实际情况的改革，在农村地区开设大量的农村学校。就此，我国开始了对农村中学结构的改革。

1980年的《关于中等教育结构改革的报告》、1983年的《中共中央、国务院关于加强和改革农村学校教育若干问题的通知》和1985年的《关于教育体制改革的决定》，这些政策体现了国家对农村中学的改革正在一步步进行中[①]。围绕"改变中学教育结构，科学发展农村职业教育"的主线，要求增加

---

① 余飞，张松斌，赵丽娟. 中等职业教育课程改革实践与探索优秀论文集[M]. 南京：东南大学出版社，2013.

农业中学比重。随后，1987年的《关于全国职业技术教育工作会议情况的报告》提出，"发展农村职业技术教育，关键在于领导人的办学思想必须明确"，文件还指出了农村职业教育的发展方向，包括进一步培养解决"三农"问题的农村人才。

3. 稳步上升

1995年6月颁布的《国家教委关于深入推进农村教育综合改革的意见》，进一步提高了职业教育在农村建设中的地位。也就是在这种形势下，农村职业教育高速发展，成为教育界中的一个主流问题。到了20世纪中后期，一场改革运动在农村如火如荼地开展，有效地推动了农村教育的发展。国家教育委员会把握农村教育改革的重心，将"三教统筹"和"农科教"结合，并在全国范围内大力推行。在这场改革中，河北省出现了县级职教中心，开创了农村教育发展的新路径，这个新路径符合我国农村的基本情况，在较长时间内促进了我国农村的职业教育发展。

4. 黄金发展

2003年颁布的《中共中央关于完善社会主义市场经济体制若干问题的决定》[1]，标志着农村经济体制的发展进入转折时期。《国务院关于进一步加强农村教育工作的决定》（国发〔2003〕19号）表示，国家明确农村职业教育未来的发展趋势。2009年3月，温家宝提出国家重点关注职业教育的发展，对农村中级职业教育的发展投入了大量的资源。同年，中央一号文件以及教育部、财政部、发改委等颁发的相关文件都对农村职业教育的发展作了总体布局。2014年，《国务院关于加快发展现代职业教育的决定（国发〔2014〕19号）》和《现代职业教育体系建设规划（2014—2020年）》两个文件的颁布，使农村地区职业教育的体系更加完善。

5. 创新发展

2015年，国家作出了帮助农村贫困地区攻克发展中遇到的难题的决定，这一决定要求在2020年实施精准扶贫策略，精准到户，将贫困人口数清零。国家脱贫攻坚战要想取得胜利，农村职业教育扮演着精准对位乡村需求、有效培育乡村人才的重要作用。例如，对农民进行相关的技能培训，创办职业

---

[1] 聂劲松. 中国农职业教育改革回顾与展望[M]. 北京：中国经济出版社，2006.

学校等。《中共中央 国务院关于实施乡村振兴战略的意见》指出，要优先发展农村的教育事业，因为要想实行乡村振兴，必须有足够的人才。这个文件要求农村职业教育要培养对乡村振兴有用之才，因此，农村职业教育面临着巨大的挑战，要对新型职业农民进行培训，为乡村振兴提供足够的人才，开发农民的潜能，为接下来的农村发展奠定基础。

二、乡村发展研究现状

（一）国外乡村发展研究现状

20 世纪 60 年代，国外的农村建设就已经采取了很多措施，不同的国家有不同的政策[①]：欧盟在进行农村建设的过程中，形成了欧洲国家农业和林业一起发展的制度，非常注重对树木的保护；英国在农村建设中以法律规定为保障，形成了城市和农村和谐发展的生态平衡；美国则对农村的硬件条件进行更新，不断对生态进行产业化保护。发达国家的农村建设经验对我国的新农村现代化建设具有一定的借鉴意义。20 世纪八九十年代，美国颁布了很多优惠政策来鼓励美国农村的发展，对每个州的农村地区进行不同的分析，给予一定的指导帮助。美国联邦政府希望每个州都实现合理的农村职业教育，促进美国农业的整体发展。此外，美国还为农民缴税提供了许多优惠和补贴，为美国乡村的长远规划奠定了基础。相较于美国，英国是从中央集中扩散到地方的具有代表性的乡村建设制度。英国工业革命后，英国农民的数量急剧变少，然而农民的生活水平和住房质量一直很高，农民的收入与城市一样，没有明显差别。"二战"后，英国颁布的《农业法》凸显了国家对农民土地的保护和占有。从 20 世纪六七十年代到 2000 年，英国政府出台了许多政策法令，鼓励创建城市和农村协调发展的农村聚集地，让农民进行多样化的、具有新意的新农村建设改造。2010 年，英国政府发布了一系列政策，继续推进城市和农村的共同发展，使城市和农村的经济发展差距不断缩小。法国是资本主义工业发达国家，但是它的农业发展也有悠久的历史。法国农村结构建

---

① 李冰，王芋樾，王伊煊. 欧美乡村振兴路径与启示 [J]. 决策探索，2021（10）：77-79.

设的基本特点是以种植农耕业为主,农业、树木业、渔业、放牧业共存的放射型农村发展模式。法国农村发展最快的阶段是第二次世界大战后的30多年。在这一阶段,法国的经济发展飞速,农村建设进步快,农业专业化、农村现代化进程也渐渐加快。法国农业的发展阶段包括三个:农民劳动生产力低下阶段、乡村综合发展阶段和城乡及人与自然和谐发展阶段。法国的乡村发展与城市发展相辅相成,随着农村地区基础设施的完善、农村经济的不断发展,法国城市和农村之间的经济实力越来越接近,人们的居住地从原来的农村向城市单方向迁移到现今的农村向城市与城市向农村相互移动。

日本在"二战"后进行的乡村建设活动对我国乡村的发展和乡村振兴战略的实施具有借鉴意义。日本政府以农村的经济高速发展为主要线索进行乡村建设。之前,日本农民为了更好地生活从农村搬到了城市,导致农村产业发展缓慢。因此,日本的农村发展政策是为解决人口分布不均衡而提出的[①]。日本乡村建设过程有三个阶段:粮食产量增加期、农业经济快速增长期和新农村产业发展过渡期。第一阶段,1946—1960年,政府通过制定大量的农业优惠政策和帮助农民的法律规定,进一步发展农村的基本建设,以此增加农田的产量,进而提高农业产业增长率和农民的耕种收入。第二阶段,1961—1975年,日本处于农业经济增长的时期,日本工业改革的完成对农业水平的提高有非常重要的作用,在农业的发展过程中不断吸收德国的优秀经验,出台了一系列政策。第三阶段,1976年至今,进入新时期,日本农民的收入开始不断增加,但是由于经济危机,日本农村的经济建设与城市相比还是落后。

韩国的农村建设十分混乱,由于工业和农业的发展不对等,许多农村青壮年为了去城市发展,背井离乡,导致农村缺少劳动力,农业产业的发展更加困难。韩国进行了许多次改革,但是几乎没有什么效果。

(二)国内农村发展研究现状

我国自古以来就是传统的农业国,我国的发展问题从根本上来讲就是农村的发展问题。自20世纪20年代开始,我国的乡村变革进行了各种各样的

---

① 朱文富. 日本近代职业教育发展研究 [M]. 保定:河北大学出版社,2019.

探索，有以晏阳初和梁漱溟为代表的知识分子领导的乡村建设活动、国民党政府进行的农村复兴计划和中国共产党领导的农村革命运动等三种典型的农村职业教育的探索活动，推动我国农村建设体系进一步完善[①]。

1. 知识分子领导的乡村建设运动

20世纪20年代末，我国处于政治混乱时期，农村的发展受到限制，但是仍然有学者开展指导农民的活动[②]，例如，晏阳初在定县进行"定县实验"，梁漱溟在邹平开展"邹平实验"。这次乡村建设运动借助开办教育、创造新文化、兴办实业等一系列措施，通过改造乡村进而实现"民族自救"。晏阳初根据自身在法国的经历产生感悟，从扫盲识字开始推进定县乡村运动；梁漱溟认为应从中国文化的失调入手开展乡村建设。当时的历史条件使得他们的乡村建设实验成果具有局限性。

2. 国民党政府推行的农村复兴计划

1933年，国民党开展的"农村复兴运动"以江西、南宁为主要根据地，最有代表性的是在江西的运动。同一年，蒋介石根据国际联盟专家提出的意见，在章舍、丰城、南昌的青云谱等10个地区设立了农村服务区，开始了江西的乡村复兴运动。国民党领导的乡村复兴运动是一场自上而下的运动，易于在全国范围内推广，但国民政府代表资产阶级的利益，注定此次农村复兴运动难以取得成功。

3. 中国共产党领导的乡村革命运动

中国共产党领导的乡村革命，一上来就抓住了革命的核心问题即农民问题，农民问题换句话说就是农民的土地问题。中国共产党非常关注农民的发展问题且反复提到中国革命的首要问题是农民问题，只有农民起义才能使国民革命取得成功；解决了农民问题就解决了土地问题；只有把农民问题解决了，农民才能信任共产党，才能永远支持共产党。

1953年，国家发布了《中共中央关于农业生产互助合作的决议》和《中共中央关于发展农业合作社的决议》，指引农民参加农村生产合作社的劳动，

---

① 曹晔.我国农村职业技术教育体系探析[J].河南职技师院学报（职业教育版），2001（3）：45-47.
② 马建富.农村职业教育发展新论[M].北京：知识产权出版社，2017.

发展农村经济。1958年，《关于在农村建立人民公社问题的决议》的颁布标志着人民公社化运动在全国范围内开展。1978年年底，我国开始了家庭联产承包责任制的农村制度改革。进入新时期，中国共产党仍然不忘初心，将农民问题作为国家政策的根本性问题，自此之后，中国共产党颁布的各项政策都在不断地推进农村的产业改革。而新时期提出的城市和农村一起建设的提议，进一步体现了国家对农村发展的重视。

三、国内外乡村振兴背景下农村职业教育的研究现状

（一）国外乡村振兴背景下农村职业教育的研究现状

国外乡村建设中的农村职业教育发展较为完备，不同的政策改革和法令条文对我国的乡村振兴与农村职业教育有一定的启示。美国各级政府出台了一系列郊区和乡村发展的政策，促进郊区和乡村投资以及乡村环境的改善，在促进信息技术发展的同时将技术应用于教育，为农民提供受教育的机会，塑造具有全球化意识的美国公民。美国通过加大农村基础设施建设和教育文化培养以及工读课程计划等途径促进乡村的发展。英国受第二次世界大战的影响，农田遭到破坏，人们吃不饱穿不暖，在此背景下，1947年，英国颁布的农业补贴政策，有效地缓解了人们的温饱问题。同时，英国实行资源分配合理的政策，让农村与城市的经济实力差距缩小。而渡过困境的英国更加重视农村产业的发展，英国在农业产业税收问题上实行帮助政策，在促进国家基础建设发展的前提下，将开发的关注点聚焦于乡村建设和经济发展。英国重视提高农民自身的文化水平，通过开设培训班等使农民的学历教育实现了中等化发展。法国制定合作化政策，营造乡村发展大环境，通过职业教育，将农民的初等农业教育提高到高等农业教育，使得农民自身的能力有所提高，从而使得农村科学技术的推广使用有所依据，进而促进农村产业的数量和质量得到提高，推动法国农业经济发展。法国由政府主导，呼吁支持和帮扶农村职业教育，强化人才培养，提高农村劳动力综合素质。通过在职业教育和普通教育之间建立连接的桥梁，使职业教育的发展与普通教育挂钩。联邦德

国提高了德国农民的受教育程度，教育实行"双元制"，尽量给不同家庭环境的农民提供相应的教育。德国的农民职业教育是发达国家中最完整的，它严格的法律规定为教育制度提供了保证。德国职业学校的主要来源是政府拨款和社会各部门的捐助，政府呼吁每个公民都有义务为职业教育作出贡献。

日本的国民教育水平在亚洲是名列前茅的，日本公民的受教育程度很高，国家的经济收入大部分都用于推进教育事业。日本是产学结合教学思想的提出者，非常注重将产业训练和农民的教育相结合，将农业生产活动寓于农民的学习过程中，使农民的文化水平得到提高，同时将职业技术训练与农村教育相互协调配合，为农村的发展提供实用的高质量人才。韩国的国民教育程度与日本相比落后了许多，但是也采取了一些行动帮助其公民提高自身素质，最著名的就是新村运动，这项举措是韩国农民进行教育训练、提升技能水平的重要保障。韩国由于物质匮乏，特别注重引导农民树立勤劳、自立、合作的精神，这种精神为今后韩国农村经济的快速发展奠定了基础。韩国倡导农村职业院校与企业合作，加大对农村职业教育培养的人才的利用，避免人才流失。

（二）国内乡村振兴背景下农村职业教育研究现状

2015 年，在减贫与发展的高层论坛上，习近平总书记第一次提到"五个一批"工程，其中"教育扶贫"是其中最基础的一批，是贯穿整个扶贫工作的基础政策。2020 年是验收全面建成小康社会成果的一年，帮助贫困地区进行脱贫、破除农村的困难产业取得了成功，完成了任务。"但帮助农村脱离贫困不是终点，而是新的农村生活、新的奋斗的开始。"2017 年 10 月，党的十九大顺利召开，会上代表们一致认同了乡村振兴战略的成果，并为下一阶段的农村发展制订了相应的计划。2018 年 1 月，《中共中央 国务院关于实施乡村振兴战略的意见》强调职业教育的重要地位，我国农村的发展和人才培养计划都要根据实际情况和地方政策进行。在《中共中央 国务院关于实施乡村振兴战略的意见》中提到两种农村职业教育的方式：一是培养新型职业农民，通过有弹性、人性化的学制进行农民职业教育，培养有素质的新型职业农民；二是培养农村专业人才，以地方高等学校、职业院校为依托，培养一批为基层服务的农业人才。自乡村振兴战略提出以来,国内关于乡村振兴战略的解读和乡村振兴战略的推进路径以及农村新定位的相关研究骤然升温,有学者已经意识到乡村振兴战略的落地离不开人的发展。刘剑虹等从农民教育出发,运用实地调查和问卷调查,调查了全国近15个省市,大约1万个对象,对农村职业教育的发展提出了相应措施。佛朝晖等在《职业教育主动服务乡村振兴战略的政策分析》中分析了我国农村职业教育的发展方向和农村职业教育对乡村振兴的重要作用,首先要完善的就是农村职业教育系统。白宇、姜新通对农民教育如何有效进行提出了一些见解。张平平在《浅谈乡村振兴战略背景下新型职业农民职业教育》中提出,农民需要具备现代化能力,促使农民职业教育在乡村振兴战略下有新的突破和改进[①]。蒋太旭等认为乡村振兴战略的关键在人。李敢提出乡村振兴中人的改革。杨彬等人认为农村教育事业要处于优先发展的位置,应加快农村教师队伍建设。赵家骥指出乡村振兴战略要振兴农村职业教育。丁哲学也表明,农村职业教育的推进有利于乡村振兴。张志增提出应加快改革发展农村职业教育的步伐。

四、研究述评

进入21世纪,人们日益增长的美好生活需要和不平衡不充分发展之间的矛盾更加突出,农村的问题是其不充分发展的一个方面。河北省要想完成全面建设小康社会的指标并实现经济强省的全面建设,关键在于美丽和谐农村的建设,而农村产业发展是美丽和谐农村建设的关键。河北省农村职业教育对接河北省乡村振兴的发展需求,精准对位乡村人才振兴,全面提升我省农民的素质和技能,进而实现河北省新农村经济建设的现代化,为解决农业农村的短板问题助力。河北省农村职业教育需借鉴国内外农村发展和农村职业教育发展的经验和教训,针对河北省农村职业教育的现状和乡村振兴的需求,逐步有序地推动河北省农村职业教育的发展,更好地根据区域特色进一步提升农民的职业技能,促进河北省乡村振兴举措的有序实施。

---

① 张平平. 浅谈乡村振兴战略背景下新型职业农民职业教育 [J]. 农村经济与科技,2019,30(16):194-195.

国内外有很多与农村职业教育相关的探索，且在不同时期有其不同的职业教育需求，研究的领域也较多。政府部门需要不断地完善农村职业教育发展的法律体系，在政策的引领下促进农村职业教育的发展。国外的一些国家，如美国、德国、日本等，有关农村职业教育的法律规定对农村职业的发展给予了充分的保护，这些法律政策能够有效地将农村职业教育调节成适合自己国家发展需要的模式。我国的农村职业教育能够有效发展也有赖于各种各样的法律规定的保障。农村职业教育采用灵活多样的专业设置和办学模式建立特色专业，满足农村社会经济的发展对复合型人才的需求。英国游艇修理专业的开设、家庭事务的训练、修剪花草以及培育火鸡等特色技能的培训，都对应英国社会的市场需求。

我国的农村职业教育以为"三农"服务为主旨，建立完善的农村职业教育课程系统，使得当地政府以当地的经济发展现状和就业结构为基础，灵活开设特色地方专业，使得专业课程内容重组，进而创设特色地方专业。乡村振兴背景下河北省农村职业教育的推进，要借鉴国内外以人才需求为导向的乡村产业职业教育定位取向和专业取向，以农村经济发展和农村社会发展为出发点，坚持涉农专业和非农专业相结合、特色专业与普通专业相结合，结合河北省乡村的区域特色，搞好特色专业和品牌专业建设。乡村振兴的提出源于十九大报告，提出的时间较短，国外的研究几乎没有，但国外关于乡村发展的研究较多。国外的乡村发展注重政府的主导作用，日本、韩国、法国的乡村建设都在政府的发展规划、法律、资金等统筹的基础上促进乡村的发展。我国早期的农业农村发展不同于日本、韩国和法国，注重将制度优势和基层民主自治相结合：一是充分发挥制度优势，统一思想，集中人力、资源等优势，为其创造一个良好的外部环境，完成农村贫困地区经济的进一步发展；二是以外在条件作为推手、内在基础作为根基，建立土地轮流更换机制，大力发展农业科技技术。我国农业产业生产量面临着耕地面积小、生产方式老旧、生产的产量很少和产品质量不好等明显问题，这就需要政府部门的引导，为保障农民的效益完善政策，为农业现代化发展引入资源，减少各项农产品的税收，完善政府部门"产前、产中、产后"功能，农村职业教育为乡村振兴培养特色人才。

总之，在河北省农村职业教育发展总体平稳、发展较好的情况下，参考国内外农村职业教育和乡村建设的一些经验和策略，为进一步推动乡村振兴背景下农村职业教育的发展提供理论借鉴和实践指导，使农村职业教育为乡村振兴培养高质量人才，同时培养大量的爱好农业生产、懂得科学技术技能、善于经营管理的新型职业农民。

第二章　理论基础和相关概念界定

第一节　农村职业教育和乡村振兴的理论基础

一、"三农"理论

（一）"三农"理论的发展

马克思主义的乡村发展理论指导了我国的农村发展改革，也促进了对于农民、农村和农业发展认知的不断深化。我国在解决"三农"问题的过程中不断继承和创新马克思主义乡村发展理论，是马克思主义在我国不断深化的过程，逐步地展现了我国农村发展的进步轨迹。

1. 马克思主义相关的乡村发展理论

19世纪中后期，马克思主义经典作家通过研究东西方国家的农民和农村状况，根据农民阶级在资本主义革命中发挥的作用，着重思考了农民的阶级属性，最终形成了马克思主义的乡村发展理论[①]。马克思提出了"工农联盟"的思想，他认为无产阶级和农民联合能够为革命的胜利提供巨大的力量支撑。在乡村发展过程中，在无产阶级的领导下，农民能够借助无产阶级的力量获得解放，取得革命的胜利。"农业劳动是其他一切劳动得以独立存在的自然基础和前提"[②]，这一论断是马克思通过分析农业经济占国民经济的发展比重，

---

① 项继权，鲁帅. 中国农村改革与马克思主义"三农"理论的中国化[J]. 社会主义研究，2019（3）：27-34.

② 马克思，恩格斯. 马克思恩格斯全集（第33卷）[M]. 中共中央马克思恩格斯列宁斯大林著作编译局，译. 北京：人民出版社，2004：27.

总结了农业经济的相关发展规律得出的，他发现农业生产状况是影响人类社会生存的首要条件。因此，农业的基础性作用不言而喻，只有农业劳动达到一定的生产率，才能使得工业独立于农业而发展。同时，马克思主义认为生产资料的私有制造成了农村社会的贫穷，农村生产关系的调整能够很好地促进农村生产力的发展。通过生产资料占有性质的改变，农民才能成为自己的主人，实现农村生产力的快速提高，促进社会主义向前发展。

2. 毛泽东的"三农"思想

根据我国的历史发展情况，毛泽东在不断的探索和研究过程中发现，农民是我国革命的先锋，农民的经济条件越差，所具有的革命性就越强。1945年，毛泽东在党的七大上指出："所谓人民大众，最主要的部分是农民，中国民主革命的主要力量是农民。忘记了农民，就没有中国的民主革命，没有中国民主革命，也就没有中国的社会主义革命，也就没有一切革命。"毛泽东用"武装割据"的思想正确处理了农民问题，依靠农民的群众性力量取得了新民主主义革命的全面胜利，这一举措是马克思主义关于农民理论的中国化，也是我国在解决农民问题时采取的关键性措施。1957年，在《关于正确处理人民内部矛盾的问题》中，毛泽东强调了"农业是国民经济的基础"。在此基础上，毛泽东强调了现代化对于农业发展的重要性，机器的应用、生产方式的改变以及科技的发展都能助力农业现代化的发展。因此，毛泽东将科技看作我国农业朝着现代化发展的基本条件。同时，毛泽东还提出了"城乡兼顾互助"的思想，城乡之间的发展关系在一定程度上影响着农村农业的现代化发展。

3. 邓小平的"三农"思想

邓小平在继承马克思主义及相关理论的基础上，根据我国"三农"问题的发展实际，指出农民是"三农"的主体，农业和农村的发展要依靠于我国80%的农民的创造性和积极性。他认为我国在发展农业的同时，必须将农业生产的自主权下发给农民，使农民能够积极地参与农业生产；在经济上适当地增加农民的收入，维护好农民的物质利益；在政治方面保证农民的民主，维护好农民的合法权益。城市与农村之间的发展是相互促进的，邓小平说："农村改革的成功增加了我们的信心，我们把农村改革的经验运用到城市，进行以城市为重点的全面经济体制改革。"① 这给了我们一个启示，即乡村改革发展的经验能够运用到城市发展过程中，城乡是否协调发展影响着我国社会的进步。邓小平多次强调了"农业是根本，不能忘掉"②，"人民吃饱肚子是解决社会其他事情的前提"③。农业发展的关键在于是否能够解决人民的温饱问题，为此他指出，我国农业的发展要坚持全面规划和现代化发展，利用现代化的方式实现粮食增产。1982年，邓小平提出"农业的发展要依靠政策和科技的双重发展"，国家政策是我国农业发展的支撑，科学技术是我国农业发展的催化剂。"废除人民公社、发展集体经济"是邓小平根据我国农村改革发展道路提出来的，这两条能够更好地在政策和现实中助推我国农业的发展。

4. 江泽民的"三农"思想

"三农"中的基础和主体是农民，中国共产党与农民关系的好坏能够直接影响到其在人民群众心中地位的高低，关系到其是否能够得到群众的拥护和爱戴。农民的收入是影响农民生活幸福指数的关键因素，江泽民指出："增加农民收入直接关系到农村社会实现全面小康，关系到农村市场的开拓。"④ 因此，在农村开展任何一项工作之前，都必须首要考虑到该工作对于农民积极性的影响以及是否会损害农民的民主权利和物质利益。

农业是我国经济发展的支撑，农业现代化建设的好坏直接影响着我国社会现代化建设的成败。在如何大力发展农业的问题上，江泽民指出："农业产业化经营是促进农业结构调整的重要途径，要将其作为农业和农村经济工作中一件全局性、方向性的大事来抓。"⑤ 农村的发展必定要通过农村产业的发展来实现，要积极引导工农之间的相互合作，以市场为导向优化农业的发展方式，大力发展农业的社会化服务体系，促进农业走向产业化发展方向。2002年，江泽民在会议上提出了"统筹城乡经济社会发展"的思想，贯彻城市

---

① 邓小平. 邓小平文选（第三卷）[M]. 北京：人民出版社，1993：239.
② 邓小平. 邓小平文选（第三卷）[M]. 北京：人民出版社，1993：233.
③ 邓小平. 邓小平文选（第二卷）[M]. 北京：人民出版社，1994：406.
④ 中共中央文献研究室. 江泽民论有中国特色社会主义[M]. 北京：中央文献出版社，2002：129.
⑤ 中共中央文献研究室. 江泽民论有中国特色社会主义[M]. 北京：中央文献出版社，2002：118.

反哺农村的思想，利用城市的工业化带动农村的农业产业化，以此来推动我国城乡经济的一体化发展，实现城乡人民的共同富裕。同时，江泽民在党的十五届三中全会上提出要建设物质丰富和精神美好的社会主义新农村。

5. 胡锦涛的"三农"思想

2003年，胡锦涛提出的"科学发展观"丰富了我国的"三农"理论，为我国"三农"问题的解决提供了时代化的指导。胡锦涛强调了城乡之间的共同繁荣和我国城镇化的健康发展。他指出："在城镇化的进程中必须时刻抓牢我国'新农村'建设的历史任务，以城市的发展带动农村的发展，发挥城市工业对于农村的反哺作用，建立城乡之间的良性循环互动机制。"城乡之间良性互动，能够在我国社会经济不断发展的基础上加强城乡之间的相互联系，保证我国的城镇化效率，实现城乡生产要素之间的有序流动。在针对农民增收的问题方面，胡锦涛指出："要坚持多予、少取、放活的方针，采取综合措施，努力增加农民收入。"[①] 通过加大对农民的培训力度、加强对于农业的经济扶持等方式进行"多予"，通过农村税费制度改革来减少农民的负担，通过乡镇企业的联合发展来拓宽农民的增收渠道，内联外合地采取一定措施来保障农民的持续增收。

6. 习近平的"三农"理论

习近平始终重视农村、农业、农民问题，将这三者置于重要位置，推出了一系列惠农政策，为我国"三农"问题的解决开创了新局面，为我国当前的"三农"工作设计了清晰的实施路径，丰富了我国的"三农"理论。2013年，习近平针对农村的发展提出了"三个必须"；2015年，习近平通过实地调研吉林省的农村发展状况，提出了"三个不能"；在安徽省2016年的农村改革座谈会中，习近平提出要坚定不移地促进农村、农业和农民的发展，这三项举措均表明了我党对解决"三农"问题的决心和政策目标，指明了"三农"问题是关系我国全面小康社会建设的基础性问题，我国始终将"三农"问题放在首位，将其作为我国社会发展进步的"地基"。

首先，农业方面。党的十八大之前，我国农业的发展基础较为薄弱，

---

① 中共中央文献研究室.十六大以来重要文献选编（上）[M].北京：中央文献出版社，2005：116.

农村的生态环境状况恶劣，农民的收入也处于只减不增的状态。2016年，习近平针对我国的农村发展实际，将深化农业供给侧结构性改革作为我国处理农业问题的主要抓手，寻找农业发展的新机遇，着力优化我国农业的产品结构，发挥各地农村的优质特色，实现第一、第二、第三产业的融合发展。其次，农民方面。习近平通过富裕农民、扶持农民等方式来发掘农民自身的积极性，激发他们自身的创造性和发展潜力，通过政府扶持和农民自身的努力来逐渐实现"农民富"的目标。除此之外，习近平还坚持推动公共服务的普及化和教育资源的相对均衡化，扶贫先扶智，力求通过教育来造就一批高素质的农民，通过职业教育来培养农民的就业技能，拓宽他们的就业渠道，培育一批新型农业的经营主体。最后，农村方面。以习近平同志为核心的党中央深刻思考了新农村建设与城乡一体化发展的关系，提出要让两者"并驾齐驱"，发挥城镇化与新农村建设的相互促进作用。2017年提出的乡村振兴战略，着重强调了农村的环境治理与生态宜居，坚持农村要走质量兴农和绿色生产的道路，把农村建设成为新时代民主管理、乡风文明、和谐稳定的新农村。

（二）"三农"理论的内涵

"三农"问题历年来都备受关注，"三农"理论是我国历代领导人在继承马克思主义乡村发展理论的基础上，根据我国农村发展的实际确立的以推动农业发展、保障农民利益、促进农村改革为目标的一种具有中国特色和时代特征的理论。该理论的确立并非一个人的成果，而是继往开来的领导人深入调研我国的农村实际所得出的经验总结。我国的"三农"理论始终坚持社会主义方向，以国家的各项方针战略为载体，以农村职业教育为抓手，有序推动我国农民、农村和农业问题的解决，推动我国乡村的发展。

首先，"三农"理论中首要的是关于农民收入的论断。农民的收入关系到农村社会的稳定和我国社会的进步，因此促进农民增收是解决农民问题的关键。2015年以来，我国采取了一系列措施进行农业供给侧结构性改革，借助政策支撑，通过粮食产量的增加来促进农民增收，这一举措取得了显著效果，切实地提高了农民的收入，调动了他们生产的积极性。其次，是关于农业转型的底线问题。我国农产品的供给已经基本能够满足人民的需求，人们更加注重农产品品质的发展情况。因此，我国农业的发展应注重"质"的市场需求，实现农业的生态化发展和农产品的绿色生产，利用科学技术实现农业农村产业的现代化，进而促进农产品生产效率质的飞跃，提高农民收入。最后，是关于农村建设的融合问题。习近平提出："改革是乡村振兴的重要法宝。"①城乡之间的贫富差距较大、教育资源分配不均衡等问题是影响我国社会现代化建设的重要因素。乡村振兴的终极目标就是全面实现农业强、农村美、农民富，其中的一个关键就是改变农村的落后面貌，有效地消除农村贫困，巩固脱贫成果，通过农村的全面振兴缩小城乡之间的差距，促进城乡的融合发展。

（三）"三农"理论对农村职业教育的意义

1. 农村职业教育是培育新型职业农民并提高农民素质的根本途径

农业和农村要有所发展，必须要以农民的发展为前提。农业现代化的关键在于用农村职业教育促进农民的现代化，因为农村职业教育是培养新型职业农民的主渠道。农村职业教育承担着对青年一代农村学生的培养工作和农村剩余劳动力的非学历培训，能够为我国农村农业的现代化发展和乡村振兴战略的实施培养大量的新时代青年村干部和职业农民。因此，农村职业教育要树立一种大局观，既要着力于提高农民的素质和能力，服务于农业和农村的发展，还要注重在城镇化建设、农村人力资源开发等方面发挥一定的积极作用。农村职业教育院校要充分发挥其在教育、技能培养、资格认证等方面的主导作用，与农村科技服务组织和对口企业进行密切合作，进行农民知识技能的培训，优化农民的知识结构和技能技巧，培育新时代的青年村干部和职业农民，为乡村振兴服务。

2. 农村职业教育是促进我国农业产业化和现代化建设的重要保证

民族要复兴，乡村必振兴。2021 年，中央一号文件强调："要举全党全社会之力加快实现农村农业现代化"，深刻反映了我党下定决心推进农业现代化建设。我国农业农村发展的目标、乡村振兴的基本实现都要依靠农业农村现

---

① 中共中央党史和文献研究院. 习近平关于"三农"工作论述摘编 [M]. 北京：中央文献出版社，2019.

代化。农业产业的现代化、乡村管理的现代化，是实现我国农业农村现代化的重要途径，农村职业教育则是促进我国农业产业化和现代化建设的重要保障。新时代，农村职业教育的主要功能之一就是要通过实用技术的培训和农作知识的传授，提高农民的知识素养和科技技能。农村职业教育在农业、农民与科技之间起到了"渠"的作用，农业就好比现在的"田"，科技就是现在的"水"，农民就是通过农村职业教育学习到现代化的科学技术，将"水"引入"田"中，将科技应用于农业之中，通过学习农业知识来促进我国农业结构的优化调整，促进我国农业朝着现代化的方向发展。

3. 农村职业教育是加速我国新农村建设及其城镇化进程的有力抓手

在解决"三农"问题的过程中，我国一直遵循"统筹城乡"的原则，为新农村的建设及城镇化发展提供支撑。新农村建设的美丽景象不仅体现在环境的优美宜居上，更加体现在农民精神世界的建设上。农村职业教育的促进性、包容性和教化作用就能够很好地促进新农村建设中文化品格的提升。首先，不同农村地区的职业院校可以根据各区域的新农村建设需求灵活地开设专业和开展短期的培训活动，例如"文化下乡""文明风尚"等活动，通过职业教育的包容性来建设农民的精神世界。其次，农村职业教育要动员农民"在学习中进行劳动、探究和生产，在劳动、探究和生产中进行发现学习"，拉近理论与实践的距离，从而培养一批批优秀的新型职业农民和人才，加速我国新农村建设的步伐。最后，农村职业教育在进行思想品德教育的同时对当地学生进行职业道德和职业技术的教育，培养一批批既有文化又懂技术的高素质人才，助力我国新农村建设和城镇化发展。

（四）"三农"理论与乡村振兴的关系

1. "三农"理论是推进我国乡村振兴战略的理论指导

乡村振兴战略是新时代我国基于对"三农"问题的深刻认知，为解决农业竞争力与农业生产资源有限之间的矛盾、农村环境恶化与美丽农村建设之间的矛盾等提出的推进我国乡村建设发展的新战略。一方面，该理论在顶层设计上规定了我国农业、农村和农民的发展方向，必须开辟一条特色化的中国乡村振兴道路，实现农业的特色化提质发展，建设生态化的美丽农村。另一方面,"三农"理论经过了长时间的检验,在乡村振兴的推进过程中,仍具有一定的实践指导意义,对农业、农村、农民的重视与激励,仍然举足轻重。在乡村振兴的过程中,政府必须将时代的话语权交给农民,让他们说出自己的需求,根据农民现实的需要制定振兴措施,同时更要利用农村职业教育不断对农民进行思想改造,培养他们的乡村振兴能力,使他们能够积极投身于农业现代化发展和新农村建设的实践中。

2. 乡村振兴战略是丰富我国"三农"理论的现实依据

进入新时代,为了应对我国农村社会主要矛盾的变化,国家在政策和现实的层面上提出了乡村振兴战略。乡村振兴战略是我国推进乡村发展的基本依据和丰富我国"三农"理论的现实依据。首先,优先发展农村农业。这一战略原则体现了我党对于"三农"工作的重视程度,是我党对于"统筹城乡"的新认识和创新,再一次明确了城乡发展的顺序承接,农村优先得到了发展,城市的发展才会"更上一层楼",最终才能实现共同繁荣的社会整体发展。其次,强调了"三农"融合发展的理念。在尊重农民主体地位的基础上,全面聚合土地、房屋在技术和资金等方面的农业生产要素,以这些要素的投入、转化与发展来达到有机衔接"三农"融合发展的目标。最后,实现"三农"的现代化发展。实现农业农村的现代化是在乡村振兴战略中明确提出的要求,如何发展农业农村现代化?人的现代化,也就是农民的现代化,是实现农业农村现代化的前提,以农民的全面发展为核心,培育乡村发展所需的新型职业农民,促进农业农村的全面改革,进而推动河北省乡村振兴的发展,推动乡村振兴战略的实施,最终以实践促进我国"三农"理论的进一步升华。

二、人力资本理论

(一)人力资本理论的发展

自人类社会经济活动的出现和经济学创世之初,便出现了"人力资本"这一概念,但是由于受当时时代的限制,"人力资本"这一概念未能完全演变为人力资本理论,随着时代的不断发展和学者的不断挖掘,最终形成了极具指导意义的人力资本理论。

1. 马克思的人力资本思想

马克思在《资本论》一书中提到"商品具有使用价值和价值",这两者分别是由人所提供的具体劳动和抽象劳动创造,因此,劳动者所付出的劳动的数量和劳动的价值就集中在商品上加以体现。马克思将"劳动力"定义为"人的身体即获得人体中存在的,每当人生产某种使用价值时就运用的体力和智力的总和"[①]。这就与西方学者定义的"人力资本"在理解上保持了高度一致,即人力资本具体表现为人身上所蕴含的各种身心健康资本、工作经验资本、知识资本等。马克思关于劳动力与商品的定义分析便揭示了人力资本的依存特性——通过个体的脑力劳动和体力劳动来创造有形或无形的商品,同时个体的消亡也意味着人力资本的消失。马克思认为劳动者为了生活所付出费用的价值构成主要属于一种补偿性的人力资本投资,这种投资是为了补偿劳动者体力或脑力的耗费。劳动者接受教育和培训所付出费用的价值构成更多地被视为一种发展性的人力资本投资,这种投资是为了获得发展性的高价值的人力资本反馈。虽然这两种性质的投资最终都是以"消费"的形式支出,但是发展性的人力资本投资更加能够体现出人力资本的形成途径,这不仅是人力资本的一种消费,也是人力资本的一种投资。

2. 威廉·配第的人力资本思想

"现代政治经济学之父"威廉·配第在《政治算术》一书中提出了"土地是财富之母,劳动是财富之父"的著名论断。在他的认知理解中,劳动能够为社会创造出相当数量的财富,劳动和土地的使用使得社会经济能够持续运转。威廉·配第在分析生产要素对于劳动价值的意义时,将人拥有的技能列为继土地资本、物力资本和劳动力资本以外的第四个最能创造出大量劳动价值的要素。显然,配第认为一个拥有技能的人能够与其他没有这种技能的人抗衡,同时拥有技能的人能够在劳动过程中创造出更多的价值。

3. 西奥多·舒尔茨的人力资本理论

"人力资本之父"西奥多·舒尔茨从探寻经济增长的奥秘转向研究人力资本,他重点研究了宏观的人力资本基础理论。通过一系列研究,他发现一

---

① 马克思. 资本论(第一卷)[M]. 北京:人民出版社,2003.

些受到战争重创的国家和自然资源相对匮乏的国家都能够获得经济上的成功，最终得出人力才是社会发展和进步的决定性因素这一结论。西奥多·舒尔茨的人力资本理论主要由四点构成：（1）人力资本投资是劳动收入增加和社会经济效益提高的根本原因；（2）人力资本的增长速度快于物质资本的增长速度；（3）人力资本的核心是教育投资，教育投资是一种生产型投资，它能够给人带来丰厚的利润；（4）教育是使个人收入趋于平等的重要因素[1]。劳动者通过投资教育获得相应的知识和技能，进而提高自身的劳动生产率，提高个体获取收益的能力，增加个人收入。

4. 雅各布·明塞尔的人力资本理论

1957年，雅各布·明塞尔提出了"劳动者的收入差异是由人力资本的投资决定的"这一论断。他认为，由于人们受教育的水平有高有低，最终反映在个人收入增长差距和个人收入分配差距上。个人收入分配的差距主要取决于个体所作出的用于不同方面的人力资本投资的决策。在此基础之上，他提出了"收益函数"来研究投资者的个人收益率，并建立了较为完备的人力资本收益率模型。

5. 加里·贝克尔的人力资本理论

加里·贝克尔曾说："现阶段，国民用于人力投资的费用主要产生在移民出入境、教育培训、身体保健以及国内流动等方面"[2]，这些投资都影响人未来的收益状况。他在深入研究教育成本及收益的基础上，还具体论述了不同层次投资的异同以及相对应的收益结果，认为层次越高的培训能够带来越丰厚的利润回报。加里·贝克尔从家庭和个人的角度出发，从微观层面系统地阐述了个人经济收入与人力资本投资之间的相互关系，他的研究表明——人力资本投资程度与个人经济收入之间存在一种正相关的关系。

（二）人力资本理论的内涵

人力资本是西方经济学的概念，是聚集在劳动者身上的知识技能、文

---

[1] 乔治·马丁内斯-维斯奎泽，弗朗索瓦·瓦利恩考特. 区域发展的公共政策[M]. 安虎森，等译. 北京：经济科学出版社，2013.
[2] 加里·贝克尔. 人力资本[M]. 赵虹，等译. 北京：北京大学出版社，1987.

化技术水平与健康状况等各项资本的综合,这种资本具有更大的增值潜力,能够有效地实现资源的合理配置和收入差距的逐步缩小。西奥多·舒尔茨认为,知识和技能已经成为劳动者自己的一部分,劳动者还可以通过使用知识和技能来获得收入的增加,因此知识和技能已经成为一种"资本"的隐匿形式。

西奥多·舒尔茨关于人力资本内涵的解释在国内外广泛流传,近年来我国学者秉承继承与发展的原则丰富了人力资本的内涵,提出了不同的关于人力资本的观点。李建民认为人力资本是存在于人体之中,后天获得的具有经济价值的知识、技术、能力和健康等质量因素之和[1]。姚树荣等认为人力资本是指特定行为主体为增加未来效用和实现价值增值,通过有意的投资活动而获得的,具有异质性和边际收益递增型,依附于人身上的知识、技术、信息、健康、道德、信誉和社会关系的总和[2]。饶年华认为人力资本是作为一种生产要素而存在于人体内的具有经济价值的所有知识、技能、体力和健康等的总和,能够为投资者现在和未来带来一定量的收入流[3]。张胜波、黄颖将人力资本解释为蕴藏在人身上且需要激励才能发挥出来,通过一定投资活动获得且具有增值性,能够预期带来未来收入的一种无形资源[4]。虽然这些学者作出的对人力资本的内涵的解释各不一样,但是人力资本的核心内涵的定义是一致的。他们都认定其是资本的一种形式,具有资本的一般特性,能够创造出一定的利润和收入;人力资本是包含了教育、培训、迁移、文化建设等多种方式投资的一种结果;人力资本具有一定的载体依存性,知识、健康和技能等因素始终都依附在人身上。

(三)人力资本理论对农村职业教育的意义

1. 农村职业教育是积累农村人力资本的有效手段

就理论层面而言,教育是提高人口素质的有效途径,职业教育一方面

---

[1] 李建民.人力资本通论[M].上海:上海三联书店,1999.
[2] 姚树荣,张耀奇.人力资本涵义与特征论析[J].上海经济研究,2001(2):54-57,79.
[3] 饶年华.人力资本的内涵、属性和特点:兼评当前一些模糊观点[J].中国人力资源开发,2004(2):14-17.
[4] 夏光,张胜波,黄颖.人力资本内涵与分类的再研究[J].人口学刊,2008(1):59-61.

以专业性、技术性和实用性为特性；另一方面，又承担着推广创新的技术、普及科技和传播先进的文化等责任。农村职业教育能够有效地培育劳动者的劳动技能，提升农村地区劳动者的文化素养。同时，农村青年和剩余劳动力可以通过农村职业教育的培养获得先进的思想文化，提升自我的再学习能力，促进农村的剩余劳动力从体力型发展为素质型，提高农村劳动力的就业素质。就现实层面而言，现在留在农村的基本上都是一些没有接受过系统教育的中年人，他们没有完善的知识结构，也缺乏一定的技术技能，他们的人力资本难以得到很好的开发和利用，一直处于人力资本不断流失与消耗的过程之中。大力发展具有针对性的农村职业教育，因地制宜地培养该区域所需要的人才，提高他们的就业能力并激发农村地区的就业活力，通过物质资本使用效率的提高来促进农村人力资本量的积累和质的飞跃。

2. 农村职业教育是解决乡村振兴人才瓶颈的重要途径

《中共中央 国务院关于实施乡村振兴战略的意见》强调："实施乡村振兴战略，必须破解人才瓶颈制约。要把人力资本开发放在首要位置，畅通智力、技术、管理下乡通道，造就更多乡土人才，聚天下人才而用之。"[①] 乡村振兴的关键是农村人才的振兴，农村职业教育是培养和造就农村实用人才的重要阵地。第一，农村职业教育能够为乡村振兴培育所需的新型职业农民，造就生产经营、服务社会和专项技能型的新型职业农民。这些新型职业农民涵盖了农村经济社会发展的各个领域，能够有效衔接农户与现代农业之间的发展，能够为"三农"队伍的建设提供智力、技能和服务支撑。第二，农村职业教育能够为乡村振兴营造良好的乡村文化氛围。乡村振兴必须要坚持同步建设农村的物质文明和农民的精神文明，精神文明是一种内在的思想体现，只有慢慢培养才会有所发展。农村职业教育通过课程的传授和文化的传播，建设农民的思想阵地，提高他们的文化素养，从而加强农村的乡风以及思想道德建设。第三，农村职业教育能够为乡村振兴提供可持续发展的策略。农村职业教育能够为地区输送创新性的科学技术手段，促进技术的转化与吸收，立足于实际，寻找可持续发展的策略，在保护自然的基础上，推动农村人力资本和自然资本的有机结合和合

---

① 中共中央 国务院关于实施乡村振兴战略的意见[N]. 人民日报，2018-02-05（001）.

理增值。

3. 农村职业教育是建设新时代文化强国的必由之路

农村文化的繁荣是我国建设新时代文化强国的必备条件。新时代文化强国的建设需要各行各业的人共同努力，在影响建设新时代文化强国的各项因素中，教育占据主要地位，这是因为教育具有保存发展、选择提升、传播交流和更新创造文化的功能。农村职业教育作为农村高等教育的重要构成，有需要向农民传播先进的文化理念，提高他们的科学文化素养，自觉抵制落后愚昧的社会陋习，采用积极健康的方式去生活；增强他们的科技推广应用能力，将先进的理论应用在实践工作过程中，实现理论与实践的结合与转换，进而提高农村的生产效率，推动农村经济的发展，助推社会主义新时代新农村的建设。同时，农村职业教育还可以通过建设文化基地、创办文娱大赛等方式来丰富农民的日常生活，营造农村文化育人的氛围。通过农村职业教育建设农村文明，不仅是农民对于美好生活的向往与需要的反映，也是连接传统文化与现代文明的重要一环，更推动我国向社会主义新时代文化强国的道路迈进。

（四）农村职业教育开发人力资本与乡村振兴的关系

不少学者通过实证研究发现，农村经济的发展状况与当地人力资本的开发状况有着极大的内在逻辑关系。白菊红和袁飞通过对相关数据进行分析，认为乡村劳动力的人均收入的抗干扰力和抗波动力与农村劳动者受教育水平呈正比，接受职业教育和技术培训的劳动力的平均收入更高[1]。龙翠红对1985—2005年间有关农村经济的时间序列数据进行分析发现，农民纯收入水平与劳动力受教育水平之间存在长期稳定的正相关关系，随着人力资本投入的增加，农户收入也能有效地随之增加[2]。龚立新等人通过建立江西省农村人力资本内生经济增长模型，对1995—2010年江西省人力资本投

---

[1] 白菊红，袁飞. 农民收入水平与农村人力资本关系分析 [J]. 农业技术经济，2003（1）：16-18.

[2] 龙翠红. 人力资本对中国农村经济增长作用的实证分析 [J]. 农业技术经济，2008（1）：50-56.

资数据进行分析发现，物质资本投资对经济增长的贡献率远小于人力资本的贡献率[①]。刘书安等人通过对甘肃省2002—2012年度农村人均收入、从业人员受教育程度、农业总产值进行统计发现，农业从业人员的人力资本对耕地产出率有较高的贡献率和影响率，其贡献率和影响率分别为45.26%和5.55%；物质资本对耕地产出率的贡献率和影响率分别为20.29%和2.49%[②]。通过以上实证研究的结论可以发现，从事农业劳动的人员的人力资本开发状况能影响其个人的收入和区域的农村经济发展，也能够直接决定其对乡村振兴的助力作用。

人力资本理论认为经历过教育的人力资本能够使收益递增，进而推动整个地区规模收益的增加。一个国家或一个地区的经济增长水平主要取决于这个阶段人力资本的开发水平。农村人力资本的开发与乡村振兴的实施相互影响，农村职业教育能有效开发农村的人力资本，进而推动乡村振兴的建设，乡村振兴战略的不断推进也能够为农村职业教育带来人力资本的深层开发。农村职业教育开发人力资本主要是通过文化传播、课程熏陶和技能培训等方式进行的。农村职业教育投入的增加能够使得青年一代的农村学生获得更好的职业教育，使得中年的农村劳动力获得现代化的技能培训，从而提升农村劳动力的文化素质，提高他们的就业能力。农业是我国国民经济的基础，农村经济是现代化经济体系的重要组成部分[③]。农村的全面振兴离不开我国农业的现代化发展，农村职业教育必须以人力资本开发为着力点，对接乡村振兴下新型职业农民的技能提升需求，推动农业农村产业兴旺和现代化，推动乡村经济的发展，促进乡村振兴的实施。

---

① 龚立新，杨飞虎，吴良. 人力资本对农村经济增长影响的实证分析：来自江西省的数据检验 [J]. 江西财经大学学报，2012（4）：79-86.
② 刘书安，陈英，赵亚南，等. 基于卢卡斯溢出模型的人力资本对耕地产出贡献率的测算：以甘肃省为例 [J]. 水土保持通报，2015，35（4）：152-156.
③ 中共中央国务院印发《乡村振兴战略规划（2018—2022年）》[N]. 人民日报，2018-09-27（001）.

三、供给侧结构性改革理论

（一）供给侧结构性改革理论概述

1. 供给侧结构性改革理论的渊源

以习近平同志为核心的党中央在我国经济发展进入"新常态"时，针对社会经济产业结构和主要矛盾的发展变化，提出我国要进行"供给侧结构性改革"，这是我国"十三五"时期经济发展的主要方向。

马克思主义政治经济学为我国"供给侧结构性改革"的具体实践提供了理论参考。首先，马克思的供求理论从宏观层面为我国供给侧结构性改革理论的形成提供了借鉴。在《政治经济学批判导言》一书中，马克思提出了产出与消费之间的矛盾，也就是我国现阶段经济发展过程中供给和需求之间的矛盾。我国经济发展中的突出矛盾表面上是速度问题，实际上则是结构性的问题，解决问题的关键就在于供给侧结构性改革。马克思关于产出与消费矛盾的论述证明了经济健康发展的保障在于建立合理平稳的供给和需求关系。我国现阶段产品生产特征主要体现为中低端供给过剩、高端供给不足，这样的供给现象是不合理的，不仅造成了资源的浪费，还抑制了具有高端产品消费需求的居民的欲望，我国因此提出要进行供给侧结构性改革，以"供"为突破口，以"需"为落脚点，最终实现外供与内需之间的良性循环发展。其次，马克思产业组织理论从中观层面为我国的供给侧结构性改革理论奠定了基础。产业组织理论主要侧重于从供给的角度来研究不同企业之间的竞争关系。马克思以进化论的视角看待了资本主义社会中企业发展所带来的产业组织变化，他认为，不同产业中的不同企业存在着较大的差异，企业之间的差异会随着经济结构的变化和产业的发展而不断缩小。产业中不同的企业在具有不确定性的市场中，通过不断的竞争和发展，众多的企业在市场中不断地优胜劣汰，最终企业和产业组织朝着自然进化的方向发展。在马克思的理论中，竞争对于企业、产业和市场而言具有举足轻重的作用，但是依靠政府干预的企业是难以获得可持续性的发展的。我国关于供给侧结构性改革的理论重在灵活调整我国供给结构对于需求增降的适应性，以市场需求导向来规范政府的权力,进而促进我国产业的自然进化与发展。最后,体现在微观层面上。我国的供给侧结构性改革理论以马克思主义的价值理论为参考,价值理论主要从人与商品之间的关系论述劳动价值问题,抽象劳动反映出商品所特有的社会关系,通过商品标价的方式来衡量劳动者抽象劳动的付出。社会必要劳动时间决定了商品的价值量,因此企业为了实现自身利益的最大化,就必须提升自身的劳动生产率,使得社会必要劳动时间大于个人劳动时间,不断地依赖于劳动力、厂房和设备等一般性生产要素的投入,实现商品价值量的增值,企业正是依靠这种方法不断进行资本的积累和扩大再生产。我国提出的供给侧结构性改革理论侧重于在企业中投入科技、人才和信息等要素,调整高级要素的投入比例,提高劳动的价值量,从而实现新供给的创建。

2.供给侧结构性改革的内涵

在经济学定义中,供给和需求是相对而言的,它们两个始终都是一对相互制约、相互发展的矛盾,这对矛盾恰好构成了经济发展的动力。供给侧结构性改革采用了一种新的方式来解决我国经济发展过程中存在的深层次的动力问题、可持续性问题和各种结构性问题。李本松认为我国供给侧结构性改革的根本目的是解放和发展社会生产力,基本理念是落实好以人民为中心的发展思想,基本目标是增强经济增长动力,内容是从生产领域加强优质供给以提高供给的质量和效率,使供给更加适应需求结构及变化,着眼点是通过实现增长动力的协同形成经济增长与发展的协同动力,实现方式是改革创新[①]。余斌、吴振宇认为我国的供给侧结构性改革要以"供给侧"为出发点,以"改革"为落脚点,是利用财政和货币政策等短期政策和所有制改革、市场改革及监管改革相结合的一种改革[②]。

2016年,习近平总书记对供给侧结构性改革的内涵作出了明确的解释:"我国供给侧结构性改革,要同时关注供给和需求,以社会生产力的发展促进生产关系的完善,用市场和政府的双重调控来优化资源的配置,我国的供给

---

① 李本松.论供给侧结构性改革的内涵和实践要求[J].理论月刊,2016(11):129-133,169.
② 余斌,吴振宇.供需失衡与供给侧结构性改革[J].管理世界,2017(8):1-7.

侧结构性改革既要着眼当前更要立足长远。"① 从这里可以看出，我国的供给侧结构性改革在于转变我国当前的经济发展方式，以供给侧为突破口，推动我国各方面供给侧结构的变革，提高科技、知识和信息等生产要素的投入，实现资源之间的优质配置与人口要素的自由流动，缩小区域间、地方间的贫富差距。

（二）供给侧结构性改革理论对农村职业教育的意义

1. 农村职业教育是创新科学技术、促进农村产业现代化整合的有效途径

第一产业的附加值较低，需要投入大量的农村劳动力，只能获得较少的收入回报，这类产业却是我国农村产业结构的主要组成部分。我国在供给侧结构性改革的决策中强调了技术要素投入过低的问题。我国的供给侧结构性改革需要将农村发展和农村职业教育放在同等的位置，通过农村职业教育引进创新科学技术，对农民的科技素养和科技创新能力进行培养，锻炼他们使用现代化的科学技术和机械设备经营农业，提高他们参与市场竞争的经营理念，让创新科学技术成为一种辅助手段，帮助农业生产和农业经营，进而促进高技术含量的现代化农业生产产业的产生，使得我国农村产业结构进行自然的现代化整合。

2. 农村职业教育是培养农村实用人才、提高农村劳动力整体素质的主要阵地

改革开放以来，我国的农村经济飞速发展。2015年的中国中央农村工作会议提出了农业供给侧结构性改革，这项改革主要是为了保证能够为消费者提供足量保质的农产品。在供给侧的五大要素之中，"劳动者""农民"是推进农业供给侧结构性改革的关键。因此，需要通过农村职业教育加强对农民的培养力度，为农村的发展造就一批实用人才，以农村实用人才的发展促进城乡经济的统筹发展，推动农业的现代化发展。农村职业教育作为一种为"农"的专门教育，需针对农村的农业改革现状，开设具有针对性且能够留住人才的涉农专业，培养一批具有科学文化基础和技术能力的实用型人才，使

---

① 中共中央宣传部. 习近平总书记系列重要讲话读本（2016年版）[M]. 北京：人民出版社，2016.

得农村地区的人才流失和短缺现象得到缓解。农村职业教育作为培养农民的主要阵地,需要对接乡村振兴的需求,需要承担起传播先进社会文化、提高农村劳动者整体素质、提升农村劳动者思想修养的重任,为培养高素质的新型职业农民提供人才支撑。

3. 农村职业教育是有效衔接人才培养与市场需求的中介桥梁

我国以市场经济体制为主,资源配置的过程在市场经济的杠杆下进行动态调整,市场经济决定着资源配置。劳动力是乡村振兴发展中的重要因素,是生产要素中的重要一环,其发展过程也必然受到市场需求的制约。农村职业教育作为提高农村劳动者素质和培养农村劳动者就业技能的最为直接的教育形式,在进行教育办学和进修培训时要精确定位市场需求,充分考虑地方经济发展的需要和自身教育发展的实际情况,根据客观现实对于农村人才的需求来设置专业、选择课程、安排教学内容以及构建合理的教学模式,从而解决我国现存的农村劳动力市场供需结构性失衡的问题。同时,由于市场的需求是不稳定、易变的,农村职业教育就需要具有一定的敏锐性和察觉性,能够随着人才需求的变化动态地进行各项调整,培养能够适应时代变化的农村实用人才。通过农村职业教育来衔接人才培养和市场需求之间的关系,以这种方式来促进我国经济社会的发展。

(三)农村职业教育供给侧结构性改革与乡村振兴的关系

1. 乡村振兴战略赋予了农村职业教育供给侧结构性改革以新任务

乡村振兴战略是一项基础性工程,乡村能否振兴,关乎我国农村是否能够实现可持续发展。我国社会主要矛盾的发展变化在农村地区体现得尤为显著。传统农业大国的国情、早期城镇化进程的推进,致使我国农村的发展相对滞后。乡村振兴战略的提出,将农村的发展提到了国家战略的高度,提出了城乡快速融合、协调发展的基本思路;乡村振兴战略的提出,促使我国农村职业教育要动态调整,适应乡村发展的新需求。一方面,农村职业教育要承担起激活农村经济活力的新任务,实现农村产业的结构性改革。现阶段,我国农业主要朝着现代化的方向发展,向着技术型、创新性、绿色化的方向发展。《中共中央 国务院关于实施乡村振兴战略的意见》明确指出:"产业兴旺是乡村振兴的重点，必须要坚持质量兴农、绿色兴农，构建现代化的农业产业体系、生产体系和经营体系。"[①] 这就要求农村职业教育的专业设置、教学内容等都要为农村经济社会的发展服务，为农村产业的结构性改革培养实用人才和新型职业农民。另一方面，农村职业教育要承担起人才培养的新任务，优化农村社会发展的要素投入结构。乡村振兴的实现离不开"人"的培养，农村职业教育应根据乡村振兴战略的要求大力培养农村发展需求的各类实用型和技能型的人才，使得农村人力资本能够得到增值，增强人才要素在农村社会发展过程中的投入占比。除此以外，农村职业教育还要承担起促进城乡协同发展的新使命，促进我国区域结构的平衡发展；承担起加强农村思想道德文化建设、传承农村优秀传统文化、助力农村公共文化发展的新使命，促进我国农村文化结构的正向发展和积极转型。

2. 农村职业教育供给侧结构性改革是乡村振兴战略的切实需求

实施乡村振兴战略，其基础在于农村产业的振兴，关键在于农村教育的振兴。因此，要促进农村产业和教育的不断发展，为农村社会的整体发展和乡村振兴不断注入动力。首先，农村产业的振兴离不开农村职业教育的专业体系建构和人才培养策略的优化。农村职业教育的专业设置和课程设置，应以地方市场需求侧的具体要求来调整供给，以"职业化"为核心，依据岗位需求来安排课程内容，深度挖掘重点知识，以岗位需求来培养专业型的技能人才，以地方需求来培养实用型的创新人才。农村职业教育的专业体系建构和人才培养策略的优化能够为乡村振兴注入源源不断的人才培养动力。其次，农村教育的振兴离不开农村职业教育的办学理念和管理体制的改革。农村职业教育的基本服务功能就是促进农村经济社会发展，是与农村农业发展联系最为紧密、最直接的教育层次，其办学理念和管理体制的改革能够更好地服务于乡村振兴战略。农村职业教育的办学理念和管理体制必须要以现代学校的制度构建为基础，调整学校内部的办学主体和管理模式。第一，要优化农村职业教育的办学理念。农村职业教育应以"三农"为基础，从立足于农村、服务于农村和提高农村劳动力素质的角度出发，将培养具有现代化知识理念的新型职业农民作为农村职业教育的目标。第二，要创新农村职业教育体制。

---

① 中共中央 国务院关于实施乡村振兴战略的意见 [N]. 人民日报, 2018-02-05（001）.

农村职业教育管理体制的创新关键在于解决政府统筹与部门分管之间的问题。农村教育中最直接服务于农业农村发展的就是农村职业教育,农村职业教育也是职业教育中的重要组成部分,是统一在教育这个大环境中的。因此,只有将农村职业教育纳入政府宏观调控的统筹之中,才能促进城乡教育的协同发展。同时,还应将农村职业教育归纳到县级职教中心的管辖范围之中,由县级职教中心对农村职业教育进行细节分管,这样才能促进各地农村职业教育因地制宜地发展。农村职业教育办学理念和管理体制的改革能够为乡村振兴注入连续不断的制度保障动力。

四、社会分层理论

(一)社会分层与社会流动概述

从古至今,社会分层现象都是普遍存在的。首先,先澄清概念。"社会分层"最早被地质学学者用来描述地质沉积和分层的现象。随着社会学领域研究的不断推进,社会学领域引入了这个概念,人类社会中各群体之间的层级现象被形象地说成"社会分层"。"社会分层"指由于社会的各种资源占有比例不同而造成的社会成员间的等级分化现象,特别是形成了以法律法规为基础的制度化的社会分化体系。社会资源的多样化也造成了社会的多面化分层现象。第一,就经济资源方面而言,财产和收入等资源的差异形成了我国的贫富阶级分层;第二,就文化资源方面而言,不同的区域结构具有不同的文化基础和不同方面的文化输入,这样就形成了我国城乡文化和东西部文化之间的群体差异;第三,就教育资源方面而言,各区域所具备的教育资源存在一定的差异性,例如城市的教育资源要明显好于农村的教育资源。

从动态角度而言,社会流动描述人们在社会层级结构中位置和地位的转变。社会流动包括社会成员地位的高低变化、区域迁移的变化和声望好坏的变化等方面。社会流动重在描述人们是怎么进入不同的社会层级的,是形成社会层级结构的一种量变的过程;社会分层主要是描述社会中高低不同的层次的存在,社会层级结构就是社会分层的最终质变结果。可以从不同角度对社会流动进行分类，首先，从流动速率来分，可以分为高速率的社会流动和低速率的社会流动。高速率的流动是指社会中下层阶级的人可以通过教育等方式以较高比例流入社会上层阶级；低速率的流动则是指社会的各个阶层都只在自己的内部范围内进行流动，跨越阶级进行流动的比例是较低的。其次，从流动方向进行划分，可以分为水平方向的流动和垂直方向的流动。水平方向的流动是指该阶层内的人们虽然发生了职业的变化，但是变化前后获得的工资收入、社会地位和职业声望是处于同一水平的；垂直流动则是指不同阶层的人们经过职业流动，其获得的社会地位、工资收入较之前是存在较大差异的，这种流动可能是自下而上的，也可能是自上而下的。无论是什么形式的社会流动，都需要遵循一定的规律，以时代为背景，按照一定的社会自然发展规律进行流动和分层。

（二）社会分层理论

关于"社会分层理论思想"的萌芽，最早可以追溯到古希腊柏拉图的《理想国》一书，其将整个社会划分成执政者、武士和军人、物质需要供应者这三个阶层。后来，亚里士多德根据经济情况，将城邦居民分为富裕、中产和贫穷三个阶级，同时他特别重视中产阶级对社会作出的贡献。早期关于社会分层思想的论述都较为零散，马克思、韦伯、涂尔干、帕森斯等人对于社会分层理论进行了系统的论述。

1. 马克思的阶级体系说

马克思认为阶级现象的产生离不开特定历史阶段的生产发展状况，马克思的社会分层理论是以其历史唯物主义和经济决定论的理念为基础的。马克思认为不同阶段的生产方式和生产力发展水平都是不相同的，这也决定了每个阶段的上层建筑和社会分层形态都是不同的。

马克思的很多著作都表明了阶级是一个经济范畴，也是一个历史范畴。阶级是指占有同等经济地位的群体，特别是指一个集团与生产资料的关系，或者是否占有生产资料[1]。生产资料是划分社会层级的标准，不同人对于生产资料占比的不同直接决定了人们在生产关系中的角色和地位，直接引起了社

---

[1] 李强. 社会分层十讲[M]. 2版. 北京：社会科学文献出版社，2011.

会分层现象的出现。马克思之所以将生产资料的占有率作为唯一的衡量标准，是因为马克思认为它能够决定个人在社会生产关系中的地位，当这个人拥有了地位，资本、声望等都会随之而来。马克思说："到目前为止的一切社会的历史都是阶级斗争的历史。"[①] 斗争是剥削者与被剥削者之间的斗争，斗争的结局就是社会层级之间的流动，阶级斗争是社会层级结构发生量变和质变的直接动力。马克思主义的阶级体系说主要是以个体在社会生产资料中的占比作为分层的标准，强调了不同层级之间的矛盾关系，并用一种历史的、动态的眼光来观察社会分层结构的变化。

2. 韦伯的三重标准说

韦伯分别从经济领域、社会领域和政治领域这三个方面确定了社会分层的维度，具体指财富收入、社会声望和政治权力等。经济领域的差异指因为财富占有的不同，在社会中区分了富有者和贫穷者。社会领域的差异指个人从他人那里所获得评价的好坏，进而影响其在他人心目中的形象和信誉。政治领域的差异则指个体对他人或对其他群体施加影响能力的差异，因此就有个体权力大小的区别。

首先，从经济领域来说，韦伯认为经济领域中阶级的存在必须要考虑市场和商品交换之间的关系，要注重劳动力商品在市场上的出售状况和个体能获得的财产收入率，他认为市场才是经济领域中阶级存在的决定性力量。基于此，韦伯将人类划分为三个阶级：第一个是经济阶级，是指拥有不同的经济财富的人；第二个是技能阶级，是指能够在市场上提供各种商品、技术和服务的人；第三个是社会阶级，他们是一群既没有财产特权也没有技能特权的人，但是他们却是最容易参与社会流动并发生典型变化的人。其次，从社会领域而言，韦伯将声望的差异称为身份的区分。这种区分是由社会公认的评价体系造成的，但是这种身份的评价带有一定的主观性，可能带有某种社会意识形态的评价，通常这种评价都是以共同体为对象的，例如大家对于大学教授、农民工等身份的评价。在韦伯看来，经济领域中的阶级可以随着市场的消失而消失，但是社会领域中的身份区分却是始终存在的，因为每个群

---

① 中共中央马克思恩格斯列宁斯大林著作编译局. 马克思恩格斯选集（第三卷）[M]. 3版. 北京：人民出版社，2012.

体始终都有它的固定位置。最后，从政治领域的角度来看，韦伯将权力作为划分政党的指标。他认为政党是为了自身的意志自由、获得领导他人的权力和获得理想甚至物质上利益的人群的相互联合。他将政党划分为旨在维护党员利益的"庇护星政党"和为某种信仰而奋斗的"主义型政党"。

3. 涂尔干的社会分工说

在涂尔干的大量著作中，他在论述社会分工功能作用的时候阐述了他的社会分层理论。涂尔干从实证主义的角度出发，在《社会分工论》一书中强调了人与人之间的相互联系，认为社会分工最大的功能在于其将整个社会都紧密地联系起来。涂尔干认为社会中各个组成部分都有其特定的功能，它们都在为了社会的良好发展作出贡献。"有机体"的概念使得涂尔干较为关注社会分层现象对于整个社会的良性发展是否具有一定的功能作用。

涂尔干论述了宗教对于社会的影响，神被创造出来以后，社会中的所有事物也都被神进行了自然的划分，这个社会中的秩序和道德是由神来进行维持的，这是一种机械团结的表现。但是，社会的进步和发展使得神的作用得到了削弱。在现代工业社会中，不断细化的社会分工造成了大量社会分区的出现，每一个社会分区都有其特定的秩序和道德准则，这样一来，整体社会的秩序和道德就难以进行统一管理，这就需要通过各个社会分区进行各种各样的职业指导，使得社会中的每个个体都通过道德觉悟的提高联结在一起，进而实现整体社会的有机团结。当社会成员都拥有有机团结的意识，人与人、人与社会之间的联系就会变得更加密切，社会中的不平等现象也会逐渐消失。

4. 帕森斯的声望分层理论

帕森斯关于社会分层理论的论述，是在吸收了韦伯的三重标准说的基础上得出来的，他认为社会分层应该是多维度的，他着重强调了声望资源在社会分层中的作用。帕森斯之所以强调社会声望对于社会分层结构的重要性，是因为他指出："社会阶层在此乃被视为把人们分成不同的等级。这些人们集合成一个社会体系，而且在某种社会上的重要方面，有着高低不等的差别待遇。"[①] 他认为，相互独立的个体之所以能够组合在一起，是因为他们拥有共同的信念和共享的价值。帕森斯声称，无论在哪个社会阶段，每个人都被其

---

① 许欣欣.当代中国社会结构变迁与流动[M].北京：社会科学文献出版社，2000.

他的社会成员以一定的价值为标准进行了评估，然后根据评估的结果对他们进行了等级排列，等级排列的顺序就代表了他们每个人在社会中的地位，他们也会依据自己的社会地位赢得报酬和资源。

AGIL模型是由帕森斯创造的，该模型包含了满足自身生存的四个功能条件，分别是适应环境的功能、实现目标的功能、整合资源的功能和潜在调节的功能。为了实现这四个功能条件，四个最重要的机构应运而生，分别是经济机构、国家政治机构、司法和宗教机构以及文化机构。在社会发展进程中，人们对这四类机构表现出了不同的重视程度，这和该社会中的共同信念和价值体系有很大的关系，例如，在前工业社会时，宗教和文化机构更为重要；在现代工业社会中，经济机构和国家政治机构占据重要地位。所以，帕森斯的社会分层理论是以社会声望为主要标准的，其主要包含了四个观点：第一，他人的道德价值观评价能够决定一个人在社会中的等级和地位；第二，社会的共同价值体系是社会成员进行评价的依据；第三，每个社会的共同价值体系都是由该社会的首要社会制度决定的，这与特殊的历史和文化环境息息相关；第四，实践了共同价值体系的个体能够获得较高的声望评价，获得较高的社会地位，同时也能得到相应的社会各类资源。

（三）乡村振兴、职业教育与社会分层

1. 乡村振兴与社会分层

改革开放40多年来，我国的城乡发生了巨大的变化，城乡发展的差距不断扩大。就经济方面而言，农业是我国各类产业中收益较低、劳动力消耗较大的产业；就社会地位方面而言，农民是一类受到社会歧视的人群，他们消耗了最多的劳动力，却有较低的收入回报，他们面对的不仅是待遇的不均等，还有教育机会、就业机会等方面的不公平；就政治参与方面而言，尽管农民在我国占据较大的人口比重，但是他们所拥有的政治参与权相较而言却是低的；就教育方面而言，由于农村的财政能力较为有限，农村地区的学生享受的教育资源是较为落后的，农村基础教育的薄弱发展也对其高等教育的发展产生了一定的消极影响，最终导致农民阶层向上层阶级的流动率逐渐降低，城乡之间的发展差距不断扩大。

马克思指出："农业劳动是其他一切劳动得以独立存在的自然基础和前提。"①农民阶层是我国最主要的社会阶层之一，农民是我国建设社会主义现代化农村的主要依靠力量，农民阶层的稳定发展也关系着我国社会的和谐稳定。当前，我国最主要的农村问题有关于农村教育资源配置、农民收支不平衡和农民整体文化素质偏低等方面的。党的十九大提出的乡村振兴战略的重大决策部署，是解决我国当前存在的农村问题的针对措施。中共中央、国务院印发的《乡村振兴战略规划（2018—2022年）》明确提出："乡村振兴要优先发展农村教育事业，大力发展面向农村的职业教育，有针对性地设置专业和课程，满足乡村产业发展和振兴需要。"②这为我国农村职业教育学校的转型发展提供了政策上的依据，促使我国农村职业教育不断地针对乡村的发展拓展自己的教育空间。乡村振兴战略的不断推进，能够逐步实现城乡教育资源的相对均衡配置，带动农村产业的发展，切实地促进农民增收，提高农民阶级向知识分子阶层、专业技术阶层等的流动率，引导知识分子和技术人才投身于我国的乡村振兴，带动我国乡村地区的全面发展，促进我国社会阶层之间的双向流动和稳定发展，最终逐渐缩小城乡之间的差距。

2. 职业教育与社会分层

很多学者在研究中论述了教育与社会分层的关系，他们认为当今社会中影响社会分层的最关键因素是教育。著名学者索罗金指出："教育是使人从社会底层向社会上层流动的电梯，学校通过考试来进行选拔，从而决定人们的社会地位。"③教育与社会分层现象之间是相互影响的，教育能够促进社会层级之间的流动，社会层级地位能够影响个体的受教育机会和获得的教育资源。

陆学艺先生在《当代中国社会阶层研究报告》一书中提出了将组织资源、经济资源、文化资源的占有状况作为划分社会阶层结构的标准，认为当前我国社会的十大阶层是国家与社会的管理者、经理人员、私营企业主、专业技

---

① 中共中央马克思恩格斯列宁斯大林著作编译局. 马克思恩格斯全集（第二十六卷）[M]. 北京：人民出版社，2014：28-29.
② 中共中央 国务院印发《乡村振兴战略规划（2018—2022年）》[EB/OL].（2018-09-26）. http://www.gov.cn/zhengce/2018-09/26/content_5325534.htm.
③ 汪涛. 我国高等教育公平问题的社会学思考 [D]. 西安：西北大学，2009.

术人员、办事人员、个体工商户、商业服务业员工、产业工人、农业劳动者和城乡无业、失业、半失业者[①]。最后四个阶层属于底层阶级，他们的人口数量在我国整体社会中的占比是较大的，他们的流动与发展会影响我国社会的和谐稳定。

职业教育能够壮大我国技术型应用人才的队伍，同时也能够为我国底层阶级的人民提供公平教育的机会，使他们通过职业教育获得相应的职业技能，从而获得与其能力相匹配的职业，进而提高其向上流动的可能性，降低底层阶级人民的占有比例，促进我国层级结构的合理化和社会的和谐稳定。就我国目前的社会发展情况而言，不同地区职业教育的对象也是有区别的。农村职业教育的主要培养对象是农村地区的劳动者，主要以农村社会需求为导向，以传授农村职业知识为内容，以提高农村劳动者的职业技能、培育乡村振兴背景下的新型职业农民为目标。农村职业教育能够为农村劳动者脱离"先赋地位"、转向"自致地位"提供重要支撑。

第二节　相关概念界定

一、乡村振兴战略

2017年，"乡村振兴影响着我国民生状况的整体发展"，随后乡村振兴战略的提出是党中央为了解决"三农"问题而提出的伟大设想。乡村振兴战略的基本目标就是要实现农村的产业兴旺、生态宜居、乡风文明、治理有效以及农民的生活富裕，通过一系列政策支持和经济支撑实现农业农村的优先发展，统筹城乡经济、教育、文化等各方面的发展，逐渐缩小城乡之间的差距。我国社会现在的主要矛盾是人民日益增长的美好生活需要和不平衡不充分的发展之间的矛盾。在城镇化进程中，农村职业教育关注的焦点是农村剩余劳动力转移过程中的人才培养。农村人力资本向城镇流动，农村发展的人

[①] 陆学艺. 当代中国社会阶层研究报告[M]. 北京：社会科学文献出版社，2002.

力资源不足，造成农村产业发展不均衡，在市场经济的调控下，农产品呈现阶段性供过于求和供给不足并存的状态；由于经济建设重在发展城镇，相比于城镇的基础设施而言，农村基础设施建设投入不足，农村生态环境问题突出等，致使城乡间的不平衡不充分的发展状况越来越严重。但是社会经济的发展不仅取决于城镇，乡村经济也是至关重要的一环。乡村振兴战略的实施就是为了解决这些问题以及主要矛盾，补齐经济社会发展的农业农村短板，融合多方力量促进农业农村的全面发展，实现全体人民的共同富裕。

二、职业教育

职业教育是为了培养受教者的某种职业技能或者职业发展所需要的职业道德、专业知识以及基础文化素养等而进行的一种教育活动。2019年，国务院印发了《国家职业教育改革实施方案》，明确提出"职业教育与普通高等教育具有同样的地位"。相较于普通高等教育，职业教育更加侧重于培养人们的实践工作技能。职业教育包括学历化的学校培养和非学历化的社会培训。发展职业教育，一方面能够提高我国劳动者的就业素质和文化素养，让他们意识到职业的意义和重要性，从而提高就业率；另一方面是为了实现我国发展道路的转型与升级，为我国迈上新型工业化道路培养大量的技能型和应用型的高素质人才。

三、农村职业教育

农村职业教育是我国职业教育面向农村的一种教育类型。《实用教育大辞典》指出，农村职业教育是发生在农村、为农村培养实用人才并服务于农村社会经济发展的一种教育类型。从这个概念可以看出，农村职业教育被人们理解成一种仅发生在农村的职业教育，但是随着我国农村劳动力的转移、城镇化速率的提高以及现代化农业的出现与发展，农村职业教育的概念界定不再局限于农村地区，应该扩大农村职业教育的服务范围，即农村职业教育是服务于城乡统筹发展的职业教育。

从教育对象来看，农村职业教育分为农民子女的教育及农民本身的教育两类。对前者进行基础文化知识的传授和职业技能的锻炼以及相应的教育服务，对后者则主要进行职业技能的培训，包括养殖、种植等方面的技术。从目标定位而言，农村职业教育应该以传授给学生及农民更多的基础知识和培训更多的职业技能为主，建立职业道德标准，提高他们的综合素质，这样一来，无论他们以后是进城打工还是继续务农，都能够满足未来的职业需要。

第三章 乡村振兴与农村职业教育的关系

第一节 乡村振兴助推农村职业教育的发展

一、乡村振兴背景下农村职业教育的价值演变

(一)农村职业教育的价值演变

1. 农村职业教育的初步探索

新中国成立初期,城市子女才能够在中等教育院校上学,很多农村子女都不能接受这类中等教育,这样下来,大量农村高小毕业生都无法继续升学、接受更高等的教育,导致很多生活在农村地区的劳动力根本就没有机会学习到农业生产知识和技能,出现了农业生产水平较低的情况,十分不利于新中国的社会经济发展。1951年,我国开始将职业技术教育和业余教育纳入学校教育体制,学校的教育体制进一步完善,农民子女也拥有接受完全的初等教育的权利,农村子女的知识文化水平不断提高,我国的扫盲运动也取得了一定成效。在此期间,我国农村地区开始大力发展集体所有制经济,农业合作化开始大规模兴起,1958年建立了人民公社制度,使我国农村地区的生产力发展迅速,农业生产水平大大提高。同时,农业生产的快速发展离不开专业的管理人才和技术人才。在农村专业人才稀缺的背景下,以及学生升学和农业生产的双重压力下,人民公社开始创办农业中学,招收农民子女入学,加大力度培养农业技术人才,并且得到了国家的大力支持。

社会主义新农村建设初期,农村中学的发展日益加快,这一时期的农

村中学由于国家政策的加持，试点成功后推行半工（农）半读的弹性教育制度[1]，即半日制教学，使受教育者在农闲时随时随地地学习到理论知识，而当农忙时将理论文化输出到实际的生产生活劳动中，产生理论与实践相接轨、文化与劳动两不误的双重效益。此举面向农村建设的未来发展培养了一批批扎根、实用的高素质人才，并肩负起带头人的职责，为农村职业教育的蓬勃发展搭桥建梁。这样一来，学生们在学习农业生产技能的同时，还能进行农业生产实践，解决了农业生产知识与农业生产实践之间的矛盾。另外，就读于农业中学的学生需要自行缴纳学费，此举也有效地化解了国家教育经费紧张的问题。这一时期的农村职业教育以农业中学为核心，农业中学的出现意味着农村地区开始进行农村职业教育，农村地区的职业技术教育领域不再是空白的，农业中学的发展为农村地区的农业生产提供了大量人才，有效地推动了社会主义建设初期的新农村建设。

2. 农村职业教育的恢复重建

1978 年，我国的社会主义建设步入了一个新的阶段，我国农村地区开始大力发展农业生产和经济建设。首先，要在乡村进行经济制度的变革，把土地承包给农户[2]，农民不再仅仅局限于在农村种地，还可以选择到城市里打工或者经商。乡镇企业的发展也有效地促进了农村地区经济的发展。然而我国的农村地区教育结构单一，教育质量偏低，难以为农村地区的发展提供人才支撑。这一时期的农村职业教育主要是改革农村地区的中等教育结构，调整农村地区的教育构成。从 1980 年开始，截至 1990 年，10 年时间里全国范围内共建立起了多所农业中学和职业中学，招生人数短时间内突破百万，农村中等职业教育的办学规模不断扩大，逐渐走入广大农民的生活中。

在这期间，国内农村职业教育恢复办学，为农村社会主义建设事业服务。但是，当时农村中等职业教育的办学理念并不能适应经济社会的发展，忽视了教学质量方面的要求，仅仅为了追求高升学率。为了解决这一问题，1987年国务院办公厅批转了《关于全国职业技术教育工作会议情况的报告》，提出

---

[1] 凌琪帆，曹晔. 新中国成立 70 年我国农村职业教育的发展历程与成就 [J]. 职教论坛，2019（10）：21-21.

[2] 李忠杰. "三个代表"重要思想学习全书 [M]. 北京：光明日报出版社，2000.

政府要加强领导,结合实际情况作出规划,切实办好职业教育。

3. 农村职业教育的改革创新

20世纪八九十年代,我国的农业生产方式还是落后的传统生产方式,生产效率低,生产品质也得不到保证,在市场竞争中没有优势,再加上国际局势的改变,很多西方国家对农产品进行标准化技术检测,对进口农产品的要求越来越高,我国要想进军国际市场,必须要引进或发展先进的生产技术。在国际和国内的双重压力下,我国开始实行科教兴农战略。这一战略的实施,在我国农村地区影响较为深远。在这次改革的影响下,河北省政府携手原国家教委共同进行农村教育综合性改革试验,在推进农村职业教育的奋力发展中,充分展现出了示范区的优势。

在这一时期,我国主要实行计划经济体制,在当时迅速集中了全国上下所有的经济力量,为新中国的经济建设作出了重大贡献,但也出现了新的问题,计划经济体制下政府对企业的严格管控,致使企业缺乏自主性和灵活性,劳动者在生产过程中束手束脚,生产积极性大大降低,劳动生产力大大下降。同时,在计划经济体制的影响之下,时代困境使得我国农村中等职业教育出现办学基建不稳、财政赋能不足、培育效益低下等现实性问题,导致农村中等职业教育在人才培养数量上远远不够,难以与市场的人力资源需求及实际经济状况相适应。为扭转局势,河北省政府响应国家职业教育的发展政策,携手原国家教委共同进行农村教育综合性改革试验,于1989年建成全国第一所县级职教中心——河北省获鹿县(现石家庄市鹿泉区)职业教育中心。1991年,河北省政府殷切期望能够落实在每一个县(市)域范围打造一所职教中心的规划格局。1991—1995年,经过这一时期的探索,河北省139个县(市)分三批次先后进行了职教中心的建设。此后,许多省份纷纷加入引进河北经验的队伍中,研究借鉴成功实施这一举措的经验[①]。县级职教中心不仅面向职业教育和成人教育,也面向职前教育和职后教育。县级职教中心的出现,优化了院校的资源配置,扩大了院校的组织规模,提高了院校的办学效益,有效提高了农村职业教育学校的办学质量和服务水平。

---

① 梁俊. 现代职教体系视角下高职集团化发展创新研究[M]. 成都:西南交通大学出版社,2017.

4. 农村职业教育的重点发展

21世纪，城市化持续推进，随着城市化的发展，农村的劳动力大规模向城镇和农村转移，城市与乡村由于所占资源优劣势的差异导致两者之间的发展差距日益扩大，为化解这一困境，我国将视角聚焦于"三农"问题。其实，归根结底来说，要想解决"三农"瓶颈问题，关键是解决人才的问题。无论是乡村建设，还是乡村振兴，唯有将农民这一核心人才资源输出方置于第一位，充分激发出农民技能培训的积极性，才能为乡村地区的经济建设奠定基础。

这一时期，我国的大部分农村劳动力都转移到了城镇地区，农村地区的农民工数量越来越少，由于农村劳动力缺少职业技术，导致其在城乡中的工作日益困难，且工作条件日趋恶化；随着农业技能型人才结构性短缺情况的出现，农村地区的经济发展难以为继，城乡居民收入差距不断拉大。

因此，在农村地区必须要进行专业的农村劳动力转移培训，改变农村劳动力技术薄弱、文化水平低的现状，努力将农村劳动力培养成有专业技术、有文化素养的专业劳动者，这是当前农村职业教育的首要任务。为了更高效地提高农民工的职业技能，我国在农村地区开展了农民工"阳光培训"工程。在培训时期，对学生进行专业的指导培训和职业技能培训，采取讲座、会议交流等多样化、生动的培训方式，大大加快了农村地区剩余劳动力的人才转移。农民工培训工程的有效实施，极大提高了农村劳动力的专业水平，使其在就业时拥有更强的竞争力和更大的增收空间，很大程度上帮助农民工解决了就业难的问题。农村地区剩余劳动力转移的规模进一步扩大，农民的劳动效益提高，农村赋闲在家的人也能通过技术学习找到合适的工作，解决温饱问题。

5. 农村职业教育的转型发展

第一，培育新型职业农民。"新"农业观念的提出，是对"谁种地""怎样种地"这一困扰了我们数十年的问题作出的有力反应。这一阶段的农村职业培训，其重点在于将农村的劳动者转变为专业的新型农民。

第二，助力脱贫攻坚。农村职业教育是实现国家脱贫攻坚的重要力量，是聚力推进农村职业教育进程、集资培育人才的职业技能培训。加强专业建设，创新特色专业发展，尤其是在贫困地区，加强贫困地区的人才技能培训，在使学员技能脱贫的基础上，通过授人以渔的方式实施脱贫致富、防止返贫的战略，一味地投入资金来发展贫困地区，不如培养新型职业农民，让他们用自己的知识与技能发展贫困地区，这样既提高了贫困地区的人口文化发展水平，又加快了贫困地区的经济发展。

第三，为乡村振兴服务。要想实现乡村振兴，发展人才是第一关键，人才振兴是首要任务，所以，乡村职业院校的师资队伍建设尤为重要。在乡村发展过程中，要把发展教育作为重点，以满足农村经济发展的需要。农村职业教育承担着培养农村人才的重任，加强专业发展、培养新型职业农民，是农村职业教育存在的现实意义；培养乡村专业化人才，建立乡村人才资源库，是农村职业教育义不容辞的责任和义务。

（二）乡村振兴背景下农村职业教育的应然取向

1. 建设专业平台，实行产教融合

转变组织形态，由学校转变成平台。在乡村振兴的背景下，农村职业教育院校已经不仅仅是传统意义上的学校，而是要在承担传统的办学职能的基础上，成为一个发展平台，以"平台"为发展的组织形态。首先，农村职业教育院校应该成为产教融合的平台。如果仅仅考虑成本与效益，乡村地区有很多的中小微型企业，面对这些企业，可以采取农村职业教育学校为众多的乡村企业服务的方法，对于不断推动乡村地区的产教融合发展意义重大。其次，农村职业教育院校应当搭建校企合作的平台。企业发展得好坏，关系到乡村地区的经济建设。在乡村地区，不是所有的企业都具有合作能力，他们或缺少合作的意识，或寻求不到合作伙伴，致使企业收益不佳，迫切需要通过校企合作的方式，为企业发展带来红利。农村职业教育可以充分利用这一特点，借助集团化办学、合作联盟式办学等多种办学方式，不断推动学校和企业之间的合作，不断进行机制建设和平台创新。再次，农村职业教育院校应当成为汇聚资源的平台。农村职业教育要想服务好乡村振兴、支撑乡村产业发展，必须进行资源的汇聚和整合。在未来相当长的时间里，农村职业教育的突出问题都将会是资源的结构性匮乏。在乡村振兴战略中，农村职业教育院校应该发挥自身优势，汇聚各种有利资源，为自身发展和乡村振兴服务。农村职业教育还应当成为提供服务的平台。针对乡村振兴战略发展的各类需要，要有积极有效的回应，对于汇集到的各种类型的有效资源，应进一步加工整合，以求做到更贴近乡村振兴战略的发展需要，提高服务质量和服务水平。

2. 调整办学目的，明确服务面向

农村职业教育具有两点功能：一是提供教育，提高学生文化素质；二是提供机会，帮助学生就业创业。在乡村振兴战略的背景下，农村职业教育应明确办学定位，对接乡村振兴的经济发展需求和人才需求。农村职业教育院校有效参与到经济建设中来，必须要明确和强化办学定位，办学定位的明确和强化要体现在过去和现在的经济社会发展之中。针对过去的区域经济发展情况来看，农村职业教育的办学定位要调整为统筹区域经济、协调社会可持续性发展。这种调整不仅是文字上或者语言上的，而且意味着农村职业教育对于学校服务领域的明确。职业院校只有进一步明确办学定位，以取得地方政府的支持，进而得到认同，才能在乡村振兴战略中发挥重要的作用。

3. 深化校企合作，发展校园文化

农村职业教育的办学宗旨是对接社会需求，服务社会，发展导向是促进就业，发展方式是校企合作，教学形式是工学结合。但是不得不说的是，当前农村职业教育仍然存在着产与教融合深度不足、校企合作效果不明显的问题，这两大问题始终阻碍着农村职业教育前进的步伐。在乡村振兴政策的加持下，农村职业教育院校必须要真正静下心来，改变以往浮躁、焦虑的办学倾向，转变发展模式，由传统的合作式发展模式转变为更深层次的融合式发展模式。转变发展模式的具体表现：在专业建设方面，专业设置不能是一成不变的固态化形式，而是要随着区域产业的发展不断适时调整；在校企合作方面，校企合作不单单是指与当地的重点企业进行合作，还包括与其他地区的其他企业进行合作，更有利于学校教学工作的开展；在课程建设方面，课程内容不仅要涉及产业和行业的发展前沿，还要因地制宜，结合当地的产业发展特点，密切关注区域经济发展的实际，充分考虑当地的产业特色和资源特色，将人才培养计划与当地企业的人才需求相联系，提高农村职业教育院校人才培养质量，满足企业协同发展对优质人才的需求；在人才培育方面，农村职业教育院校要丰富教学模式，采取现代学徒制等新型教学模式，并在教育实践的基础上不断创新、不断拓展；要丰富农村职业教育院校与本地企业合作办学的形式和内容，在人才培养方面更有针对性和实效性；在毕业生的就业创业方面，农村职业教育院校应该丰富自身的校园文化，不断深化校园文化与其他文化的融合，以文化感染人才、吸引人才。

4. 转变身份角色，实现"共治"

转变参与路径，由推动转变为共治。农村职业教育自创建以来，为农村地区的区域经济发展服务就是其不可推卸的使命和责任，农村职业教育院校所有的办学工作都是围绕农村地区的区域经济发展而开展的。在原有的传统观念下，农村职业教育仅仅是单向服务于农村经济产业的发展，但在乡村振兴背景下，农村职业教育的角色定位有必要发生转变。农村职业教育的角色定位与乡村振兴战略的实施导向，两者的关系要由推动转变为共治，让农村职业教育更加具有参与感和使命感，而这种转变的目的最终落在更好地实施乡村振兴战略上，让农村职业教育以一种更加积极、更加主动的姿态来为乡村振兴战略的实施提供人才支撑。乡村振兴背景下，农村职业教育由推动转变为"共治"，促进其与乡村振兴的深度融合，增强其对乡村发展的使命感。

二、乡村振兴为农村职业教育提供阵地

（一）乡村振兴背景下技能型人才需求为农村职业教育提供阵地

乡村振兴战略作为一个具有整体性、体系化的综合框架项目，既需要政府的大力扶持，也需要其他社会力量的积极、主动、有效参与。到2035年，基本实现农村农业现代化是乡村振兴的要求，农村职业教育应促进农村产业振兴的内生发展，熔炼出科学完整的乡村产业体系路径。

农村职业教育有自身的人才培养特点和独特优势，其角色定位是非常清晰和明确的，主要是为乡村振兴战略的实施提供人才支撑，推动乡村地区的产业振兴。但是，当前的农村职业教育观念相对落后，仍然存在譬如师资薄

弱、体系不全等问题，制约着人才培养的质量。

农村职业教育要想满足乡村振兴背景下技能型人才的需求，需要关注以下几个方面：一是加强对本土化人才的培养，加强地方企业与农村职业教育的合作。在政策方面，农村职业教育院校需要政府部门的支持；在招生方面，农村职业教育院校在招生时可以向乡村地区进行定向招生，或者根据当地的产业发展特点，制订有利于本土产业发展的招生计划，这样一来，农村职业教育院校的本土生源比例会大大提高，更加有利于为当地的乡村产业发展培养专业型人才。二是鼓励毕业生在本地就业。农村职业教育院校可以与当地企业尤其是龙头企业合作办学，将农村职业教育院校的人才培养与当地企业的发展相联系，大大提高农村职业教育院校的毕业生在本地就业的比例。三是进行本土人才培养。当地的乡村产业发展要与社会经济发展相结合，有针对性地提供实用性强的培训服务包，大大提升农村职业教育院校的人才培养效率和质量。

（二）乡村振兴背景下精准扶贫脱贫攻坚为农村职业教育提供阵地

精准扶贫脱贫战略的提出是为了解决贫困群体最基本的生存需求，而乡村振兴战略的提出是为了减少我国城乡之间的差异，满足人们日益增长的对美好生活的需要。"精准扶贫"是实现农村"新农村建设"的先决条件，在完成精准扶贫脱贫后，才能进行乡村振兴战略的部署安排，两大战略有着密切的联系，需要有效衔接，才能进一步推进社会主义新农村的建设。前者关注的是我国农村的精准扶贫问题，后者关注的则是我国乡村地区究竟要如何发展；前者具有局部性和专业性，而后者具有整体性和系统性。但是，归根结底，两者的目标是一致的，都为建设社会主义新农村发力。在新时代乡村振兴战略的加持下，精准扶贫和脱贫攻坚有以下需求：第一，精准扶贫需要以乡村振兴为战略依托，激起贫困地区人民脱贫致富的斗志。实施精准扶贫战略，首先必须要在精神上帮扶农民和农村地区的学生，使他们树立脱贫致富的远大理想与目标，踏踏实实地为乡村地区的经济发展服务，改变一定要走向城市的思想倾向。不得不承认的是，当前时期，我国的农村发展还是相对落后的，生活条件相对落后，生活环境相对较差，社会上对于农村地区的生产发展不够重视，广大农民和农村地区的学生都希望到城市生活，不愿意在农村务农，也没有在农村务农的专业技能，他们一心只想走出农村，向往城市的生活，这已经成了当前农民和农村学生的普遍想法。形成这种思想的主要原因在于，长期以来，我国的教育发展重心始终偏向城市地区，城市化倾向严重，没有考虑到农村地区发展的特殊性和差异性，教育方面缺乏农村特色，也没有相关的农村地区发展的专业技能和知识。第二，精准扶贫强调人人参与、不掉队的建设思想。精准扶贫以思想观念提升为指导，鼓励广大农民接受教育，积极进取、努力向上，依靠自身的努力来摆脱贫困。第三，精准扶贫需要培养农民和农村学生的终身教育理念，培养全能型的专业人才，即一批能够应用先进的"互联网＋"农业科学技术，在充分熟悉其中运行机理的条件下进行产业经营、创造效益的新型职业农民。各力量主体势必按照现实的要求，竭力满足于时下农村社会发展的现实需求，提供链接市场人力、内嵌学以致用技能的专业农业人才，以提升农民的生产技术应用能力和理论与实践结合的能力，适时地在反馈参照中持续优化农村人力资源结构，提供为乡村振兴战略引擎动力赋能的人才支撑。

乡村振兴和精准扶贫，是农村地区经济社会扶贫工程的重要组成部分。精准扶贫战略实施过程中，以当地区域资源种类和贫困户的特点为核心要素，有针对性地设计专业的扶贫路径和扶贫计划，争取做到一个贫困户一个脱贫方案，满足贫困户的特色需求，为农村职业教育对接精准扶贫脱贫攻坚和人才资源开发提供阵地。

（三）乡村产业培育为农村职业教育提供阵地

振兴乡村产业，是推动农村经济社会深刻变革的巨大潜力和动力。要想促进乡村产业发展，人才的培养不可或缺。当前，农村产业发展的特点是高质量发展，农村地区中集体经济的发展不断加快，需要大量的职业性和专业性的经营管理人才。人才需求不断提高，这就要求农村职业教育体系应不断向前发展进步，培养有利于乡村产业发展的专业管理人才；针对当前农村产业发展的人才需求，制订合理有效的人才培养计划并构建教学模式，大量输出能帮助乡村产业向前发展的专业性管理人才。乡村振兴培育具有创新性的专业人才，而此举输出的专业人才又反馈于农村职业教育目的的达成，二者相辅相成，为培养优质创新的技能型专业人才提供了锻炼阵地。在乡村产业培育的广阔阵地上，农村职业教育也要紧跟步伐，制订合理的办学计划。

农村职业教育想要在乡村产业培育这一阵地上发光发热，可以通过稳定就业率、提高劳动生产率、提高人力资本素质、促进技术创新、促进产业结构升级等实现。乡村产业培育为农村职业发展提供阵地，同时乡村职业教育也为乡村产业培育添砖加瓦。第一，加强农村产业发展与专业设置的衔接，制定具有战略性和前瞻性的农村职业教育规划，通过对专业技术型人才的培训，对专业人才服务的建设起到积极作用，在某种程度上促进产业的发展。第二，加强与国内行业和龙头企业的协同合作，实现人才培养合作，努力探索创新课程的建设和教学方法，以适应农村产业培育的需要。第三，整合各方资源，发展农村职业教育不只是教育部门的工作，而需要多方联动，各方配合，整合一切可利用的资源，切实提高农村职业教育的质量和水平，实现农村产业化发展。

三、乡村振兴提高农村职业教育的服务能力

党的十八大以后，伴随着国家经济的不断发展和农业的持续深化，为解决"三农"问题，各地各级的党委政府越来越重视农村职业教育的培训工作，政府提倡不仅要进行学历教育，还要进行职业培训，二者缺一不可，这一思想的提出受到了人们的广泛关注，人们逐渐达成了学历教育和职业培训需同时进行的共识。农村职业教育培训网络体系现在已经初步建立，农村职业教育俨然已经成为乡村振兴的主战场之一。

乡村振兴需要新型职业农民，农村职业教育是培育新型职业农民的摇篮，农村职业教育担负着实现农业现代化和为农村的发展培养高素质农民与农业技术人才的重任，从而为振兴农村农业现代化提供有力支持。农村职业教育急需对接农村人力资源需求，为乡村建设培育懂农业、爱农村的高素质人才。现阶段，农村职业教育的人才培养体系还不够完善，有些职业院校开设的专业并不能够满足当前乡村振兴发展的需要，建议从以下几个方面进行调整。

1. 加强组织领导，创新农村职业教育工作机制

坚持党的统一领导，利用乡村振兴的战略优势，不断调整地方经济、社会、教育发展规划，特别是农村经济建设规划中发展农村职业教育的内容；各级政府要加强顶层设计，完善"垂直联动、横向协调"的工作机制，明确每个部门的职责，注重落实。教育部门要做好农村职业教育培训标准的制定工作，指导高职院校的培训工作，对培训工作进行监督和评估。人力资源与社会保障部门要协同教育部门，不断追踪乡村振兴的人才需求，为农村职业教育的培养提供数据支撑，对毕业生提供就业指导，反哺乡村的发展。

2. 启动农村职业教育，服务乡村振兴战略行动计划

实施农村职业教育振兴战略行动计划，优化多种办学模式，促进产学研一体化，积极开展校企之间的合作，吸引更多的乡村人主动接受乡村发展所需的职业技能培训，提升职业教育对农村人才和技能的吸引力。具体工作包括：开展农业人员培训和农村就业调查；在"岗位申请"的基础上，制定吸引农村高素质人才的政策；建立和完善乡镇教育培训网络体系；推动地方先行先试创立县域"农民学分银行"；启动农村职业教育改善工程，启动农村高职院校核心竞争力提升工程；实施农村职业教育一体化人才培养工程；实施农民智能信息工程；实施乡村教师培训项目；实施全国农业职业技术示范县建设工程。

3. 加强舆论宣传，营造重视乡村人才培养的浓厚氛围

教育部可以与有关部门合作，开展各种组织交流活动。利用全国农村职业教育活动周和终身学习活动周的机遇，按照国家规定，重点加强对农村先进单位和个人职业教育的相关培训。加强对返乡人才创业成功经验的宣传，发挥创业成功人士的带头作用。要增强创业意识，充分运用报纸、电台、电视等媒介，广泛传播农村青年创业先进典型和经验，弘扬投身农村、建设农村的创业精神，营造良好的舆论氛围，形成一股引人向上向善的社会风气，发挥出社会舆论的正向强大引导力。

四、乡村振兴提升农村职业教育的创新能力

乡村振兴的落实与发展，要求农村建设不仅关注原有传统农业产业的发

展，还需要对原有传统农业产业进行改进升级，培育乡村人扎根农村、乐于为农村奉献的乡村情怀。产业的改造升级与乡村情怀的培养，是乡村振兴的发展需求，这一需求促使河北省农村职业教育提升创新能力，以适应不断变化发展的乡村需求。以河北省乡风文明的传承为例，乡风文明的传承能有效激发乡村人的乡村情怀，却是现有农村职业教育的短板，河北省农村职业教育因其自身的教育功能，必然要补齐这块短板。有专家学者认为，身处当前快速发展的信息社会，追求人才的创新型培养、追求科学发展理念等，是农村职业教育传承与创新乡风文明的价值追求。农村职业教育要想发展自然离不开乡村，两者之间有着天然的联系。乡村职业学校阵地在营造面向"三农"文明村风、健康农风、朴实民风方面具有天然的优势：第一，农村职业教育的重点就在于培养农业发展人才，可以让来自农村地区尤其是贫困地区的孩子们有学可上，在一定程度上满足了乡村地区人们接受教育的需求，有利于乡风文明建设。第二，职业院校开展多种形式的志愿服务和实践活动，让学生们切实走进乡村建设的一线，在劳作活动中进行教育。这时的学生，宛如传递先进农科知识与技术的中间介质，所生成的意义及效益远远超过服务活动本身。第三，农村职业教育还承担着传承和创新非物质文化遗产的重要任务。将一代代积累的科学技术传承下去，为农村产业建设增添力量，有力地推动乡村产业的发展。

第二节　农村职业教育赋能乡村振兴

一、农村职业教育振兴乡村产业经济

（一）乡村振兴、乡村产业经济与乡村特色产业

1. 乡村振兴需要发展乡村产业经济

发展农村产业是乡村振兴的当务之急。聚焦河北省县域内的重点产业，以重点产业的研发汇聚产业集群，延长乡村产业链，进而提升乡村产业的价

值链，加快构建乡村振兴战略背景下完整的经济体系，推动城乡地区的融合发展，为实现农业科技进步、现代化农村建设打下基础，打造一批批新型乡村产业，促进乡村经济的发展。

乡村产业的发展，能广泛招收乡村地区的劳动力，促进农民增收；乡村产业的发展，能有效凝聚乡村人的为农、爱农思潮，令其乐于留在农村，以农村的发展为己任，投身到乡村建设之中；乡村产业的现代化发展，有助于产业兴农，实现乡村农民的生活富裕。

乡村产业的本源是县域，农村产业的特征是充分发挥当地农业和农村的优势，以农户为主导，促进第一、第二、第三产业的快速发展，培育出富有地域特色、具有丰富的企业形式和具备创新内生风貌的新型农村产业。

2. 乡村产业经济离不开乡村特色产业

传统的乡村发展，以乡村的产业就是农业和农业的功能就是提供农产品为基本理念，利用解决固化的涉农产业问题来解决农村的"三农"问题，促进乡村的发展。

乡村振兴背景下的乡村特色产业，主要指基于地区特有的乡村资源进行开发利用，将特有资源发展为特色产业，如特色小镇、特色农产品等。例如藏南香猪特色产业，在后来不断的改进摸索中，探索出了将猪肉制作成火腿的产品生产方式，并且借助于互联网和电商开展产品营销，与之前相比，香猪的销售量大幅度增长，提高了品牌的知名度，同时也从香猪的养殖和销售扩展为后续产品的开发与研制、相关产品的电子营销等。所以，乡村振兴背景下乡村特色产业的发展，不断地延伸产品的产业链，密切贴合特色产业的发展需要，发挥自身优势，更好地推动乡村经济的发展。

乡村特色产业的发展，可以充分利用乡村特有资源，同时发挥特色产业群优势，融合第一、第二、第三产业共同发展，在人才需求、人才培育以及经济效益上，满足乡村发展和乡村人才的社会需求和个人需求，在对接市场多样化需求的同时推动乡村振兴。

（二）农村职业教育助力乡村特色产业发展

对于乡村产业发展来说，影响其向前发展的因素有很多，在进行乡村特色产业类型的选择时，需要在充分考虑各种影响因素的基础上，再加大力度发展农村职业教育，为乡村特色产业发展培养人才。例如辽宁省丹东市，利用气候温度、地理纬度等自然条件的优势，引入了日本奶油草莓品种，并且形成了丹东市特有的产业。对于乡村特色产业来说，需要充分考虑到区域的自然资源和软硬件条件，调研市场的产业需求，选取合适的产业进行研发，形成地区的特色产业。省内外乡村特色产业的发展，为河北省农村乡村特色产业的发展提供经验借鉴。乡村特色产业的发展离不开相应的人才支撑，河北省农村职业教育在乡村特色产业发展中扮演着非常重要的角色。

1. 农村职业教育助力改进升级乡村特色产业

精准扶贫是乡村振兴的重要组成部分，乡村振兴的落实需要关注农村的精准扶贫。精准扶贫强调要因地制宜、因人制宜，对乡村发展进行个体精准化的"授人以渔"式帮扶。农村职业教育可以充分依托和发挥院校自身的资源优势，在充分调研地区特色资源和特色产业的基础上，以河北省科技特派员，校企合作，政府、学校、乡村的三方合作为抓手，合理调整农村职业教育的专业调整和教育内容设置，并建立短期培训和终身辅导的农村职业教育平台，因时因地应对乡村特色产业发展的社会需求和个人需求。因此，发展农村职教、培育新职业农民，是当前乡村发展的当务之急。

以辽宁省丹东市草莓种植特色产业为例，在引进了日本的奶油草莓后，产业内部进行了专业的技术研发和品种改进，已经在原来的基础上研究出了新的草莓品种。同时，因为草莓具有容易腐烂、不易保存等缺点，在草莓的运输方式上，借助冷链物流高效快速地将草莓运输至全国各地。在奶油草莓的引进、种植、研发、运输、销售等方面，农村职业教育有针对性地在调研的基础上，及时培养、培训奶油草莓相关产业的人才，为丹东奶油草莓特色产业的改进升级作出了重大贡献，为河北省农村职业教育助力乡村特色产业的改进升级提供经验借鉴。

特色产业在发展过程中既要迎合市场，又要有能够带领特色产业向前发展的管理人才和充分掌握农业技术手段的实用人才等的支持。农村职业教育能有效培育或培训特色产业的管理人才、农业实用人才、特色产业产品研发人才等人才，助力改进升级乡村特色产业。

2. 农村职业教育助力提升乡村人才综合能力

想要农村特色产业朝着更高、更远的方向发展，人才培养是关键因素。现阶段，我国的乡村与城市之间的发展不平衡，城市地区的发展远快于乡村，大量农村人口向城市流动，农村人才缺失的情况愈发严重。所以在发展特色产业的过程中，还需要不断引进专业人才，制订有效的人才招聘计划和人员培训方案，加大农村职业教育的发展力度，完善人才培养机制和评价机制，既能培养人才，也能留住人才，为农村经济发展服务。

乡村特色产业与农村职业教育人才培养有效衔接，校企联合，针对特色产业的从业人员，开展知识宣传、视频讲座和专业培训等多项活动，帮助从业人员树立正确的行业发展观念，了解更多行业知识和技能，不断地完善充实自身实力，更加积极地投入特色产业发展中去。此外，乡村地区的政策扶植力度逐渐增强，但经济实力相对较弱，可供利用的各类资源相对较少。为了引进人才、解决人才流失问题，我国政府应该在政策上提供支持，建立行之有效的乡村扶持政策，吸引优秀人才投身到乡村特色产业建设中去。

二、农村职业教育助力乡村人才培养

乡村振兴的关键是人才振兴。乡村要想振兴，首先人才必须振兴。为实现乡村振兴战略，我国农村正在进行以"互联网＋农村职业教育"融入新一代信息空间为特征的科技革新，同时实现着农村产业结构的转型与升级，在探索发展现代农业的过程中，积极探索能够为现代农业发展提供能量的新动能。引进先进的现代农业生产技术，将其应用到农业生产生活中去，必将助推传统农业的改造与升级，催生现代农业、电子商务、涉农旅游、"互联网＋"等新业态模式的萌发和发展，促进第一、第二、第三产业的大融合，形成新的"六次产业"。然而，无论是哪种农业产业或者农业模式，要想有稳定的经营与发展，关键就在于要不断地引进高新技术人才，不断加强农民自身能力的建设。

乡村要振兴，人才必振兴。必须要转变发展理念，对自身的职责和价值有清晰的再认识，所以在乡村振兴的过程中，农村职业教育必须要准确定位，扮演好应有的角色，成为乡村振兴人力资源开发最为有力和有效的路径，成为助力乡村振兴战略发展的依托。

农村职业教育是乡村人力资本开发的必然选择。第一，正规农村职业教育机构能够承担起培养专业化人力资本的任务；第二，在农村职业教育的教学体制上，农村职业教育强调与农业生产实践的紧密结合，不仅学习农业科学理论知识，还要真正地进行农业生产实践，在实践中获得经验，有利于形成高质量的人力资本；第三，农村职业教育学校进行的人力资源开发具有高效性和针对性，能够针对乡村发展的需求合理培育人才，有效避免人才的流失和资源的浪费，有利于农村地区的经济社会发展；第四，处于当前乡村振兴的新时代，以及科学技术高度发达的新时期，新产业、新业态和新模式是乡村人应对乡村振兴不得不面对的局面，其中包含的高级又复杂的农业技术，相对于普通农民来说复杂难懂，更加需要农村职业教育的发展，努力开发技能型的人才，实现农业人力资源的开发和再开发。

乡村振兴战略的发展必须以农业技术人才的培养为支撑。乡村振兴战略的实施，聚合于乡村产业市场经济的发展。

三、农村职业教育促进城乡融合发展

随着社会的高速发展，我国的乡村发展迈进了乡村振兴时期，在国家和省政府的重视下，结合城镇的发展，补齐乡村短板，实现城乡融合发展，任何人都不能懈怠。乡村振兴同城乡融合是互为发展、共同进步的，乡村想要振兴，离不开城乡之间的资源交换，而城市想要发展，更是需要依靠乡村的支持。在城乡融合的进程中，农村职业教育也扮演着多种角色。

（一）培养技能型人才

城乡统筹一体化建设的最大需求是人才需求，无论是城市还是农村，只要是想发展，都离不开技能型、职业型人才，这就体现出了农村职业教育的重要性。毫不夸张地说，农村职业教育院校在培养技能型人才方面有着不可替代的绝对优势。农村职业教育要想稳步发展，就要集中一切力量为城乡一体化建设服务。在城乡统筹发展的进程中，农村职业教育一定要明确自身的办学定位,将城市与乡村对技能型人才的巨大需求放在重要位置,更新自身的传统办学模式和办学理念,既要考虑城市需求,又不能忽视农村需求。

(二)培育新型农民

对于乡村地区的经济发展来说,教育一定是处在发展前列的。教育是国之大计、国之根本,实施免费义务教育,提升学员的基础理论与实践的水平,是时下农村发展的重要内容。在此基础之上,在基础教育的前提下,根据农村劳动力的均等化就业机会原则开展农村职业教育,主要以学以致用技术和职业技能培训为主。另外,在选择教育内容的时候,要有针对性地选择有利于农村产业发展的知识与技能,只有这样,才能快速有效地培养服务于新型产业的新型职业农民。对于农村职业教育来说,它的现实含义是为广大的农村工人传授理论知识,并通过教育、训练等方式来提升他们的技术、技能和实技巧,进而推动社会供求契合。

(三)有效转移农村剩余劳动力

我国的农村地区占地面积比较大,因此,农村剩余劳动力的迁移对于城乡一体化发展具有十分重要的意义。目前,农村剩余劳动力大部分都向城市地区发展,走出农村,走向城市务工。但是,对于那些没有专业技能和文化知识的打工者来说,一般只能从事城市中最简单、最耗费体力的工作,劳动报酬低。去城市打工的农村人,无法得到令人满意的收入,根本无法长时间地待在城市打工,很大一部分人都坚持不了多久,只能返回农村,这导致农村人进城打工的积极性越来越低,很多人只要能吃饱饭,宁愿一辈子待在农村。这一现象说明,没有专业技能,就没有高薪资,收入就低,生活就难以保障,在一定程度上阻碍了农村剩余劳动力的转移。通过农村职业教育培养,可以提高农村剩余劳动力的专业知识技能,使其有能力获得比在农村留守更高的经济报酬,或在乡村发展中获得更大的收益。

(四)提供科技服务,促进城乡统筹发展

乡村职业教育以从事农业生产第一线的劳动者为教育对象,肩负着推广

新技术工艺、为生产一线提供技术支持的职责与任务，并且很容易就能接触到生产一线，在工业技能创新方面有着天然的优势。其实，从本质上说，乡村职业教育在为生产一线提供科技支持的过程中，还对农业和产业的科技工作进行了直接的指导和引领。发展农村职业学校是广大普通农民的共同需要，随着城乡一体化的发展，农村职业教育要摆正发展方向，找到立足点，加大力度培养实践型、技能型人才，积极主动地融入社会，采取灵活开放的办学方式，助力城乡统筹发展。

四、农村职业教育强化乡村文化传承

培养新型农民，离不开乡村文化的发展。农村职业教育借助系统的教育活动传承乡村文化，在乡风文明建设中助力新农村的建设，大力培育出一批优质的具有乡村建设理念的新型职业农民。乡村文化的传承，农村职业教育是主要途径。

乡村文化包含三个方面：物质文化、精神文化和制度文化。首先，发展物质文化。农村职业学校可以开展多种类型的以"文化传承"为主题的文化活动，例如演讲、表演、讲坛等。农村职业学校可以开放学校图书室、综合网络课室等，为群众提供优质多样的教育资源，促进乡村文化的传承与发展。农村职业教育院校也要多和乡村进行沟通，鼓励教师走向乡村，走向生产一线，切实地感受农业生产的实践方式，同时，各院校也可以把乡村的优秀人才请进学校，开设专题讲座、专题报告等交流活动，共同承担起建设农村文化的重任。其次，发展精神文化。农村职业教育学校有着自身独特的教育特性，承载着培养服务于新农村事业人才的重担。经济建设要持续发力，精神文化也不能松懈，新时代，人们不只要求物质条件丰富，还想要更多丰富的精神文化生活。精神心灵的文化又可以称为"心灵的财产"，它是通过精神的生产方式来实现的，农村职业教育就是精神生产的重要方式。最后，发展制度文化。制度文化建设要进行实时更新，弘扬和发展优秀的制度，摒弃和革除过时的制度。同时，也要根据时代的变化，推出新的制度，丰富和完善社会制度文化。农村职业教育应该实时更新自身的文化教育理念，与时俱进，帮助学生摒弃原有传统的封闭观念，形成新时代的社会主义市场经济观念。农村职业教育学校应精准地分析政府政策和市场体系变化，明确办学定位，将学生塑造成具有良好精神面貌的农村现代化事业的建设者和接班人。

五、农村职业教育对接乡村精准扶贫

"精准扶贫"是我国新时期扶贫工作中一项符合社会现实发展需要的战略，实施精准扶贫的关键在于找准真正的贫困对象，针对不同贫困对象的不同情况，制定出和而不同的扶贫方案。扶贫的关键在于"扶志"，"扶志"的关键在于"扶智"，换句话说，我国扶贫工作的重点应该是令贫困人口树立脱贫志向，而脱贫志向的树立离不开对于贫困人口的教育。我国的贫困人口大部分是在农村，农村职业教育的发展对接农村的产业发展和农民技能的提升，因地制宜，精准对接构建扶贫、防止返贫的持续发展机制。

首先，要准确定位培养对象，制定专门的培养目标、培养内容和培养手段，充分考虑贫困人口的特殊性，确立将农村职业教育对接乡村精准扶贫战略的基本办学思路。为实现完美对接，农村职业教育需要有足够的资金支撑，构建区域政府统筹机制，推动区域内多方联动，建设一支实力雄厚的服务于精准脱贫战略的师资队伍，以期推动农村职业教育与乡村精准扶贫的高水准、高频率对接。在实施精准扶贫战略时期，农村职业教育的历史使命就是改革与发展。农村职业教育必须要集中一切可利用的资源，为贫困地区培养实用人才，对接精准扶贫的技术需求、文化需求、人才需求、产业需求和生态需求。

（一）农村职业教育对接文化兴村

以文化软实力引领乡村发展，以文化铸就社会主义新农村，是实现乡村振兴的重要法门。农村职业教育要想长久发展，文化建设必不可少，文化建设是增添农民生活幸福感、充实感的有效途径。社会主义新农村不仅样貌"新"，还要文化"新"，农村发展不能一味地追求经济发展，而是要做到全面发展，不能忽视农民内心的精神建设。通过发展文化来促进乡村建设，对农村的一切教育形式和内容进行整合，加大对农村的投资力度和支持力度。乡村职业院校要实现"以学为本"的目标，以文化促发展，培养学生的乡土情怀，培育农村地区的乡土文化，建设乡风文明的社会主义新农村。

（二）农村职业教育对接人才强村

社会主义新农村建设的根本在于人才的培养，我国实施精准脱贫和乡村振兴的基本目的是落实育人计划，农村教育现代化的根本在于人才培养的现代化。我国农村地区的现状是农村劳动力外流，尤其是在贫困地区，劳动力外流的现象更为严重，没有了劳动力的辛勤劳作，农村地区的经济谈何发展。为此，为农村地区培养人才并且留住人才，是农村教育的首要任务。农村职业教育融合模式一改以往传统的教学模式，对接乡村振兴中的人才振兴，开发综合性课程和特色专业，有效促进产与教的融合发展，将学习与工作结合，学生可以自主选择升学或者就业。

（三）农村职业教育对接产业助村

乡村产业是乡村地区经济发展的重要标志。从乡村产业的深度挖掘到乡村发展路径的振兴，均围绕着人才资源的供给振兴，这就体现了农村职业教育在农村发展中占据的重要地位。从农户层面来说，以前的农民没有先进的种植技术和生产设备，一切都要靠农民手工完成，无论是种植还是收割，都要投入很高的时间成本和人力成本，在一定程度上导致了农业生产效率较低、产量较低、收入较少；从产业层面来说，以前的企业生产大多是靠手工生产，产品生产产量低、效率不高，但是在将学校的技术和设备引入农场后，农产品产量大大提高，农民收入也随之增加，农民不再仅靠天种地，而是采用科学的种植技术和方法，大大增强了农民进行农业生产的投入力度；从企业层面来说，要发展校企合作，尤其是与当地的龙头企业合作，有针对性地进行人才培养，发展定向培训，确保农业人才不向外地流动。

（四）农村职业教育对接生态建村

生态建村是社会主义新农村建设的总体目标之一，要想做到生态建村，离不开"三大生态",即文化生态、环境生态和政治生态的建设,三者缺一不可。首先,文化生态建设,农村职业教育形成的融合教育模式,将学校、家庭与社区的教育功能相互融合、互相促进,提高区域内农民的文化自信,将优良民俗习惯积极传递下去,构建绿色新农村,让农村生态文化经久不衰;其次,农村职业教育融合模式通过整合农村地区所有可利用的教育资源,将资源最大限度地运用到教学中去,在充分调研的基础上对新农村的建设进行系统规划和完善,让新农村呈现出环境生态之美;最后,农村职业教育融合模式还十分注重思想政治课程的设置,联合学校、家庭与社区,设置专门的思想政治课程,提高学生的思想政治觉悟。

第四章　河北省乡村发展和农村职业教育的经验

第一节　河北省乡村发展的经验

值得肯定的是，河北省农业农村发展建设取得了一些成就。首先，《河北省乡村振兴战略规划（2018—2022年）》详细计划了河北省农村地区的产业到底该如何发展[①]。在种植业、农业有机化、畜牧业、农耕经济这四个领域实现了很大的突破，农田的产量不断增多，农药的使用更加地科学合理，农民使用机器耕田的范围越来越大，农田生产的绿色健康食品和有机产品越来越多。其次，农村的实用人才和相关企业的联系逐渐密切。在渔业的发展中融入了种植业，养殖鱼的水塘可以种植水稻农作物，能够一举两得，将产业的利益最大化。在城市建设和建筑业中，建筑业有很多知识可以放到农村的房屋规划和新农村建设中去。同时，城市建设的现实要求给建筑业的发展带来了动力。再次，对有旅游景点的农村进行合理的规划。在林业的建设中，我们可以看到很多地方的农村有形状特别的竹林，但是很多时候都荒废了，可以利用相应的知识，对其进行旅游宣传，吸引人们来这里观赏景色进而带动农村旅游业的收入增长。对于农村的旅游产业，河北省非常关注，2018年发布《关于进一步加快全省旅游产业高质量发展的意见》和《河北省旅游高质量发

---

① 河北省教育厅等九部门关于实施中等职业学校标准化建设工程的意见[EB/OL].（2020-11-30）. http://jyt.hebei.gov.cn/col/1410097726928/2020/11/19/1605784763922.html.

展规划（2018—2025年）》①，在同一年，《河北旅游质量提升行动计划（2018—2020年）》政策也落到实处，为河北省全省的特色文化建设和旅游业的高质量高水平发展提供了有据可循的政策支持。政府部门也对农村旅游业的发展制定了一些措施，引导乡村旅游的快速有序发展。最后，农村的信息化水平有很大的提高。在农村地区，省政府引导大力发展电子信息产业，对农村的电力生产和供应有着明确的指示。省政府对电子产业的发展有一定的政策保护，如《关于进一步扩大和升级信息消费持续释放内需潜力实施方案》《关于加快集成电路产业发展的实施意见》和《河北省新型显示产业创新发展三年行动计划》等。对于农村的电力供应也要求相关部门做到每个地方的平衡供应，不能由于地方环境恶劣而不通电。在供电时，特别是农村学校等关键地方，要保障供电，争取不断电。

河北省的农村发展速度渐渐地加快，农村的产业不断地兴旺，农村地区的环境变得绿色清洁，农民的收入不断增加，总之，河北省农村的发展正在一步一步变得更好，这主要归功于政府部门的领导和各个部门的积极配合，农民的主动参与是发展的主要力量源泉。那么，河北省的乡村建设到底是怎么进行的？我们选取几个典型的案例进行介绍。

一、建设"长城之乡文化带"

长城是我国特有的文化，河北省境内不少地区都有长城，如何将其利用起来，促进河北的发展，河北省给出了一个样板——长城国家文化公园建设。长城国家文化公园建设覆盖的区域大多处在山村，与河北省乡村振兴实施的地区高度吻合，两大发展战略能协同谋划，从顶层规划、政策支撑和基础设施等作好顶层设计，借助河北"长城之乡文化带"的建设助力河北乡村振兴。

首先，河北省地区有很多长城名牌景区，这些都是河北省地区宝贵的文化财富。发展河北省长城国家文化公园有多方面原因：第一，河北省地区的长城数量多、规模大，具有广阔的发展前景。河北省地区的长城资源认定总

---

① 河北省人民政府关于印发《河北省旅游高质量发展规划（2018—2025年）》的通知[EB/OL].（2018-12-05）. https://www.sohu.com/a/279861412_99902389.

量居全国第二，其中有一半以上是明长城。第二，河北省地区的长城类型多、文化价值高。河北省地区的金山岭长城作为古代军事防御工程的典范，以敌楼密集、建筑精美、保存完好为特征。第三，河北省地区的长城建筑时间长、分布范围广，河北省迄今保存完好的长城包含战国、汉、北魏、北齐、唐、金、明等时期的长城，主要分布在燕山、太行山、张家口地区。在京津冀协同发展战略的影响下，这个区域的明长城保存较好，景观价值最高。

其次，河北省地区的长城文化包含着许多优秀的文化资源，例如中华民族优秀的传统文化资源和革命战争时期的文化资源。河北长城沿线的大部分村落的存在，能追溯到明朝时期戍守长城的将士后裔，村落中不仅流传着很多长城自身的历史故事及与长城相关的名人故事传说，还有众多的农耕、民俗等非物质文化遗产，为后代留下宝贵的精神财富，是中国传统文化的代表。革命抗战时期，河北地区的长城在一定程度上挡住了敌军的入侵，保护了生活在长城附近的人们的生命和财产安全，为取得抗战胜利作出了重要贡献。

最后，河北省地区的长城主要环绕北京、天津、秦皇岛、唐山、张家口等中心城市，交通便利，有着铁路、高速等便捷的交通网络。这些非常便利的交通路线可以连接起河北省各个方面的发展，例如秦皇岛需要的水果、蔬菜可以从石家庄运输，而其海鲜特产可以运到沧州。这就是在方便的交通的基础上进行的贸易交流，不仅可以让地方特色的产品得到交换，还能够促进各个地方的经济发展，增加可持续发展的产业，提高当地的收入。

长城国家文化公园的建设是河北省发展乡村振兴战略的一部分，是河北省乡村振兴战略稳步实施的助推剂。河北省的长城国家文化公园建设大多数处在原来的燕山、太行山周边的贫困县集聚带，建设文化公园，发展第三产业，有利于河北省地区原有贫困县的经济发展，助力河北地区的乡村振兴。长城文化是几千年下来中华民族精神文化的沉淀，其中蕴含着极其丰富的文化价值和旅游价值。长城不仅是一座建筑防御基地，还代表着中华民族自强不息的奋斗精神和保家卫国的爱国情怀，其中还流传下来了很多故事，例如孟姜女哭长城等。河北省可以充分借力长城国家文化公园的建设，与乡村振兴结合，实现双赢。

建设"长城之乡文化带"，给予乡村振兴战略的经验就是河北省的乡村振兴可以围绕地区，借鉴地域文化创新文化产业发展，助力乡村振兴。同时，兼顾旅游业、交通业、资源开发方面的产业发展，为河北省的乡村建设作出相应的贡献。发挥产业优势，促进当地经济的发展，抓住特色产业的发展机遇，打造具有地方特色的优势产业，进而推动农村地区各个方面的发展，为乡村振兴的深度落实提供资金保障。

二、发挥地域优势，建设特色产业

河北省东北部地区的滦平县紧邻北京、天津，地处燕山腹地，是华北地区多种动植物资源的天然宝库，境内包含野生中药资源420余种，盛产多种中药材。为支持滦平县的中草药产业发展，河北省政府有关部门在政策和资金上给予大力支持。滦平县借此机遇，顺应乡村振兴发展战略，打造了"河北省十大名优区域公用品牌（滦平中药材）"。在自身的地理优势和环境优势的影响下，滦平县已经初步形成了种植、生产、加工、销售一体化的产业链，生产的中草药能快速销往全国各地。这就使得该地的草药业成为带动经济发展的支柱产业，从而加快了地方发展的步伐，完善了地方的建设系统。

滦平县金沟屯镇下营子村属于滦平县中草药产业基地的一部分，是河北省开发的重点发展项目，此项目中不仅有中药材品种展示，还融入了滦平普通话文化、民俗文化等多元化发展要素，将农业生产区变成旅游观光区，将农村田园变成旅游公园，将农村平房变成游客的客房，将农业劳动变成体育运动，将农副产品变成商品，滦平县的下营村已经成为中国北方最大、种植品种最全的中药材生产基地，代表着中国北方地区先进的中医药文化。该项目的成功开展为河北省乡村振兴战略的实施贡献了宝贵经验。

第一，调整产业结构。以乡村振兴为主题，加快推进农村地区服务业的发展，借助滦平县天然的中草药资源，在中药发展上下功夫，围绕中医药产业调整滦平县产业结构，选准乡村产业转型升级的突破口，建立"滦平中药材"品牌，形成滦平中药材种植、生产、加工、销售一体化的中药全产业链，通过中药产业的发展带动农村经济的发展。河北省不同地方有不同的地理环境和优质资源，在乡村发展过程中要结合地方的特色进行产业创新和升级，建立特色优势产业，打破目前农村发展过程中遇到的困境和屏障，解决处在关键节点的问题，促进农村的产业结构更加合理。

第二，制定扶持政策。滦平县将中药材产业发展视为全县的核心支柱产业，为保证中药产业的稳定和可持续发展，滦平县采取了一系列措施。首先，滦平县制定了一系列围绕中药产业发展的扶持政策，政府积极引导县域内中药材产业发展，其中一个典型的政策条款是"集中连片土地50亩以上和利用景区、园区周边等重点区域零散地块发展中药材产业的，每亩每年补助300元，连续补助3年；对新增木本及藤本类药材，集中种植超过5亩的，每亩给予1000元种苗补贴"。通过资金补助的形式提升县域内种植中药材的积极性。其次，提供基础配套服务，对购置直接用于中药材生产的机械设备的，给予购置费全额50%的补贴。再次，实施补贴政策，对于留在滦平县进行中草药种植的劳动人员给予工资补贴，对于用来种植中草药的种植基地实行土地补贴，对于应用于中草药产业发展的机械设备进行资金补贴等，这些补贴政策，有效地提升了滦平县地区农民中草药种植的产量和质量。最后，强化科技支持。在技术层面，滦平县在全县内建立了中药材质量追溯系统，严格把控中药材的生产质量；在研发层面，滦平县还联合了中国中医科学院、中国农大、南京土壤研究所、河北农大、北京中药研究院等教学研究机构，构建了强有力的科技支撑体系。

第三，推动融合发展。以开放式发展为主要原则，积极吸引多方参与，"有边界、无围墙"，各企业之间互通有无，以自身特色吸引各方力量，汇聚各方资源，发动全社会的力量参与到园区的建设发展中去。园区在制度、技术和商业模式方面不断探索创新，增添活力。各产业之间要相互渗透、取长补短，加快实现乡村地区的产业振兴。构建以第一产业为主线的发散式的产业结合发展模式，这对当地的产业优劣互补有重要的作用，使得园区的发展有更多的创意和新的出发点。

三、开发乡村旅游，助力乡村振兴

河北省地区的休闲农业和乡村旅游业的发展前景一片大好，已经涌现出了多个全国休闲农业与乡村旅游示范点，每个景区示范点在管理服务、基础设施和人员管理上，均有着完善的发展体系。景区在人员招聘上，十分注重从业人员的素质考核，对于人员的素质培训十分重视，以优质的服务提升景区的客流量，有着广阔的发展前景。由于客流量大，景区收入十分可观，对于其他景点的发展有引领作用。在休闲农业和农村旅游业的建设区域，设置了很多独具特色的可供游玩的景点。游客可以进行种植物的采摘，体会农民在秋收时的喜悦；感受秋高气爽、麦香扑鼻的秋日氛围；还可以行走在极具乡村特色的乡村小镇，体会农村人民的热情好客，体会各地区的风土人情；还可以品尝各种特色小吃，体验中国的美食文化等。河北省地区的休闲农业与乡村旅游业的发展经验，值得各地区学习和借鉴。

2018年，中央和河北省政府针对乡村旅游业的发展先后颁布了《2018年至2020年河北省旅游产业扶贫工作行动方案》和《推进旅游扶贫政策落实行动方案》。河北省文化产业发展和旅游业发展根据习近平新时代中国特色社会主义思想和党的十九大相关精神，鼓励地方提出新的旅游创新发展观念，理清当前重点工作的开展思路，进而为各项主要工作的完成奠定政策和制度基础。根据河北省全省文化和旅游业的数据，全省大部分地区已经实现旅游产业快速全面的发展：文化产业的建设朝着"一个工程，五大体系"的目标不断努力，文化产业和旅游业的成功建设和发展，成为河北省经济发展的新增长点。2018年，河北省接待海内外游客大约7亿人，实现旅游业收入新高，比上一年的海外旅游收入增加15%，这已经超过了全国的平均旅游业收入。

河北省的旅游业建设取得了非常大的成功，国家奖励河北省旅游业5000万元。全省有16个景区评上了4A级景区，其中唐山在国际旅游岛建立了全省第一家旅游度假村。清西陵、金山岭长城等5A级景区的创建，使得河北省的旅游业发展有一定的文化基础和地区特色，河北省的旅游业发展更进一步，产业发展有重大突破，促进了河北省的经济增长，为农村地区的建设提供了经验和经济支持。

河北省旅游业发展的成功之处在于：一方面，在快节奏的时代，大多数人都奔走在工作、学习之中，精神高度紧张，难以松懈，人们总会向往走向旅游度假村，体会乡村生活和乡村中的优美风景；另一方面，随着现代化的发展，放眼望去，城市地区高楼耸立，都是各种建筑物，完全体会不到农村地区耕种、养殖的乐趣，很多在城市地区生活的人们都想要感受一下农村地区的慢节奏，这就催生了乡村地区休闲农业和乡村旅游业的发展。在河北省石家庄市，建成了首个河北省美丽乡村旅游度假区，这个度假区的建立，开启了河北省乡村旅游发展的新模式，是一个新的起点，意味着河北省对于乡村地区旅游服务业发展的高度重视；同时，河北省也非常重视休闲农业和乡村旅游业地区的公共服务设施建设，并投入了大量资金；另外，河北省也专门对发展乡村旅游业的人才进行专业培训，保证游客能得到满意的服务；经过多方讨论，还制定了详细的河北省休闲农业和乡村旅游业的发展规划，加大力度发展乡村地区的第三产业，从而全面推进河北省的乡村振兴战略。

旅游业要想发展得更好，关键在于如何进一步发挥其基本功能并且最大限度地采取各种措施将附属作用更好地发挥出来。河北省政府颁布了《"草原天路"沿线地区发展特色旅游助力脱贫攻坚实施方案》等相关文件，2018年河北省财政部为旅游发展提供了约4000万元的专项基金，这体现了河北省政府对全省乡村旅游业的发展的关注和支持。同时，在承德市的丰宁、围场两个贫困县投入1亿元的旅游资金来举办省级旅游产业发展大会，以此带动河北省的旅游业发展；乡镇对当地农民进行引领，发展出新的旅游业项目，进而增加农民的收入，以乡村旅游业带动农村经济的增长；充分利用已有资源，大力投入资金，对旅游贫困的重点工程进行保护，例如，岐山小镇的项目被文化和旅游部以及中国农业发展银行作为全国资金支持旅游扶贫的重点项目之一。

在基础设施建设和农村地区公共服务方面，河北省也起到了带头引领作用。在河北省邢台市，为了全面提升乡村旅游的公共服务质量，在各个乡村旅游景区周围修建了共计108个公共厕所，景区内外均有。在河北省张家口市，建成了100个独具特色的乡村小镇，每个小镇都有着浓厚的风土人情和优美的乡村风景。乡村特色小镇的建设，丰富了河北省地区乡村旅游业的发展，推动了河北省乡村振兴战略的发展。针对政府部门下发的各类专项资金，要做到专款专用，充分利用资金等各种资源，进行乡村旅游产业的快速升级，加快经济建设的发展，为乡村振兴战略的实施作出贡献。

四、电商发展助力乡村振兴

在互联网技术高速发展的信息时代，电商行业的发展势头迅猛。电商作为一种新兴行业，可以有效带动农副产品的快速销售，高效快捷地将各地区的农副产品销售到全国各地。目前河北省已经发展了多个农副产品种植区，包含优质干鲜果品、各种有机蔬菜、各类食用菌菇和多种反季蔬菜，这些农副产品的生产区为河北省地区电商行业的发展打下了坚实的基础。

对于互联网技术发展和农村发展之间的联系，河北省政府为了加强指导，发布了《关于进一步扩大和升级信息消费持续释放内需潜力实施方案》《关于加快集成电路产业发展的实施意见》《河北省新型显示产业创新发展三年行动计划》以及《河北省大数据产业创新发展三年行动计划》等，为河北省的电子信息技术业指明了新的发展方向，明确规定了河北省电子信息产业发展的具体细节，为农村引进高技术发展提供了相应的信息制度保障。2018年，河北省在电子信息技术工业中投入近3000万元，大力帮助农村地区发展贸易，尤其是重点鼓励农民参与到电子商务的创业中去。同时，政府部门根据实际需要重新计划培养开发20个新的显示、高效集成电路、大数据、通信导航等电子信息产业，促进新兴电商部门的发展。同年，河北省政府牵头，对多家企业进行引导，实行数字化运营的改造升级，引导企业自建或搭建网络购物平台，全方位拓展产品销售渠道，做到全天24小时各个阶段进行经营发展。在政府的领导下，60%以上的大型零售企业实现了线上线下的融合发展，使得企业的效益变得更好。河北省政府对于每个地方的发展有不同的规定，例如，对唐山市的商贸聚集区进行改造发展，目前已有24家，进入该区的小微商贸易企业有2400余户，营业面积增加了约30万平方米，这就使得小的微商也能够得到发展，以小的企业带动大地区的发展，从而促进了地区经济的协调发展。

农村地区要发展，就要首先考虑农村地区的产业发展，而乡村产业发展面临的问题就是农副产品的销售问题。有些农村地区的农副产品没有稳定的销售渠道，以至于生产的农副产品无法正常销售出去，进而导致农民亏损，甚至入不敷出，辛辛苦苦生产出的农副产品没办法销售出去。选择合适的销售方式和稳定的销售渠道就成了农村产业发展必须要解决的问题，而电商行业的出现，能有效地解决上述问题。将电商行业与农村经济产业发展相结合，打开了农产品的销售渠道，形成了产销一体化。

电商行业的出现，将农村地区的生产者召集起来，将生产出来的产品共同销售，展示在各大电商直播平台上，大大拓宽了农产品的销售渠道，为多种农产品提供了推广机会，让观看直播的消费者能够买到货真价实的商品。电商行业走进农村地区，能为消费者提供更多种类的商品。在电商没有进入农村之前，农村地区还没有通畅的移动网络覆盖，也没有便利的交通条件，人们的购买渠道十分狭窄，满足不了农村地区消费者的购物需求。随着互联网在乡村的覆盖，农村电商也蓬勃发展，不仅带动了农村地区的人们进行网购，还在整体上拉动了内需，促进了经济的发展。可以说，农村电商行业的发展极大地促进了乡村地区的网络、交通等基础设施的进步，为构建社会主义新农村作出了较大的贡献。

五、研究述评

乡村振兴战略推进的目的是拉动农村的经济增长和促进农村地区的振兴，这是在党的十九大上根据我国农村的实际情况作出的重大政策整体布局，是全面建设社会主义现代化强国的关键转折点，更是解决我国新时代农民衣食住行问题工作的基础政策和经济支撑。《河北省乡村振兴战略规划（2018—2022年）》为建设经济强省、美丽和谐的河北奠定了坚实的经济基础和政策支持[1]。长期以来，河北省一直认真对待中央关于"三农"的决策和部署，不断实施为农民谋幸福的举动措施，已经取得了一些成绩：农业的供给侧结构性改革逐渐深入，农民的收入不断增加，农村的整体环境得到全方位的改善，脱贫攻坚战略能够上一个新的台阶，农村文化氛围和谐安定[2]。2018

---

[1] 河北省乡村振兴战略规划（2018—2022年）印发实施 [EB/OL]. （2018-11-30）. http://www.moa.gov.cn/ztzl/xczx/gh_24713/201811/t20181128_6163861.htm.
[2] 中共河北省委 河北省人民政府关于实施乡村振兴战略的意见 [EB/OL]. （2018-12-30）. http://www.moa.gov.cn/ztzl/xczx/yj/201811/t20181128_6163859.htm.

年，河北省农业农村工作部门认真贯彻落实党中央、国务院和省委、省政府关于乡村振兴工作的布局，以实施乡村振兴战略为抓手，呼吁农民积极参加各项农村工作，在保证基本收入的基础上带领农民走上发家致富的道路。这就要求工作的时候要抓住重点、补全短处，推动农村经济的转型，促进乡村的发展。

河北省根据省内的实际情况，围绕农村地区的发展制定了合理的规划，使得旅游业成为河北省的经济来源之一，推动了河北省的经济发展；在农村地区重点开发有特色、有优势的旅游景点，使得农村旅游业进一步得到相应的发展，带动乡村振兴的深入发展；对农村地区的文化氛围进行了一定的管理，使得农民处在一个和谐安定的生活环境中，这为农村的经济建设提供了基础；政府还鼓励企业进行网上交易，让人们感受到更加快捷、方便的服务，从而带动农民投资，促进农村经济的发展。这些措施为河北省的农村建设提供了相应的资源帮助，有利于农村的发展和振兴。

第二节　河北省农村职业教育发展的经验

职业教育是我国教育制度中的重要组成部分，分流了九年义务教育后的学生，为这些学生提供了获得一技之长的机会。这些学生在职业教育学校中可以习得相应的技能知识和谋生的本领，然后可以进入相应的企业工作，实现个人的价值。从某种角度而言，职业教育是另一种形式的"生产力"。职业教育的发展能够促进区域经济、生态等方面的发展，它的发展亦离不开国家与区域社会的发展。农村职业教育的发展关系着乡村地区经济、政治、文化、生态等方面的发展，它通过培养劳动力来促进"三农"问题的解决，以农村劳动者素质的提高来促进乡村的全面振兴。

早在 1986 年之前，河北省安平县的北郭村就建立了一所农业中学，这所农业中学主要以招收小学毕业生为主，培养未经过中学教育的农民。从冶炼碱物质出发，农业中学教会他们如何辨别碱物质，如何将其从混合物中冶炼出来。这一做法极大地提高了北郭村农民的文化知识素养和劳动技能素质，使得当时北郭村人均收入达到 700 元左右，切实地提高了农民的生活水平[①]。农业中心是农村职业教育学校的萌芽，1989 年，河北省建立了全国第一所职教中心——获鹿县（现石家庄市鹿泉区）职教中心，迄今为止，河北省开办职业教育已经有了 33 年的历史。在这 33 年中，河北省的农村职业教育在国家和河北省政策的扶持下，不断地吸收其他地方的办学经验，总结自身的发展经验，不断推动我省农村职业教育向前推进。政策催生了我省农村职业教育学校的建设，农村社会和经济的发展需求催生了我省农村职业教育的发展，截至 1996 年年初，河北省的县镇基本上已经全部开办了区域性的职教中心，这一举措被认为是"符合农村经济和教育发展的新路子"。

截至 2020 年，河北省共开设了 785 所中等职业教育院校，独立开办了 61 所高等职业教育院校，学校的年招生率也在不断上涨，学校各方面的教学环境不断改善。例如，"双师型"教师队伍的建设、教学科研仪器配备、校图书馆进书量等，每年的比例都在逐步上涨，这一切也都要归功于河北省一直都在汲取职业教育和农村职教的办学经验，主要体现在：坚持发展农村职业教育的信心不动摇；坚决执行政府对农村职业教育的领导和统筹；充分调动各部门的积极性，不断总结与创新；坚持以农村职业教育为经济和社会发展服务；开放办学，充分发挥农村职业教育的多功能作用这五个方面。

一、坚持发展农村职业教育的信心不动摇

河北省农村职业教育有其独特的存在价值，是其他任何一种教育类型都无法比拟的，它的存在是为了河北省社会主义新农村建设事业培养高素质农民，有利于农村人力资源的开发，有利于农村地区的思想道德文化建设，是经济社会发展不可或缺的教育类型。在农村职业教育为农村带来活力的同时，必须要考虑农村职业教育的可持续发展。到目前为止，农村职业教育还存在个别学校教育条件差、教育设施不全、教师力量薄弱等问题，这些问题制约着我省农村职业教育的发展，必须要加以重视，想办法解决，才能让农村职

---

① 席东梅，张志增. 为了农业强农村美农民富——河北省农村职业教育创新发展纪实[J]. 中国职业技术教育，2015（10）：16-27.

业教育一直走下去。

河北省一直在积极地寻求如何促进农村职业教育院校发展的路径。河北省是全国第一个开办县级职教中心的省，以县级职教中心的建设推动农村职业教育的发展，促进河北省乡村的发展。并以"河北模式"推广到全国，为全国农村职业教育的发展提供了经验和模板，真正地实现了全国县级职教中心"从无到有"，大大地推动了全国农村职业教育的发展。在这一方面，河北省相关教育部门一直坚持发展农村职业教育的信心不动摇，以政府的高度重视和狠抓落实逐步解决农村职业教育院校的办学问题。

首先，河北省农村职业教育得到政府部门的关注和重视。政府部门的高度重视是发展农村职业教育的先决条件，只有得到政府部门的真正重视，才能发展好农村职业教育，农村职业教育才能有大的进步、大的突破、大的发展。各部门领导一定要高瞻远瞩，从发展的角度看问题，顺应时代发展潮流，真正全心全意地为农村职业教育的发展提供帮助。其次，除了要提高各级政府部门领导的认识外，还要狠抓落实，监督好各项具体工作的实施。从河北省的经验来看，河北省评价农村职业教育发展主要围绕"是否真正地制定了详细完整的农村职业教育的发展规划，以及是否具备相应的配套措施"和"是否真正地将发展规划和配套措施应用到了实处"三方面。

二、坚决执行政府对农村职业教育的领导和统筹

农村职业教育要想办好，离不开市场，也离不开政府的领导和支持。农村职业教育不能故步自封，不能想当然地进行人才教育，而是要面向市场、面向企业，精准地把握住乡村发展需要什么样的产业，需要什么样的人才，才能培育出适合乡村振兴的人才。农村职业教育的专业设置和课程设置，应满足乡村振兴的需求，结合区域发展进行动态调整。2019年，河北省石家庄市、邢台市、衡水市等部分农村职业教育院校都新增了农、林、渔、牧专业，停办了一些职业院校的涉农专业，保证校校均有重点或特色专业，尽量避免同一区域内院校专业设置的同质性，增强校校之间的竞争力，加强政府对于农村职业教育的统一，努力建设与区域产业相适应的专

业群。河北省政府和县级教育行政部门一直都在加大力度开展农村职业教育，全面提升农村地区的人口素质，扩大农产品的内需。在这期间，农村职业教育要在政府的领导和统筹下，不断调整自身的专业引领和人才培养规格，并从政府部门获得院校发展的政策支持和财政支持，创造有利于农村职业教育发展的环境。

乡村振兴战略的提出，将农村职业教育发展置于新的黄金发展期。农村职业教育改革应借助政府统筹和协调有限资源，加速改革步伐，为乡村振兴的发展添砖加瓦。第一，要切实履行政府的管理职责，对于农村职业教育改革中产生的重大问题进行积极协调，坚持召开相关集体工作会议，集思广益，研究如何有效快速地发展农村职业教育。第二，加强政府对农村职业教育的统筹规划，推动农村职业教育朝着集约化方向发展，调节普通教育与农村职业教育的办学比例。第三，政府统筹规划资源的配置，明确政府的管理职能，优化资源配置，提高办学水平。在政府领导方面，一是要培养一支高素质的领导队伍，选择自身素质够硬、有发展前途的领导班子。在考查政绩时，将农村职业教育的发展情况作为考查指标，提高领导干部的工作动力。二是要明确政府职能，加强政府的统一领导和统筹规划，努力健全政府领导管理机制，形成和谐统一的运行机制。三是要调节市场结构，构建多层次、多形式的劳动力就业市场体系，把握好市场的调节作用，培养专业的劳动力人才。

三、充分调动各部门的积极性，不断总结与创新

乡村振兴战略的发展，不能仅仅依靠某一个部门的支持，独木不成林，要想实现乡村振兴，需要的是各部门的支持和统筹协调。农村职业教育想要发展，也必须走多元化的发展道路。农村职业教育必须紧跟社会时代的发展潮流，顺应社会变革，针对社会经济发展趋势和社会产业结构的特点不断变化，发展多元化的办学模式，加强农村职业教育院校与社会之间的联系，进行生产和再生产。农村职业教育属于服务型第三产业，既是产业，就有着产业发展的一切属性，教育改革必须要向着资源配置合理有效的方向进行改革，

使有限的资源发挥出最高价值。以多元化方式办学，有利于充分调动全社会发展农村职业教育的积极性，有利于充分吸引社会资源，有利于农村职业教育的长久发展，有利于教育效益的最优化。

从河北省农村职业教育的发展经验上来看，要想实现农村职业教育的多元化发展，实现各部门积极参与，主要有三个方面的措施：第一，政府部门制定相关鼓励政策，推动各部门积极参与到农村职业教育的发展中去，例如，河北省在建设县级职教中心时，不仅邀请了教育系统部门，还动员了其余的各政府部门来参加，在建设方面，广纳合理意见和建议，各司其职，各尽其力，最终保证了河北省县级职教中心的顺利建成。第二，改革农村职业教育院校的办学模式，不拘泥于一种办学模式，使办学模式朝着多元化的方向发展。在办学方式上，不能仅局限于在本学校办学，要做到与相关院校、企事业单位和政府部门联合办学，取长补短，产生大规模效益。第三，改革投资渠道，朝着多元化方向发展。在争取政府投资的基础上，开辟多种投资渠道，更有利于农村职业教育院校的建设发展。

四、坚持以农村职业教育为经济和社会发展服务

经济建设和社会发展是农村职业教育的生命活力，也是农村职业教育的义务和使命。河北省农村职业教育的发展历程，从初步建设到走向正轨，不断地满足不同时期乡村的发展和城镇化过程中农村剩余劳动力的培育需求。从2009年起，我省的农村职业教育开始着手为新农村的建设培养农村实用人才，开始进行中等职业教育院校的"送教下乡"活动，以优质教师资源的流动推动农村职业教育人才培养质量的提高。同年，"新农村建设双带头人培养工程"开始实施，并取得了初步成效。河北省邢台市农业中等职校保证了选人关卡、教学点的合理化分布，专业的针对性强，农民的参与积极性高，形成了"送教办—教学点—教学班"的"下乡"模式，创新了"3+2"的教学模式，使得农民能够"持证下田"，精准对位区域农村产业需求，综合性地提高了农民的技能素质，促进了农村经济的持续化发展。

第一，将专业建设作为农村职业教育服务乡村发展、解决"三农"问

题的切入点，结合地区特色资源和特色经济发展设置专业。第二，在进行教育体系建设时，当地的经济发展和产业结构是不可忽视的一部分。将教育体系与当地的产业发展特点相联系，进行专门的系统培训，有利于促进当地特色产业、支柱产业的振兴和发展。第三，在农村职业教育院校的建设过程中，必须要考虑当地农民的需求，有针对性地提供社会服务，有效快速地帮助当地农民解决问题。在河北省农村职业教育的发展进程中，还形成了一些可供借鉴的发展模式，例如，河北省唐山市迁安市地区的农业职教中心摸索出了一种"边上学、边致富"的产与教相结合的新型教学模式。这一模式的提出，更加贴近农民的现实需要，受到了农民群众的一致好评。在改革创新农村职业教育的发展阶段，要注重改革农村职业教育的培养模式，依据当地产业发展需求，增设优势专业，将农村职业教育融入农村产业发展中。

五、开放办学，充分发挥农村职业教育的多功能作用

农村职业教育源于乡村服务乡村。在农村职业教育发展的过程中，必须以乡村的社会发展为出发点和落脚点。农村职业教育的开放式办学不能仅仅停留在口头上，也要落到实处，开放就要做到教育体系的开放、教育功能的开放、教育职责的开放，在开放的过程中，推动社会的发展和进步。以前，河北省的农村职业教育就有过开放办学的成功案例。部分市县级的中小学开设了劳动技能选修课，从小培养学生的劳动技能，课程开设的同时还引入了相关的职业教育理念和元素，使学生接受普通教育的同时也受到职业教育的熏陶，为农村职业教育培养潜在的人才。河北省唐山市丰南区实行了"初三或高三分流"的政策，部分中学本着因材施教和学生自主选择的原则，对学生进行分流。大部分学生参与升学考试，小部分学生根据自己的需要学习专业技能，为毕业后继续进行农村职业教育或回乡务农作准备。因此，河北省的农村职业教育在办学方面始终都坚持开放办学的原则，以多层次学校的合力、政府与社会的双重督促等方式促进农村职业教育多功能作用的发挥，具体表现在培养新型职业农民、促乡风文明建设、发挥村民自主自治、建设百

姓宜居的生态环境等方面。

河北省地区农村职业教育发展的实践证明，发挥农村职业教育的多功能作用，会使学校更加具有生机和活力，发展前景会更加可观。在河北省农村职业教育不断创新发展的过程中，总结出了农村职业教育的五种基本功能：第一，农村职业教育的对象是农业生产的劳动者，借助多种途径对接乡村人才需求，提高乡村地区新型职业农民的综合素质。第二，带动农村地区的产业发展，通过校企协作、实地生产、操作训练等多种途径实现学校和生产的良性互动，推动职业教育更好地服务于乡村经济建设。第三，促进乡村人才个性发展。人的发展具有主观能动性，具有自身的独特性，不同的人适合不同的岗位，处于不同阶段的人也需要不同的培养方式。农村职业教育要保持自身的独特性和多元性，以满足不同人在不同阶段的不同需要。第四，普及教育的功能，在培养学生的过程中，不仅要传授专业技能，还要培养学生的乡村情怀，努力培养多元化人才。第五，促进社会安定文明的功能。农村职业教育能够缓解就业压力，通过提升农民的综合素质来促进就业。

六、研究述评

河北省的农村职业教育一直都是在黑暗中摸索，不断地前进。近年来，由于受农村区域经济的发展和教育结构因素的制约，河北省的农村职业教育院校办学规模、教学形式、招生质量、专业设置等方面都存在一定的问题，部分院校的涉农专业存在"形同虚设"的问题，最终导致人才培养不到位，无法满足农村区域的发展需求。随着政府重视程度的不断提高和职业院校的不断自省，河北省农村职业教育院校的突出问题正在不断地得到解决，农村职业教育的发展前景是光明的。河北省农村职业教育的发展离不开国家政策和省政府的指导，离不开农村地区产业、文化和生态环境发展的需求。乡村振兴战略的提出就是为了改善农村的发展境况，实现农村区域的全面振兴，利用农村职业教育培养实用型的新型职业人才，利用人才振兴推动农村区域性的经济振兴，以经济振兴带动农村社会的全面发展。

河北省农村职业教育的现代化发展要基于以往的办学经验，在国家政策和省、市、县教育行政部门的统筹指导下，积极地实现进一步的现代化发展，提高农村职业教育的适应性，以服务于我国社会主义的现代化建设，为中国梦的实现提供高质量的技能人才保障。

第五章 乡村振兴背景下农村职业教育的机遇与挑战

第一节 乡村振兴背景下农村职业教育的机遇

一、乡村振兴的产业振兴为农村职业教育定位带来机遇

当前我国的职业院校包含了各个层级，大约培养了 1500 万的高质量技术技能型人才，为制造业、服务业和新型战略产业等领域服务，这表明社会对农村职业教育的认可度提升了很多。因此，农村职业教育为巩固农村脱贫成果、引导乡村进入新发展和落实乡村振兴战略提供了相应的人才支持。

乡村产业振兴让职业教育在农村这个有潜力的地方大展身手，而农村的职业教育也给乡村产业的振兴提供了充裕的资源。习近平总书记在会议中提道："让农村地区脱离贫困并不是结束了农村的发展，而是新的农村生活和重新奋斗的开始。"[①] 2020 年是全面建设小康社会的丰收年，脱贫不返贫才是我们当前的主要任务。"要采取具体行动保护农村奋斗成果，各个部门的相互协调工作要做好。""实施乡村振兴战略，我们要面对的困难只会比农村脱贫更多。"习近平总书记是围绕农村职业教育主题，对农村人才提出了新要求，指明了接续奋斗的发展方向；明确农村职业教育的发展方向，即一条提高优秀人才培养质量，为乡村振兴增加新的能量、促进内涵式发展的新道路。

---

① 吴彬镪，魏震雷. 习近平关于教育扶贫重要论述的科学意蕴与时代价值 [J]. 福建师范大学学报（哲学社会科学版），2021（5）：90-98，169.

农村职业教育给农村地区的发展带来了生机活力。一定程度上讲，乡村振兴就是合理分配人才、资金、科学技术等多种资源，重点扶持贫困偏远农村地区，减轻农村发展过程中的负担，为农村经济的发展提供机会。农村职业教育是国民教育体系的重要组成部分，它有多种多样的功能，包括培养农村实用人才、促进农业技术和产业现代化等。

农村职业教育一边连着教育，另一边连着产业。以人才振兴拉动乡村振兴，职业教育为贫困人口提供掌握实用技术技能的机会，为提升农村人才就业创业能力，培养多元化人才以及为各地区特色优势产业发展和基层公共服务助力。

在乡村振兴战略的背景下，河北省在开展农村的职业教育工作时会遇到许多难题。河北省政府以人才培养方向为主线，进一步优化农村职业教育体系，以满足乡村振兴战略的人才要求。河北省政府颁布了一系列有关政策法令，如河北省教育厅发布的《河北省深化"双师双证"推进职业教育改革创新工作方案》，河北省财政厅印发的《关于做好2021年"三区"人才支持计划教师专项计划有关实施工作的通知》[①]。这些政策解决了部分农村问题，但仍需要更多的政府引领，只有这样，河北省的新农村发展才能更加科学、合理、均衡、绿色。2018年，河北省做出了许多行动，以习近平新时代中国特色社会主义思想为主要行动指南，深入贯彻落实中央和省委、省政府关于"三农"工作的各项决策，对农村职业教育工作进行整体布局[②]，以农村改革为基础，以产业的发展和农民收入的增加为推力，以做强做大农村产业企业为主要依托，加强政府引导，加大资金投入，实现农村产业由量到质的转变，加快传统农业形式转变成现代农业形式，为帮助农村地区脱离贫困和农村经济进一步发展奠定了一定的经济基础。在河北省政府的领导和指示下，2018年河北省全省的农民产业化经营总值达到6796.8亿元，农民产业化经营率为66%。

---

① 吴梦涵. 乡村振兴战略下农村职业教育发展问题与对策研究 [D]. 石家庄：河北经贸大学，2020.
② 中共河北省委 河北省人民政府关于实施乡村振兴战略的意见 [EB/OL]. （2018-12-30）. http://www.moa.gov.cn/ztzl/xczx/yj/201811/t20181128_6163859.htm.

从河北省的农村产业发展来看,职业教育覆盖的地域和产业越来越广,在河北省乡村发展和城镇化进程中扮演的角色日趋重要。南京师范大学的朱晓进教授指出,乡村职业教育要想有效推动乡村产业振兴,就必须加快构建适应乡村振兴的农村职业教育体系,通过职业教育提高农民从事农业产业的技能,并能够鼓励农村人才就业创业,有效促进农村产业茁壮发展。西南大学的朱德全教授指出,职业教育能够从产业内部为乡村振兴提供重要力量,在产业推进、人才培养、技术传授、基层服务、生产生活、生态平衡等方面发挥了巨大的作用。

农村职业教育为农村的发展提供实用型人才支撑[①]、科学的技术支撑和产业现代化支撑,乡村振兴中的人才振兴,既促进了农村人才技术技能的完善,提高了农民的素质,推动了乡风文明,促进了乡村和谐,也规定了农村职业教育体系改革发展的方向。因而,农村职业教育给乡村的建设带去了新的发展力量。

二、乡村振兴的人才需求为农村职业教育服务带来机遇

中国的人口数量位列世界第二,劳动力相对充足。从古到今,我国都是传统的农业国。相关数据表明,我国是世界上农业人口最多的国家,农民数量占国内人口的比重也是最大的。但是,我国人口数量和农业产量值并不匹配,人均农业产业值与发达国家的人均水平相比还有一些差距,农产品的质量与发达国家相比也有一些落后。要增强我国的农业经济实力,成为农业强国,创造更先进的科学农业生产技术,最重要的因素是农村产业人力资源的开发。我国农民的整体文化程度不高、质量不高,有很大的提升空间,因此应依靠人力资本理论、农村职业教育供给侧结构性改革理论对当地农村的职业教育进行改革创新,增加农村劳动力的数量,提升农村地区职业人才质量,增加农民进行农业生产的收入,加快农村经济发展的脚步,同时也为我国社会主义新农村的建设提供一定的经验借鉴。

---

① 祁占勇,王志远.乡村振兴战略背景下农村职业教育的现实困顿与实践指向[J].华东师范大学学报(教育科学版),2020,38(4):107-117.

乡村振兴也是人才振兴，人是关键，是执行国家政策最重要的行为主体。贫困农村地区的改革从实质上说，是克服人才屏障。要想摆脱困境，关键就是培养服务乡村发展的农村高质量技术技能人才，包括教育、农业技术、医疗保健和基层服务领域等方面的多类型农村劳动力，为农村经济的良好发展储备人才[1]。在"十四五"时期，全面建设中国特色社会主义现代化强国，实现中华民族伟大复兴，是我们最重要也是最根本的目标。而任务的关键依然在农村，农村问题是最根本的问题。进入新时代，国家要求全面发展乡村振兴，推动农村发展现代化，农村人才的供求矛盾将更加明显。因此，推动乡村人才建设，政府及各部门要采取一系列措施，鼓励各类型人才在农村建设中展现自己最优势最突出的才华，为乡村振兴作出贡献。

职业教育是开发农村人力资源、加快农村地区经济发展的重要方式，是乡村振兴发展的重要助力，要将农业技术教给农民，提高农民的文化水平，进而提高农村劳动者人才质量水平。职业教育是巩固脱贫成果与促进农业经济发展的关键抓手，同时农村职业教育具有促进农村劳动力发展、解决贫困代际传递、促进乡村产业振兴、给新农村建设提供探索价值的作用，政府和社会各个阶层都非常关注农村教育的创新发展。

（一）农村职业教育培育复合型人才

人才是一切创造的源头，乡村振兴所需要的人才质量要求比普通农村人才高，人才的质量与乡村振兴实施的深度相关。当前，我国农村地区存在青壮年出走、优秀人才流失的现状。应加强农村职业教育，通过提升农村地区对受教育者的吸引力，将人才留在乡村，为乡村振兴提供多类型的优秀人才。乡村振兴战略需要复合型实用技术人才，单一具有某种涉农技能的人才难以满足现代农业发展的需求。将农村地区的孩子转移到城镇接受教育，或者直接只关注从事农业生产的人才培养或者将教育资源集中在发达地区，忽略了对贫困地区和边缘地带的投入，导致人力资源开发不均衡，没有什么效果和显著成绩。解决乡村振兴背景下的农村人才需求，必须进行农村复合型实用

---

[1] 马建富. 乡村振兴战略实现的职业教育机会与应对策略 [J]. 中国职业技术教育，2018（18）：5-11.

技术人才的培养，多层次、多手段地进行农村人力资源的开发。

实现教育现代化 2035 的远景目标以及构建全面终身学习服务体系，需要大力建立发展综合高中，为农村人才提供就业与升学两条路径，避免特殊种类人才的流失。围绕乡村振兴的人才需求，针对农村劳动力的不足，农村职业教育需建立上下一体、校企衔接的职业教育体系，即应用式的职业教育完整体系和相交式的校企连通教育体系。政府及相关部门呼吁以企业组建办学、政府和私人合作办学等多种形式来促进职业教育校企资源的有效交换，有助于解决农村劳动力就业难、人才供不应求等问题。进一步克服城乡之间职业教育资源差异的恶性循环，加大对农村贫困及偏远地区的教育投入，让农村职业教育办学制度不断完善，能够提高农村地区人才的待遇，留住人才，让农村职业教育投入相对公平。

（二）农村职业教育提高乡村人才素质

当前农村地区人才的主要矛盾已经变成了人民群众对高质量、多元化、多类型的职业教育需要与农村职业教育力量弱、质量差、僵化之间的矛盾[①]。以前人们认为有学上就行，现在更多的则是希望能上好学，上更好的学校，接受更好的教育；以前人们读书不好，觉得学个吃饭的手艺就行，现在希望能学到更灵活实用的技术技能；以前人们觉得找到工作就行，现在家长已经不把挣钱作为送孩子去学校的主要目的，而更多地是想让孩子经过学校系统的训练，培养他们的终身学习和应对困难的能力。

培养高素质劳动者和技能型人才是之前我国农村职业教育的主要人才培养方向。2005 年，国务院《关于大力发展职业教育的决定》（国发〔2005〕35 号）强调，把培养适应建设社会主义现代化强国的高素质劳动者和技能型人才作为职业教育的培养目标，也就是更为明确的技能型人才，促进社会主义社会的建设。2014 年，《关于加快发展现代职业教育的决定》再次明晰什么是技术技能人才，这也是我国第一次在高素质劳动者与技术技能人才两个概念之间建立联系。自 2005 年后，国务院和教育部出台的文件中相关描述都使用"技术技能人才"这一概念。2017 年，党的十九大进一步提到"培养知识

---

① 张少琴. 建设现代职业教育体系须突破四大瓶颈 [J]. 人民论坛，2015（13）：10-13.

型、技术型、创新型劳动人才"，把农村劳动力素质的"技能型"提升为"知识型、创新型"。

随着时代发展、乡村振兴战略的实施，农村人口的受教育程度整体提升，各个农村地区都不断推进现代农业的改革发展，特别是在农业科技技术方面包含了科学的农业生产技术。农村劳动力不单单是一般的劳动生产者，更是高质量的技术管理人才和科技人才。这些资源的不断开发对农村区域经济发展具有深远的影响，能够为乡村振兴的发展奠定基础。

高等职业院校是为农村地区改革发展提供主力军的人才基地，政府要不断加强领导，扩大高等职业院校的办学规模。在农村地区扩大高职院校办学规模的同时，落实"双高计划"培养培训工程，开设地方高水平高等职业学校，引导高职学校由"专科性"向"综合性"发展，构建具有区域特色的专业鲜明的高等职业院校群。

农业高素质技术技能人才为农村实用人才储备提供了来源。为了培养高质量、高技术的技能人才，各个地方需要加入"金蓝领"计划，建立农业高质量技能人才训练基地，并且构建新的农村职业教育人才培养制度。"金蓝领"是一个培养高质量技能人才的计划，它通过开展各项专业技能的训练，提升相关农业人员的专业技能水平，进而吸引更多高质量技能人才投入农业中，推进我国农村地区人员素质、总量等进一步发展，改善人才质量。根据数据，河北省高素质高技术技能农业人才的数量和10年前相比提高了17%，河北省各地都根据实际情况相应地完善了高质量技能人才的培训系统[1]。

（三）农村职业教育改善人才结构

我国的农村还存在着一定的问题，例如，农村青壮年进城打工，农村高质量人才不断流失，出现人才数量不足、结构不合理、人口素质较低、老龄化严重等问题。农村人才质量水平不能满足乡村振兴的要求，二者之间还存在着一定的差距。进入新时代，在构建现代化的农村高质量人才体制的前提下，乡村人才供求矛盾更加明显。

---

[1] 李延平，王雷.农业供给侧结构性改革背景下农村职业教育的使命及变革[J].教育研究，2017，38（11）：70-74.

乡村振兴的第一任务是服务农业产业的兴起。《中共中央 国务院关于实施乡村振兴战略的意见》[①]，将农村的现实生产与职业培训结合在一起，加速完善新农村现代化建设。乡村振兴战略的落实离不开乡村农业的现代化，借助农村职业教育，不断推动农业产业技术的革命，通过产业的不断创新来提升农业产业的现代化发展，促进农村产业的均衡化、产品的商业化[②]。对比之前的农业，现代农业产业的特征体现在以下方面：首先，农民必须具有现代化的管理理念和知识储备。其次，农民要掌握和应用先进的科学技术，这就对农民的技术技能素养和掌握知识的速度有了更高的要求。但是，从现在我国农村产业人才素质的现状来看，农村地区人口资源没有得到充分的开发，因而不能满足农村产业建设发展的需要，农村的人口质量与现代化农村发展需求之间有差异。总之，要进行农村产业结构的转型变化，最重要的方法就是要加速农村劳动力资源的开发，为农村经济发展提供有知识学识、有技术技能、有较高文化素质的新型职业人才。

三、乡村振兴背景下农民需求升级为农村职业教育体系带来机遇

（一）终身教育引领下的职业教育应对农民的时间需求

长期以来，农村经济发展较城市相对缓慢，主要在于农村劳动力素质偏低，农村人口对乡村的归属感不足，农业科学技术使用能力有限。探究农村经济发展落后的原因，除了科学技术的使用推广和管理模式需要完善外，农民在辛苦劳作努力生活的同时，没有时间和精力去提升自己的技能和素质，缺乏人力资本的投入。

值得一提的是，终身教育体系和学习型社会的发展，要求农村产业教育与职业教育之间没有明确的概念规定，因此它们之间就有一些共同的内容。农村地区学校制度逐渐变得更好，招收更多家庭困难的学生，提供让学生提前熟悉学习内容的训练，以及为学生提供课后的技能检测。学校招收的学生

---

① 人民日报评论员.教育是国之大计、党之大计[N].人民日报，2018-09-13（003）.
② 马建富.社会转型与中国农村职业教育发展道路的选择[M].北京：知识产权出版社，2014：29.

年龄和家庭条件不断放松,学制变得更加有弹性,让职业教育之前和之后的教育相连接,成为一个整体。农业化教育之外的教育也进一步扩展,教育功能随着时间不断地增强,农村的职业教育逐渐变得越来越好。

国家对于农民的终身教育学习非常重视。2010年发布的《国家中长期教育改革规划纲要(2010—2020)》[1]中明确指出,农村地区职业开设方式不断升级,产业结构逐渐合理,提倡学习终身化,企业与学校职业教育二者之间相互合作、共同进步,建立新的终身学习体系。2014年《关于加快发展现代职业教育的决定》强调,以当地经济发展的实际情况为主要线索,以产业和学校发展结合、职业教育与普通教育相互连接为主题,构建中国特色社会主义的科学农村职业教育体系。这些政策都是国家从整体上进行顶层设计,构建新型农民能够进行终身学习的学习系统。将企业与学校教学相结合,使得学生的实际操作能力满足现代化社会的需求,更好地服务于农村,为农村的产业发展提供具有终身学习能力的人才。

第一,终身化职业教育系统应该围绕学校开展一系列活动。这些学校是根据法律有一定的权利以及履行相应义务的主体,有依据地增设学校。农村职业教育的学校在业务上,由国家教育部门进行管理。同时国家呼吁非公有制成分的主体,如私人、企业等大力开办招收贫困地区农民的职业学校。我国的农村发展实际情况和农民职业教育的特殊性,使得农业产业发展与政府部门颁布的专项优惠政策相联系,具有科学研究性质的农民职业教育机构要与机构内部自身的功能相互交融,为农民更大范围地应用农业科技提供保障。

第二,打破学习的界限。具有终身学习内涵的农村职业教育,适合不同的年龄、职业、层级农民的不同学习需求,内外融合,进行农村各个中等和高等职业教育的上下连接,使职业教育和普通教育相互交流。中等和高等农业职业学校内部有一定的改革与变化。具体来说,即以终身学习的农村职业教育为主要线索,以学校层级上的连贯和多种多样的办学模式为重要表现,为每个农村劳动力的终身学习过程提供多种学习方式的选择[2]。农村职业教育

---

[1] 国家中长期教育改革和发展规划纲要(2010-2020年)[EB/OL].(2010-07-29). http://www.moe.gov.cn/srcsite/A01/s7048/201007/t20100729_171904.html.

[2] 郑可春.高等教育质量的价值属性及其观念重构[J].教育与职业,2010(35):166-167.

的各阶段连接存在一定的障碍，农村职业教育从统筹规划、培养目标、专业开设到教学过程等方面要实现一体化发展，将人才培养方案按照新型职业农民定位进行考虑。从外部看，农村职业教育和普通教育二者之间相互交流，学分制度和学习成果相互认同理解，为农村劳动力的终身学习提供更加有特色的服务。正如终身学习所强调的"各类教育的整体合作、交流的意见一致和不同"，将职业教育的各个阶段、层级和类别看作一个整体，并加强职业院校各个阶段的横向结合与纵向连贯。

农村职业教育体系深化改革，为完善教育结构、增强教育资源、构建农业职业教育体系提供了重要抓手。建立和完善以培育新型职业农民为目标的农村职业教育机制，对农村基本的教育情况有所了解，农村人口资源能够得到深度开发，推动农村科学技术进步，促进农村经济的各个方面得到物质支持和教育支持。

（二）全覆盖的职业教育内容体系应对农民的产业需求

农村职业教育体系逐渐健全，相关部门在进行资源分配时更加合理和公平，提升了农村职业教育质量的整体水平。终身化职业教育体系从内容设置、专业设置、学校管理等方面进行了重新整合，有助于将好的教师资源和教学资源投入农村地区来带动乡村经济的发展，从而有利于乡村的振兴。

1. 规划设计全面

第一，职业教育要进行职业高中教育和普通高中教育的整体发展。农村经济发展的整体规划要密切关注农村职业教育的招生，努力做到为人民服务，解决农村地区贫困孩子的入学问题；政府要不断地进行检查和监督，将目光集中于中央政策是否正在进行中；扩大农村地区学校的面积，使得农村地区的经济更加平衡。第二，优先发展职业教育。以"加强统筹，先发展职业教育，职业教育与普通教育共同进步，形成新的职业教育体制"的农村职业教育重点为基础，农村地区的职业教育规划布局上坚定"三个不变"的主旨，使得政府对农村职业教育发展进行统筹规划。

2. 农村地区学校区域覆盖全面

根据第七次全国人口普查显示，河北省农村人口中，大专及以上文化程度的有 9664910 人，高中文化程度的有 10841464 人，初中文化程度的有 29946993 人，小学文化程度的有 19902603 人[①]。从文化程度上看，具有不同文化程度的农村人口数量比第六次全国人口普查的数量有所增长，表明河北省农村职业教育范围在不断扩大，有力地支撑了乡村振兴对农村人才的需求。2019 年，河北省高职招生 26.64 万人，其中农村人口约 1 万，比往年有所增长。农村地区职业学校的区域覆盖面也在逐渐扩大，越来越全面。

3. 特色专业设置全面

专业决定职业学校学生的就业方向和就业质量[②]。对于农村职业教育的专业发展，河北省农村职业教育发展以农村市场为导向，发挥农村地区特色专业优势，集中教育资源为农村职业教育发展作贡献。职教中心创建前，农村职业学校的办学范围、建学大小、师资够不够强这些问题都没有考虑进去，地方随心所欲地开设特色专业，职业学校之间的特色专业有大量重复。职业教育中心创建以后，在专业设置上进行了严格的检查和管理，考虑多方面的因素，例如，没有长远发展目标的专业，办学条件和教师资源不能满足特色专业设置要求的，以上这些专业都不能开设，有效地阻止了某些小的职业学校乱开设专业的现象。

4. 管理制度全面

乡村振兴战略下农村地区有关职业发展的教育，围绕实际情况设置特色专业，以专业教师为实施人，以保障人才质量为中心，以科学的教育管理制度为保障手段。制度管理的是人，要颁布正确有效果的管理制度，最重要的就是完善农村劳动力管理制度，其次就是要对管理制度有所创新，只有不断地创新改革，农村职业教育管理制度才能获得飞速发展的内在生机和动力。

第一，对政府来说，发展地方农村经济，要引入高质量的技术技能人才，打破农村劳动力人才流失瓶颈。地方政府要采取一系列措施，对农村职业教育的相关政策灵活地根据实际情况进行调整。第二，学校方面，农村职业学校积极响应政府颁布的各项政策，落实国家和地方政府的各项有关管理制度，

[①] 河北省第七次全国人口普查公告（第六号）[EB/OL]．（2021-05-20）．http://www.hetj.gov.cn/res/hetj/upload/file/20210519/%E5%85%AC%E6%8A%A5%E5%85%AD_101535.pdf．

[②] 申家龙．农村剩余劳动力转移与职业教育功能调整 [J]．职教通讯，2003（4）：14-16．

努力提升学校的管理水平。第三，对教师来说，应根据新的培育适合农村经济发展的高质量人才的要求，制定个性化的农村特色专业人才培养方案，推动农村劳动人才培养的过程数字信息化、科学专业化。

农村职业教育管理制度要针对每个学生的不同特点采用不同的培养方式，根据农村职业教育的实际需要去制定科学有效果的专业特色课程，使受教育者自身的素质能力与产业用人标准相匹配。对缺乏实践经验的新手教师发展教育教学能力的行为进行奖励，激励他们向"双师型"教师学习，不断提升自己的职业效能感以及个人责任感，增加"双师型"教师的数量，变化教师的分布结构和提高教师的发展质量[①]。

（三）农村职业教育与农业技术相结合应对农民的技能需求

职业教育包括了农村职业教育，是推进农业产业正规化、实现农业现代化发展的主要途径。农村的产业创新以及高科技农业技术的改革与教育的推行分不开，因此，农村职业教育慢慢成熟并形成了具有中国特色的农村职业教育体系。受教育管理制度及新教育观念等因素的影响，当前的职业教育已经不能满足我国经济体制的要求。农村地区经济发展以后的趋势与要求，和当前农村职业教育的情况不相适应。农村地区的职业教育应根据农村的实际情况来规定具体的内容，教学的方向要紧跟政策指令的号召，对农村的经济模式进行探索和讨论，突破封建老旧的经济发展束缚，勇于实践，用新视角深刻理解农村职业教育发展的内在要求，对农村职业教育进行深刻的认识。

农民的技术教育与农村职业教育既有不同点也有相同点。第一，两种教育培育的阶段不一样，前者是在工作之前进行教育，后者是在工作之后进行学习。第二，本质上说这两个教育的目标都是向农民传播基本知识和基础技能，利用科学技术手段使农田增产，增加农民的产业收入，使得农民对技术手段有更高的接受度，让农民实现由贫困到富裕的转变，它们的目标与影响是完全一样的。第三，从专业开设上说，二者也有很多共同点，例如课程内容和教学形式。同时通过比较可以得出，农村职业学校具有更强大的教师队

---

① 王光杰，由建勋. 农村"免费义务教育"亟待向职业教育阶段延伸[J]. 农业经济，2006（8）：73-74.

伍，更为稳定的教学阵地，较为齐全的实验室、实习设备，但是农民技术教育也具有实际操作性强、生产实习场地大、技术教育的社会认可度比较高等优点。二者之间的教育需要相互结合、取长补短。

（四）深化产教结合应对农民的实践技能需求

2019 年《国家职业教育改革实施方案》指出，将课程中的思想政治教学育寓于实践教学过程中，将理论应用于实践。要求学校教学与真实生产相结合，规划学校培训与企业实际训练服务相结合的高层次训练基地，配套实施相应的改革政策，加强农民的实践技术能力。

首先，加大实训基地建设。河北省在乡村振兴战略下开展人才培养基地建设的工作，统筹规划农业人口职业技能培训与职业农民背景相适应的教育。其次，基于深化产业和教学相结合，打造实践教学项目与教学实习校园相衔接的模式。再次，对接生产过程，构建校园内教学实训基地。学校对接教学实习，将学校当作实践训练的课堂，模拟锻炼实际的实践教学环节，对人才的训练要根据农村的实际情况进行[①]。

产教结合是科教兴农的具体实施手段。农村产业和农村职业教育教学的相交程度不断加深，产教结合有助于加快科教兴农的步伐，推动农业产业和农村经济持续快速发展。

第二节 乡村振兴背景下农村职业教育的新挑战

一、农村职业教育供给侧结构性改革新挑战

改革开放以来，城市的经济发展非常快，城市发展的步伐越来越大，城市与农村之间的经济发展差距越来越大，二者之间发展不平等性越来越突出。与城市经济快速发展相比较，乡村经济发展逐渐呈现出"衰退化"的状态，

---

① 吴自明，黄继超，徐晓飞，等.新农科视域下农林大学生创新实践能力培养体系探索 [J].科教文汇（中旬刊），2020（11）：87-89，98.

农村人才流失、人口老龄化、农民自身知识少等都是农村经济发展缓慢的因素。党的十九大强调，为促进乡村振兴战略的落实，农村的教育要抓住实际情况，培育新的现代农民。农村的职业教育和乡村的兴旺关系十分密切，农村的教育任务与现实脱不开关系。农村职业教育有很多新的发展路径，也面临一些困难，乡村振兴战略需要的是高质量技能技术人才和具备创新意识的新时代人才，现今的农村教育不能够满足人才的要求，我们要直视农村的现状，勇于面对挑战，大胆地进行创新，促进乡村振兴的进步发展。

（一）农村职业教育制度不完善

进入新世纪，农村职业教育的有效发展与制度政策的保障是分不开，健全的制度政策可解决职业教育面临的问题。为应对乡村振兴的需求，政府及相关部门要协同合作，建立健全的农村职业体系制度，使得农村地区的教育能够顺利开展[①]。

美国在1962年颁布的《人力发展和训练法案》指出，通过进行训练来帮助农民找工作。同时美国早年发布的"史密斯－利弗法"中指出：农村职业教育"对于培育的农民，需要具备灵敏的调节能力和面对发展困难时镇定的心理素质"。1947年，英国的《农业法》对农业产业有一定的补贴，从而进一步缩小了农村与城市的差距。德国通过颁布《职业教育法》使农民农业教育体制形成了"双元制"。日本政府1961年颁布的《农业基本法》使农业劳动者在工厂中找到合适的工作，维持基本生活需求。

改革开放以来，我国政府以政策法令为重要保障不断推动农村职业教育发展，但制度体系还有一些未规定的方面，还存在着许多问题与不足。首先，政府部门制定政策的权利和责任没有明确的界线。虽然很多部门联合修订了农村职业教育政策，但是并没有规范具体的教育合作事项、关于利益的规定以及权利责任部门的划分，导致地方在实施落实这些政策时缺少各个部门之间的协同合作，造成政策出自多个部门、教师资源浪费等问题。其次，扶持政策的缺失。例如，许多农村各类型人才如农业产业大户、家庭劳动者、农

---

① 陈茜. 基于现代学徒制人才培养的大学生校外实践基地建设探索[J]. 中国商论，2020（24）：193-195.

民合作社的合作伙伴、农业经营人员、农业建设基层服务人员和农民工等，缺少相应的培育训练政策，缺少对他们的创新进行鼓励的政策，提高农村职业教育师资待遇的政策等。最后，农业产业监管政策的缺乏。当前明确规范检查和监视的政策非常少。2004年的《农村劳动力转移培训阳光工程项目检查验收办法》和2006年的《中等职业教育国家助学金管理暂行办法》，这些法令政策规范了农村职业教育的一些问题，对这些政策在实施的过程中进行监测、引导的监督法令没有颁布，更不存在对政策使用效果进行评价。农村职业教育的一些法令没有完全发挥作用，导致教育资源大多数都被打乱、分散、消失和浪费。根据教育部统计的数据显示，近几年，职业中学学校数量、招生人数、在校生数不断减少，人才流失严重。

（二）校企衔接程度不深

人才是农村发展的重要推力和动力源泉，需适应农村现实的发展实际情况[①]。农村职业教育最显著的特点是学校的教学要对接实际的农村产业发展。如果想发展农民职业的技能专业性，必须要解决农村产业的连接不够、产业的数量低、产业人才的数量少这些问题。目前，农村的职业教育仍沿用之前的教育模式，没有根据自己的情况开设地方特色课程，不能够和实习企业进行充分的交流，学校的毕业生与市场的要求差距过大，学生找不到工作，浪费了农村青年人力资源。

从农村的职业学校来说，职业学校的学习培训没有对接农业企业的实际生产，职业学校培育的毕业生和社会的实际需要有很大的差距[②]。社会企业的参与、与学校之间合作、资源共享是不同职业学校共同进步的方式之一。但是农村职业教育忽视社会岗位的实际需求，不能系统化地整合资源，校企合作衔接能力逐渐降低，缺乏科学的管理体系，农村职业学校是否和农业企业配合工作没有人知道。农村的职业教育与实际的企业工厂相互交流，使得培

---

① 刘睿.基于校企协同育人的高职《旅游景区服务与管理》课程实践能力培养探究[J].湖北开放职业学院学报，2020，33（24）：134-136.
② 李连志，刘振平，周宪伟，等.新工科背景下土木工程专业实践教学体系改革[J].山西建筑，2020，46（24）：172-173.

养的职业人才能够应对现在的社会形势，因此，学校教育和企业工厂的共同合作有非常重要的意义，劳动力能够得到充分利用。

（三）农村职业教育人才类型单一化

2015 年《全国职业教育工作专项督导报告》提到，部分地区农村职业教育出现人才类型单一化[①]。河北省部分地区也面临类似的情况，如秦皇岛市抚宁职业技术教育中心和卢龙职业技术教育中心，截至 2019 年，10 个专业中只有 1 个是涉农专业，严重阻碍了农村职业教育在农业转型升级中的作用。学校要不断地增加与当地发展密切相关的特色农村专业课程，减少无法达到学生实习训练要求的理想化专业，专业人才开设方向与农村产业的结构变化要一致，农村特色专业的开设要与乡村人才结构需求相匹配。

当前正值"十四五"时期，全面建设中国特色社会主义强国、实现中华民族伟大复兴，先要解决农村问题这个最根本的问题[②]。乡村振兴，关键在人，要建设各类实用型人才队伍，培养应对乡村振兴战略的新型职业人才，使人才在农村这一广阔天地发挥巨大的作用。农村职业教育人才培养，没有根据乡村振兴的实际发展需求动态地调整农村职业教育的专业设置和人才培养规格，使得农村职业教育培养的人才类型较为单一，培养出的人才不符合实际需求。

二、农村职业教育观念新挑战

传统思想对职业教育有很深的影响，它让人们对职业教育打上了不好的标签，让人们对农业不重视，放弃了农业。在第三次全国农业普查的数据中我们可以发现，在 2006 年的时候，有 34847 万人还在从事农业方面的工作，但是到了 2016 年，仅剩下 31422 万人。农村人普遍认为职业教育是不好的，都趋向于让自己的孩子步入普高的校园，忽视了对技能型人才的培养，导致

---

① 韩华柳，赵蕾蕾. "双高计划"背景下构建共享型实践教学基地探究 [J]. 教育与职业，2020（23）：93-99.
② 沈军，陈慧. 治理有效：职业教育助推乡村振兴的路径改革 [J]. 国家教育行政学院学报，2020（8）：19-24，76.

孩子们都停留在理论阶段，一味地追求考试考了多少分，无法将理论与实际结合起来，这与"三农"服务的出发点是背道而驰的。城市职业教育也对农村职业教育有影响，它没有让学生们将自身的特点展示出来，进而导致农村经济发展受到限制。另外，大多数人认为读书是农村人的唯一出路，成绩好才会有一个好的未来，将学习与未来发展挂钩，导致大部分农村人对职业教育存在严重的偏见，认为上职业教育类学校是无用的，让农村职业教育学校无法拥有较为优秀的生源，孩子们不敢去选择进入职业学校这条路。

（一）农民对职业教育认知观念不足

农民长期生活在农村，生产生活范围很小，小农思想很顽固，农民想一直在生活范围内活动，不愿出去发展。在外打工的农民工收入不高，一些农村年轻人和农民工不愿意去冒险学习，缺少尝试的勇气，总之，农民自身思想观念依然陈旧，文化素质也不高。

从1985年至今，农村地区的教育观念在渐渐改变。1985—2006年，不识字的农民已经对文字有了初步的认识，文盲比例从27.78%下降到了6.8%。在这期间，教育程度只有小学文凭的农民所占比例从37.13%降低至32.7%；农民的文凭提升至初中的已经达到49.5%，接近总体农民的一半；高中或者大专的比例提升较为缓慢，所占比重只达到了9.8%，受到大学教育的农民还是很少，只有1.2%。从以上数据可以看出，虽然农民的文化程度有所提升，但是受到高等教育的农民还是较为稀缺，与发达国家相比还存在很大的差距。目前农村的大多数父母越来越重视子女的教育，对农村的教育抱较大的期望，但是农村学校的教学设备、师资力量还相对落后，不利于农村职业教育的发展。

农村职业教育的发展和农业的生产分不开，其应为现代化农业的建设服务，适合广大农村地区发展的需要。由于封建的教育观、人才观、质量观，许多人把好的教育和考大学、好成绩画上等号，对农村职业教育嗤之以鼻。相关部门对农村地区的工作少了一些积极性和迫切性，更不要说全心全意为农民的教育做创造性的工作了。这样一系列的恶性循环导致农村地区无法摆脱贫困，低学历世代延续，不利于我国农村经济的发展。

(二)职业教育理念滞后

农村职业教育学校现有的培养理念非常陈旧。当前,职业教育应该围绕专业知识和基本技能,但是在实际教学过程中,大部分农村职业教育学校忽视了职业教育自身规律,以应试教育为主,在办学的方向、考试评价方式、专业课程开设和特色教育教学等方面都偏向于普通教育。

农民职业教育办学理念过于老旧,真正有内涵的办学理念意味着人才培养过程中的关注点应该是学校办学的内在而并不是简单地扩大学校办学的场地和更新硬件设施。但是目前,职业学校没有按照自己的实际情况规划科学合理的整体办学理念。职业学校只单纯地扩大招生人数,关注如何维持学校的运转,没有时间和精力研究办学理念[1],进而导致学校的校风、学风不正,学校的校园文化没有发挥作用,学校的教育质量自然而然地就会下降。造成这些后果的主要原因即办学定位脱离办学理念。在学校的实际办学过程中,不能仅仅参考别的学校的教育观念[2],应从学生自身实际出发,以培养多元化的人才为目标,发挥校园文化的优点,将学校变成实用人才培养的基地。职业学校要在不断探索和改革中创新,在创新中形成具有地方标志的特色专业。但是大多数职业学校缺少提出办学理念的能力和底气,认为这只是表面工程,这些现象都严重地限制了学校的发展,使得毕业的学生不能获得社会的认可,导致社会失去了一部分可塑之才。

目前,农村职业教育教学改革不能满足乡村振兴的实际需求,我国农村职业教育教学理念还比较滞后。首先,在农村职业教育中应试教育占有相当大的一部分甚至可以说是全部,学校围绕考上高中或者大学这一主题开设专业课程,忽略学生的综合素质教育。其次,学校设置的教学内容有很多不切实际的问题:一边教学内容非常之多,给职业教育的学生布置很多与实际情况无联系的书本作业,另一边教给学生的与农业发展密切相关的实用知识又很少,导致学生没有学到有用的知识。最后,教师在课堂上

---

[1] 张旭刚. 乡村振兴视阈下农村职业教育产教融合质量评价体系构建[J]. 职业技术教育,2020,41(31):48-53.

[2] 李妮. 粤港澳大湾区职业教育合作体系的"圈层结构"及其治理[J]. 高教探索,2021(6):47-52.

运用的教学方法，由于缺乏科学合理的教学理念，仍然以填鸭式的教育方式为主，学生的学习兴趣不足，学生的动手能力都没有得到锻炼，更别说创造思维的培养应用了，这与实际的企业、产业所需求的人才标准严重不符。正因为当前农村地区职业教育教学还是以考试为主，非常明显地脱离了实际的生活，"脱离农业发展"的教育取向导致了农村学生讨厌农村、放弃农业的现象。

三、农村职业教育资源新挑战

（一）教育经费投入不够

教育经费的不足，限制了农村职业教育的发展。目前，农村教育经费主要来自国家机构、地方政府等国有机构，企业对于学校的教育经费的资助较少。2020年教育部国家统计局财政部《关于2019年全国教育经费执行情况统计公告》[①]显示，2019年普高与中职院校教育经费比往年略有提高，分别为17821.21万元和17282.42万元，提升的比例为8.36%和5.99%。农村职业教育经费略显不足，还存在办学基础与当地经济发展落后的问题，导致国家虽然不断投入更多的教育经费，但并不能从根本上改变农村落后的教育形式，进而导致乡村振兴战略无法实施落实。

近年来教育部对农村教育的经费分配较多，由于全国各地的农村职业学校数量很多，职业教育所需的资金投入不足是一个重要问题。虽然国家加大了对职业教育的资源调度，但是农民培育训练的数量非常大，平均分到各个地方的资金并不是非常充足，特别是一些发展比较缓慢的县镇，本来自身的资金就困难，就更拿不出财政资金用于农村职业教育了。

农村地区人才质量的低下大部分与资金少有关。《职业教育法》中明确规定了各省各地的人民政府应当根据当地的实际情况计划确定职业学校学生的人均缴费标准。但是，截至2019年年底，只有上海、浙江、江苏和

---

① 教育部，国家统计局，财政部.《关于2019年全国教育经费执行情况统计公告》[EB/OL]. （2020-10-28）.http://www.moe.gov.cn/srcsite/A05/s3040/202011/t20201103_497961.html.

辽宁 4 个省市计划和确定了农村职业学生的人均标准，大部分省份还没有落实。农村职业教育经费投入的不足，让职业教育质量提高变得非常困难，学校的教学设备很破败，学校的场地也非常小，教师待遇低引起教师队伍流动等问题。

（二）教学设施条件不足

职业教育教授的是实用型基础知识和基本技能，重点放在提升学生的实践操作能力上。农村产业劳动人员也希望得到学习实用技术技能的机会。我国当前农村职业学校的学校场地、设施条件、培训锻炼基地等设施建设都满足不了现实生活中学生的学习需求，并且受经济结构发展缓慢、经济基础不是很牢固和学校办学资金匮乏的影响，各个地方的农村职业学校办学非常困难，尤其是现代化农业设备、农业示范基地以及农业专业实习实训基地存在不足。

农村地区职业教育的资源很少。首先，没有科学的农业技术。农业科学技术推广的程度决定了农民素质提高的水平。农民只有学会农业科学技术和农业科学知识，并熟练地运用，才能在构建新农村发展的过程中发挥出无穷的力量。其次，农村职业学校办学水平低。各个地方的职业学校和教育机构在设施条件和校园环境上都比大城市高等教育学校差，农村职业教育学校的办学条件则更差[1]。大部分的职业教育学校的占地面积很小，教学实验室和辅助教学用房也少，能使用的教学仪器几乎没有，缺乏相关图书资源，信息技术教学资源也非常匮乏。信息技术在农村职业教育系统中具有举足轻重的作用。然而，农村职业教育和网络、多媒体、在线数字信息化学习等科技化教学手段还没有对接，甚至很多的农村贫困偏远地区连音视频、电子白板、多媒体等电子设备也没有。

四、农村职业教育体系新挑战

1985 年，《中共中央关于教育体制改革的决定》提到，要形成农村的职

---

[1] 朱德全，杨磊. 职业教育服务乡村振兴的贡献测度——基于柯布－道格拉斯生产函数的测算分析 [J]. 教育研究，2021（6）：112-125.

业高质量技术教育系统。我国的农村职业教育进入系统规划时期，形成了以服务"三农"和农村地区经济发展为主线，各层级相互衔接的整体。新中国成立以来，我国农村职业教育发展扩大办学，不断地完善农村职业教育体系，始终为我国的繁荣昌盛和重大战略实施服务，为我国农村社会主义现代化建设作出了重要的贡献。乡村振兴提出乡村产业振兴，提出农业农村的现代化，对农村教育也提出了新的要求。

进入新时代，结合乡村振兴战略的现实情况，2010年《国家中长期教育改革和发展规划纲要（2010—2020年）》[①]指出，要向农村农业生产生活的职业发展学习。2011年《关于加快发展面向农村的职业教育的意见》也指出了"面向农村的职业教育"。但是农村职业教育仍然有专业课程脱离实际、教学方式单一、教学过程缺乏监管等问题。

（一）专业课程设置脱离实际

由于乡村的实际条件恶劣，农村职业教育的专业课程开设与普通高中有很大的不同，但很多农村职业学校为了图方便，开设的理论课程比实践课程多很多[②]。学生总是将自己的时间和精力花费到学习理论上，而实践技能课程学校开设得非常少，学生亲自动手的机会也很少，这些做法都是不利于农村职业教育办学的。

首先，专业设置与产业结构联系不紧密。专业以农耕种殖专业为主线，但是，当前乡村振兴发展要求的农村产业发展特点，如有关绿色的、生态的和循环的关系并不密切。农村职业学校没有及时开设新的专业，造成农业科学技术的传承和农村支柱产业没有合适的人才继承，进而导致了学校毕业生难以找到工作，经常在就业环节出现问题。其次，教育内容远离生活[③]。用新的方式培育得到的人才质量不是很理想，教师评价只是以教学课时数为评价的标准。职业教育课堂的标题与内容远离农民的生产生活，无法做到和实际

---

① 张旭刚.乡村振兴视阈下农村职业教育产教融合质量评价体系构建[J].职业技术教育，2020，41（31）：48-53.
② 蔡文伯，莫亚男.助力经济高质量发展：中等职业教育增质抑或增量——基于系统GMM模型与门槛模型的实证检验[J].现代教育管理，2021（1）：92-99.
③ 孙诚.我国农村劳动力就业现状、挑战与有效措施[J].职教论坛，2018（7）：25-28.

情况相对应。再次,教师所讲的课本内容不能解决农民在实际生活中遇到的真正问题。最后,教育机构的专业开设存在问题,这是由于一些教育机构只注重于当前农村人们都关注的问题,没有从长远方面看待、设置新的特色专业,完全没有想到专业的教师资源和教学条件是否能够满足要求,就算能够开设某一专业也不考虑能否根据市场的需求进行调节,草率开设专业。除此之外,教师有随便讲课的现象,并且大部分都是在读课本,没有让学生进行实践技能的训练,使教育培训内容变得空洞,严重脱离实际。

(二)教学方式传统单一

因为农村地区的职业教育办学条件不好、资金投入不充足,以及职业教育的师资队伍数量不多[①],学生对很多技术和知识的掌握不牢固,这不利于提高农村职业教育的教学质量。

教学方式传统。在教学模式上,农村地区的职业学校以填鸭式的教学方法给学生灌输课本知识,一定程度上违反了人的内在发展规律,不利于学生的身心健康成长。大多数教师秉持念课本、上一节了一节的不认真态度上课,教师照本宣科,学员失去学习兴趣。教学语言枯燥乏味,学生的文化基础和学习能力不足,因此,学生失去了学习的兴趣。农村职业教育培养的是高质量高技术技能的实用人才,但是现有的农民职业教育却偏向本科教学的专业设置,使学生的实际操作能力没有得到锻炼,缺乏一定的思维创新能力。

(三)教学过程缺乏监管

21世纪,社会各界对农民的孩子是否能受到教育这一问题很关心,但是职业学校的招生制度还不够明确,政府还要继续完善招收农民工子弟入学的制度。《国务院关于大力发展现代职业教育的决定》明确:高级的职业教育学校在校生与普通教育在校生数量大致相同。为了响应乡村振兴战略的号召,很多地区都开办了农民职业培训班,对农民的训练是一种系统性、专业性强的工作。但是部分学校对新型职业农民的培训,只是"头疼医头,脚疼

---

① 凌琪帆,曹晔.新中国成立70年我国农村职业教育的发展历程与成就[J].职教论坛,2019(10):21-27.

医脚",缺乏系统的设计与相应的监管,致使教学过程较为割裂,无法形成培训的合力。

目前,职业学校主要负责新型职业农民的培养任务,以农民为主设置的专门教育培训机构数量很少且质量不高,不能维持长期的训练。并且当前农村职业教育学校所需资金不足,完整的政策很少,师资明显不足,教育教学质量很难把控,教学过程敷衍了事,学生学习不到有用的知识,难以完成培养目标。教学过程缺乏监管,也影响职业教育学校的毕业生找工作。学校办学的质量一直很低,造成了农村职业教育学校就业率较低,毕业的学生学历资格不被社会承认,只能依靠学生自己的能力去找工作,甚至很多人都无法找到工作,这就造成了一部分人才的流失[1]。对一些学生来说,他们根本没有办法获得能够让自己温饱的一份好工作。在乡村振兴战略的要求下,农村职业教育与培养新型职业人才的方向背道而驰。

五、农村职业教育师资新挑战

作为国家治理现代化的基础工作,乡村的振兴发展和乡村治理的现代化的前提是人的现代化[2]。但是,目前乡村治理存在的最大短板是人才缺乏、老龄化严重、文化素养偏低,特别是现代管理能力水平不高,不能满足新时代高质量的发展要求。"致治之要,以育才为先。"农村职业教育给乡村振兴提供了技术人才支持、智慧力量支持和实用技术技能支持,这正成为越来越多人的共识。职业教育承担着培养复合型技术技能型人才的任务。教育是培养人的一种影响深远的社会活动,农村职业教育为农村发展培养了高质量技术技能型人才。职业教育的显著特色是应用性与实践性很强,课本理论教学以"实用"为原则,以实习实训内容为主的实践教学在整个课程体系中占有较大比例,而这对教师的要求很高。职业教育需要可持续化的、终身化学习的教

---

[1] 向昭颖,张冰松.农村职业教育精准扶贫的意义、问题及机制[J].教育与职业,2018(4):26-32.

[2] 丁红玲,李珍珍.改革开放以来我国农村职业教育政策:历史回顾、价值逻辑及未来展望[J].河北大学成人教育学院学报,2018,20(4):88-95.

师。新时代农村职业教育教师应是具备理论素养和实践素养的"双师型"教师,既能够开展理论教学,又能够掌握当下的专业技术发展前沿和职业技能,有意识地培养信息化教学能力,利用教育技术手段辅助自己的教学,培养与乡村振兴发展相匹配的实用技能型人才。

由于目前我国农村教师相对较少,建立起职业教师队伍还存在一定的困难。我国《中等职业学校设置标准》规定,学校的老师与学生的配对比例不得低于1∶20,但是从2015年的统计数据中可以发现,在农村的专任教师与学生的比值远超规定标准,甚至超过规定高达两倍以上。在2018年的统计数据中可以发现,中等职业学校的专任教师,在农业及畜牧业中只有2.79的占比,从中也可以看出,农村职业教育的师资储备是完全不足的。截至2018年,中等职业教师本科毕业的高达84%,但是,对于规定的硕士及博士比例需要达到30%以上这个要求,基本上都存在一定的差距,在经济落后的地区更是离谱,甚至没有硕博学历的教师,有本科文凭已经是很不错的了,很多都是大专毕业的教师。薄弱的师资力量导致农村的教育变得相对落后,严重影响科研能力。在农村职业教育中,"双师型"的教师基本上是不存在的,由2018年的统计数据可以看出,实习指导教师在专任教师中只占了3.8%,在校老师多以理论为主,很难做到理论与实践双修。

乡村振兴战略推动了农村经济的发展,将农村经济再推上新一级的高度,这就要求有高素质人才和高技术技能人才,也就是说,农村职业教育的专业教师要有更高级的教育教学。但从实际情况来看,对教师队伍的关注和投入非常有限,农村职业教育师资队伍面临新的挑战。

一方面,农村职业教育教师的专业能力薄弱[①]。学校日常教学工作非常复杂,为了多一些师资匹配职业教育学生的数量,学校在考核教师时降低了评判标准。在这种情况下,招来的教师本身就存在一定的问题,专业发展水平偏低[②],导致农村职业教育学校教师的层次越来越低,无法有效地获取书本知识进而影响职业学校的教学质量。兼职教师队伍建设落后。职业学校教师的

---

① 刘军.乡村振兴战略下农村职业教育的公共性危机及破解路径[J].教育与职业,2018(13):12-19.
② 杨佳妮.乡村振兴战略视阈下农民职业教育问题研究[D].西安:西安理工大学,2020.

数量本来就不多，兼职教师的数量自然也不多。兼职教师一般是公立中小学的教师，出来代课兼职，缺乏专业知识，他们的流动波动范围也很大，不受职业学校的管束，并且他们的职业教学方法也是有问题的，教学质量堪忧。另一方面，农村职业教育学校教师待遇不高。稳定的教师团队能为职业学校教学工作作出巨大的贡献，甚至成为学校教学工作中的突出优点。但从实际情况来看，农村职业教育学校中大部分教师选择离职，很大一部分原因是薪酬与工作环境差。即便学校尽力挽留部分骨干教师，还是影响了教师团队奋发向上的态度和扎实开展教学工作的积极性，这在很大程度上影响了教学效果[1]。农村职业教师的工资薪酬很低，很多教师迫于生活的压力离开学校，加剧了学校教师质量低下的问题。

---

[1] 张亮. 我国新型农民培训模式研究 [D]. 保定：河北农业大学，2010.

第六章 乡村振兴背景下河北省农村职业教育定位推进

第一节 农村职业教育定位的演变

农村职业教育定位为我国农村职业教育的发展、职教人才的培养指明方向,也关系到农村职业教育在乡村振兴战略中功能的有效拓展和释放的问题。农村职业教育的定位,其实质上是确定了农村职业教育在我国农村教育体系中应发挥的功能,也直接影响了我国农村教育的基本走向。农村职业教育的定位和政策与我国社会经济的发展密切相关,需要随着社会制度的变化而不断地调整。从颁布的政策来看,我国农村职业教育的发展并不是一帆风顺的,不同的时代,农村职业教育的定位也会适应时代发生变化。总体上而言,我国农村职业教育定位的发展主要可以分为四个阶段。

一、单一发展阶段(1949—1977 年)

新中国成立初期,我国的各行业很快得到了恢复和发展。教育是立国之本,当时的教育几乎停滞不前,远远落后于其他行业,制约着我国社会和经济的发展。据数据统计,我国农村青壮年文盲在 1949 年的时候超过 16500 万人次,约 95% 的农村人为文盲[①]。为了消除文盲,1949 年 11 月,中央人民政府教育部设立了识字委员运动会。1949 年 12 月,我国展开了冬学教育,是

---

① 张健. 中国教育年鉴(1949—1981)[M]. 北京:中国大百科全书出版社,1984.

我国扫盲工作的开端，为工农扫盲打下了良好的基础。1950 年 12 月，教育部《关于开展农民业余教育的指示》强调，引导农民在业余生活中参与技能培训，在政策的领导下，我国农民在冬闲的时候参与学习的人数大量增加，促使我国扫盲工作取得了极大进展。1952 年 2 月 28 日，教育部提出要开办"农民业余学校"，农民业余学校分为初级班组和高级班组，教学形式依据农业时间而定，农民在学校中既要学习文化，也要学习政治和技术。1959 年 5 月，国务院在相关政策中指出，"农民业余教育要注重将政治、技术和文化相结合，教育要在一定程度上为生产建设服务"，这时农民教育主要从扫盲向技术培养方向转变。同年 9 月，《关于教育工作的指示》指出，"我国教育要以培养工厂和农业合作社所需要的人才为目标"[1]，面对这项指示，我国许多农村职业院校纷纷响应，开办起了校办工厂，或者由工厂、合作社或企业管理职业学校。1963 年 10 月的第二次城市工作会议中提出："职业教育要面向农村培养林、畜、渔、医等方面的技术性人才。"[2]1965 年 12 月，教育部《关于今冬明春开展农村业余教育工作的几点意见》明确提出，要将技术培养教育放在扫盲工作之前，技术培养教育要结合各地的生产需求，把生产经验应用于技术培养中，以此来促进生产的发展。

通过对新中国成立以来我国农村职业教育方面的政策进行梳理，发现我国农村职业教育通过举办冬学、开办农民业余教育等方式解决了人们识字不多、缺少相关农业技术人员的不足，也为当时农村职业教育的发展作出了重大贡献。在这一阶段，我国农村职业教育目标定位处于一种单一化的状态，仅以"扫盲"和"培养相关的农业技术人才"为主。

二、缓慢恢复阶段（1978—1984 年）

1978 年 4 月全国教育工作会议上，邓小平在讲话中指出："应着重考虑

---

[1] 申家龙.新中国建立以来职业教育制度与政策的历史回顾[J].江苏技术师范学院学报（职教通讯），2008（8）：5-12.
[2] 曹晔.农村职业教育的价值取向："离农"还是"为农"——基于历史变迁视角的考察[J].职教通讯，2012（1）：26-32.

各级各类学校的开办比例，尤其要扩大农业中学、各种中等专业学校、技工学校的办学比例。"①中共十一届三中全会强调了我国经济的建设离不开教育工作的推动。以此为起点，我国的农村职业教育开始进入一个缓慢的恢复调整阶段。1980年10月，教育部《关于中等教育结构改革的报告》中指出，发展职业教育是为了适应四化建设的需要，利用职业技术学校来培养有技能的人才②。该报告将职业教育与当时的四化建设联系起来，体现了四化建设所需要的有技能的人才培养是当时职业技术学校的教育定位。1982年6月，教育部颁布的《县办农民技术学校暂行办法》（以下简称《办法》）对农民技术学校的办学要求、主要任务以及教学制度等进行了规定，将"为农村人民公社和生产大队培养具有中等技术水平的人才"作为农民技术学校的主要教育定位，《办法》的颁布意味着我国农民的技术教育开始逐渐步入正轨。1983年5月，《关于加强和改革农村学校教育若干问题的通知》指出："各地要根据实际需要，根据大局安排，因地制宜地增加一定数量的农业高中和职业学校，可以将普高改为农业高中，也可以筹办新的农业高中和职业学校。"③国家再一次在政策上支持了农业中学和职业学校的广泛建立，不断地推动了我国农村中等教育结构的改革，这成为我国农村职业教育的一个重要的里程碑。

在这一时期，我国高度重视农村职业教育的发展，在一系列政策的颁布中强调了农村职业技术教育办学的必要性，也不断地扩大了农业中学和技术学校的办学比例。这一阶段，我国的农村职业教育主要以恢复为主，在政策的变革中不断强调农村职业教育定位的演变，"以培养农业中等技术水平的人才和提高农村人才的科学文化素质为主"是当时主要的定位取向，这时农村职业教育的办学具有一定的"向农性"。

---

① 邓小平. 邓小平文选（一九七五——一九八二）[M]. 北京：人民出版社，1983.
② 刘英杰. 中国教育大事典（1949—1990）（上）[M]. 杭州：浙江教育出版社，1993.
③ 中共中央、国务院关于加强和改革农村学校教育若干问题的通知[J]. 中华人民共和国国务院公报，1983（12）：528-533.

三、持续改革阶段（1985—2000年）

1985年5月，中共中央《关于教育体制改革的决定》提出，"要大力发展职业教育和进行培训，投入更多的精力调整和改革中等教育结构"，将农村教育的发展提升到了国家决策的高度，为我国农村职业教育的持续改进注入了活力。同年9月，十二省市农民职业技术教育座谈会纪要中谈到，如何在农民中普及科学文化知识，如何在农民中培训各样的技术管理人才，因此提出要将农业技术学校建设成开放型学校，既要面向行业培养人才，也要与文化部门和企业进行联合办学。1987年，《关于全国职业技术教育工作会议情况的报告》指出："农村职业教育必须坚定其办学，要为农村经济、农业生产和农民劳动致富而服务，在办学过程中要逐渐形成培养初级和中级技术、管理人才的能力。"[①]报告深化了我国农村职业教育的办学定位，强调要为"三农"而服务。1988年，《关于组织实施"燎原计划"的请示》中提出，"燎原计划"一方面要持续普及义务教育，另一方面要发挥农村地区学校的优势，与当地企业开展实用技术和管理知识的教育，培养一批新兴的农村建设者；同时，与农业科技相关部门开展合作，开发一定的技术示范实验以促进农业的发展。1991年10月，国务院《关于大力发展职业技术教育的决定》再次明确，要持续对农村教育进行改革，通过"燎原计划"使得职业教育走上农科教结合的道路，加强学校与企业、科技部门的密切配合，使我国农村职业教育的发展形式更加多样灵活化。1993年2月13日，中共中央、国务院推行了《中国教育改革和发展纲要》，指出："职业学校要在政府的指导下，采取校企合作的办学形式，为当地的经济建设和市场经济发展服务。"[②③] 1999年，《关于深化教育改革全面推进素质教育的决定》（以下简称《决定》）指出："要大力发展高等职业教育，培养一大批能够服务于

---

① 申家龙.农村职业教育杂谈之三：改革开放以来农村职业教育价值取向的历史回顾[J].职教论坛，2015（7）：61-65.
② 李铁映.中国教育改革和发展纲要[J].人民教育，1993（4）：4-11.
③ 中华人民共和国职业教育法[J].军需工业高等专科学校邢台高等职业技术学校学报，1996（2）：1-3.

农村一线发展的专门人才。"①《决定》将素质教育与农村职业教育紧密结合，将职业教育与农村发展密切结合，将职业教育定位为培养服务于农村一线的理论与实践并重的专门人才。

由于改革开放的深入和城镇化的持续推进，农村富足的劳动力可以满足城镇发展的需求，我国的农村职业教育需要应对城镇化进程中农村劳动力转移下的人才培养，拓宽农村职业教育的培养目标。在这个阶段，我国农村职业教育的定位不再局限于培养相关的农业技术管理人才，更加倾向于农村劳动力的综合化发展，这时我国农村职业教育逐渐开始由政府与企业等部门进行联合办学。

四、全面深化阶段（2001年至今）

进入21世纪以后，我国的农村职业教育得到巩固，步入全面深化发展阶段。2003年，国务院《关于进一步加强农村教育工作的决定》指出，农村教育是我国整个教育工作的重点所在，农村职业教育的办学模式是农村职业教育的重要突破口。从毕业生就业出发，灵活调整职业教育的办学模式，学历教育与非学历培训要同步进行，培养学生和农民的实践能力和就业能力，推动农村农业的增效发展②。2004年3月，《2003—2007年教育振兴行动计划》指出，农村职业教育以服务城镇化进程中进城务工农民的综合素养为教育定位，实行绿色证书制度，开展农村劳动力转移培训计划③。2005年，"农村实用人才培训工程"和"农村劳动力转移培训工程"在我国逐步有效地推广实施，巩固了农村职业教育培养与培训同步进行的双向定位目标。2010年，《国家中长期教育改革和发展规划纲要（2010—2020年）》（以下简称《纲要》）提出，要加强涉农专业建设，加大培养适应农业和农

---

① 中共中央 国务院关于深化教育改革全面推进素质教育的决定[J].人民教育，1999（7）：4-7，12-13.
② 国务院.国务院关于进一步加强农村教育工作的决定[EB/OL].（2008-03-28）.http://www.gov.cn/zhengce/content/2008-03/28/content_5747.htm.
③ 教育部.全面实施《2003-2007年教育振兴行动计划》[EB/OL].（2004-03-03）.http://www.moe.gov.cn/jyb_xwfb/moe_2082/moe_183/tnull_2305.html.

村发展需要的专业人才力度①。《纲要》中首次提出了新型农民，认为新型农民应当是有文化、懂技术、会经营的农村实用人才，并将新型农民培育作为2010—2020年农村职业教育的定位。2014年6月，国务院《关于加快发展现代职业教育的决定》提出，要深化产教融合模式，在现代化发展的基础上培育出一批新型职业农民。2016年，教育部等六部门印发的《教育脱贫攻坚"十三五"规划》强调，培养出农村社会发展所需要的技能型人才，必须要坚持将中学职业教育作为普及高中阶段教育的重点，要坚持对中等职业学校专业设置进行动态调整和完善。2018年1月，《中共中央 国务院关于实施乡村振兴战略的意见》规定，农村职业教育要为我国乡村振兴战略的推进服务。该意见提出了乡村振兴战略下新型职业农民应该是具有现代化农业技能、具有创新精神的新型职业农民，因此，农村职业教育依据乡村振兴背景下的农村产业需求，面向农民进行规模性的职业技能培训。2021年，国务院印发了《关于推动现代职业教育高质量发展的意见》指出，要将高素质技能技术人才培养作为当前农村职业教育的定位，强调高素质技能技术人才应满足我国技能型社会建设的多样化需求、各种技术的传承以及当前大众创新万众创业的基本形势②。

当前，我国正面临农业现代化、城市化和信息化的社会发展时期，农村职业教育也适应社会的发展，进入了新的发展阶段。农村职业教育的定位也随着我国政策的演变不断得到全面深化的发展。一方面，要进一步加强农民从事现代化农业所需的各种技能的培训，使得他们成为有知识、有技术的新型职业农民，服务于我国新农村建设和乡村振兴战略；另一方面，要强化农村剩余劳动力的素质培养，使得他们通过培训成为能够适应城镇化发展的新市民。

---

① 新华社. 国家中长期教育改革和发展规划纲要（2010—2020年）[EB/OL].（2010-7-29）. http:// www.gov.cn/jrzg/2010-07/29/content_1667143.htm.
② 中共中央办公厅 国务院办公厅印发《关于推动现代职业教育高质量发展的意见》[EB/OL].（2021-10-12）. http://www.gov.cn/zhengce/2021-10/12/content_5642120.htm.

第二节　乡村振兴背景下河北省农村
职业教育定位的新需求

一、河北省农村职业教育的定位发展

新中国成立以来，河北省一直是一个人口众多的农业大省，截至2020年11月底，河北省农业人口为29793749人，占全省人口的39.93%。河北省农村职业教育办学方面一直紧紧依照国家政策的要求，紧紧围绕河北省经济发展的变化，不断调整我省农村职业教育的办学定位，取得了很多有代表性的业绩。本书按照时间顺序对河北省农村职业教育的定位进行了梳理。

1978—1984年，河北省开始逐步调整农村教育结构。1979年，河北省制定了《关于农村中等教育结构改革的实施方案》，同年9月省革委召开了全省的教育工作会议，提出要"大力发展农业中学和职业中学"，大力培养能够服务农村社会经济发展的中级技术工人。1983年7月，河北省教育厅以国务院《关于加强和改革农村学校教育若干问题的通知》为依照，出台河北省《关于加快农村中等教育改革的意见》，要求各县改办或自建一所有条件培养农业技术管理人才和推广农业技术的农业职业学校，为农村的发展培养各类具有中等科学技术水平的农业人才。1983年，河北省教育厅《关于进一步巩固、办好农业技术中学的暂行规定》中指出，农村职业学校要培养全面发展的各类农村建设人才，始终为农业现代化建设和农民劳动致富服务。

从1985年开始，河北省的农村职业教育进入了一个相对快速的发展时期。1985年12月，《河北省发展职业技术教育暂行条例》作为第一个省级地方性职业教育法规被颁布，《条例》规定职业教育要将人才培养目标定位于城乡劳动者，这样的劳动者既有知识也有技术，能够有效地推动农村的发展和城镇化的建设。1987年4月，河北省人民政府下发了《河北省发展职业技术教育实施办法（试行）》，将提高劳动者的综合素质和培养各级各类的技术人才作为河北省职业教育的根本目标。1990年，第一所县级职教中心——获鹿县职教中心初步建成，开启了河北省"县级综合职业技术学校"的篇章，是

全国首例县级职教中心，是改革农村职业教育、培养初中级管理技术人才、教育与富裕相互促进的有效路径。在之后的6年时间内，河北省实现了县级职教中心的办学定位，为全国性的农村职业教育发展作出了贡献。

在县级职教中心建立推广的经验上，河北省从20世纪90年代末开始巩固提高其农村职业教育的办学定位。1999年4月2日，河北省人民政府通过了《河北省实施〈中华人民共和国职业教育法〉办法》（以下简称《办法》），规定了河北省职业教育要以为区域性的经济建设和社会发展培养实用人才为教育定位，在受教育者的思想政治教育、职业知识技能教育、职业指导和创业教育等方面发力。该《办法》更加明确了县级人民政府要统筹农村经济、科学技术和教育的发展需要，借助农村职业教育的有效发展，为河北省农村社会的进步提供实用人才支撑。2003年，河北省贯彻《国务院关于进一步加强农村教育工作的决定》的实施意见，明确以服务于河北省的"三农"问题作为农村职业教育的办学定位，同时还要具备促进农村劳动力转移的功能。2009年，河北省开展的"送教下乡"是一种内涵更加丰富的农村职业教育实践，以弹性学分制的管理制度来为社会主义新农村的建设培养新型职业农民，将农村职业教育的定位落实在农村改革和农民致富的人才培养之上。2016年9月，河北省教育厅制定了《新型职业农民培养试点工作方案（试行）》，明确指出河北省农村职业教育以农民综合素质的提升为宗旨，以培养新型职业农民为教育定位。新型职业农民的典型能力包括职业技能和农业生产经营能力，且适应新农村的建设和农业的现代化发展需要，以此来带动农业的增效和农民的增收。2021年，教育部与河北省共同开展保定市国家职业教育改革试点工作，借鉴乡村振兴的阵地发挥农村职业教育作用，将保定市职业教育定位为适应乡村振兴的新型职业农民的培育，积极探索农村职业教育促农增效增收、巩固精准脱贫成果的新路径。

二、乡村振兴背景下河北省农村职业教育定位新需求

农村教育问题与"三农"问题历年来都是我国社会发展所必须重视的两大现实问题，也是我国学术领域的重点研究方面，两者交叉形成的农村职业

教育成了聚焦两者的现实议题。党的十九大报告中着重强调了要实施"乡村振兴战略",聚焦农村的全面振兴。农村是我国社会进步的根基,是一个集自然、经济、文化、生态和政治于一体的地域发展综合体,乡村振兴的实施涉及重构社会关系、实现农村产业兴旺、建设宜居生态等多方面的问题。河北省委省政府紧跟国家部署,主动推进乡村振兴,统筹政府和农村职业教育学校的协调发展。政府是乡村振兴的"上层建筑",政府为乡村振兴的发展护航、为农村职业教育学校的发展提供方向和指导;农村职业学校是乡村振兴人才的摇篮,以农村职业教育学校育乡村振兴人才,促进农村人口素质的提升、劳动技能的进步。因此,河北省农村职业教育必须从社会关系、产业兴旺以及生态宜居等方面精准对位乡村振兴,调整其教育定位,为农村社会的进步和乡村振兴战略的实施提供相关的保障。

(一)平衡社会与个体需求,促进两者协同化发展

河北省整体表现出农业人口数量较大但是人口素质较为低下的人力资源特性,这种特性会在一定程度上限制农村劳动生产率的发展,给农村的经济发展带来负担。河北省第七次全国人口普查数据显示,河北省农村人口占比2010年人口普查时降低了16.13个百分点[①]。这就说明,河北省的城镇化速率在不断提高,但是农村的人口是在不断递减的,同时留在农村的大部分都是五六十岁以上的老人,年轻人基本上都出去打工或上学,农村人口的流失对于乡村振兴而言是不利的。

近年来,科学技术的不断发展带动了我国农业机械化水平的逐步提升,这样农村劳动者才能够从耕地中不断地解放出来,解放的农村劳动力不断流向具有人才需求的城镇,进入城镇企业发展,有效地促进了城镇的发展。部分劳动力仍然留在农村固守农业生产,他们由于生活环境和工作岗位的变化,技能需求也发生了变化[②]。根据乡村振兴的总目标,河北省实施乡村振兴主要

---

① 河北省统计局,河北省第七次全国人口普查领导小组办公室. 河北省第七次全国人口普查公报(第六号)[N]. 河北日报,2021-05-20(012).
② 杜娟. 当前农村劳动力对职业教育的需求及职业教育的应对策略[J]. 教育与职业,2014(9):168-169.

聚焦于科技、绿色、品牌和质量这"四个农业"的发展，部署了相关的工程、计划和行动，以此推动乡村振兴的有效实施。河北省乡村振兴的发展需要农村职业教育培养相关人才，培养包括特色农产品研发、奶牛养殖和优质专用饲草种植、农田节水灌溉等方面的职业技能[①]。除此以外，在《河北省乡村振兴战略规划（2018—2022年）》中，河北省根据其自身功能发展地位，设置了森林覆盖率、农田灌溉水有效利用系数、农业表转化生产覆盖率等指标，这些指标的制定也为农村职业教育的人才培养提供了借鉴。指标的制定体现了河北省农村社会发展的需求，职业技能的培养是个体适应社会发展而对农村职业教育提出的需求，因此，河北省农村劳动力的个体需求和农村经济发展的社会需求是决定农村职业教育定位调整的主要因素。河北省农村人口的流动现状表明了青年化的劳动力的职业需求与农村社会是不相符的，同时留在农村的年迈劳动力个人的技能学习需求与社会发展需求存在较大的差距，这造成了个体需求和农村社会需求的背离，使得农村发展失去"人"的支撑。在这种情况之下，农村职业教育需要平衡个体与社会之间的需求关系，坚持"以人为本"的发展思路，探索能够留住青年人才的道路。在满足个体需求的基础上，全省结合各区域的特色主导产业，探索更好的产教融合、校企合作方式，达成个体与社会需求的协同化发展，为农村社会的发展和乡村振兴战略的推进提供"路"，也提供"人"。

（二）培育新型职业农民，实现农村产业的兴旺

"人才振兴"是推进乡村振兴战略的基础工程。调动乡村人才的主体作用，对乡村人才的振兴起到至关重要的作用。但是在社会的刻板印象中，农民不是像医生、教师等存在的社会职业分工，而是一种概念上的户籍存在，是身份的区分。2012年，中共中央、国务院《关于加快推进农业科技创新持续增强农产品供给保障能力的若干意见》中，第一次用新型职业农民的说法来对乡村振兴中以现代化农业生产为主要工作的劳动者提出了明确的要求，认为新型职业农民是乡村振兴战场的主体，是适应乡村振兴发展的有文化、

---

① 中华人民共和国农业农村部. 河北省实施乡村振兴战略实现良好开局[EB/OL].（2019-01-25）. http://www.moa.gov.cn/xw/qg/201901/t20190122_6170511.htm.

懂技术、会经营的乡村从业者。新型职业农民通过掌握更多的专业知识和专业技能来促进自身的不断进步和农业现代化持续性发展，在这样循环往复的过程中获得社会的认可，提高农民的社会地位和认可度。

河北省作为一个以农业闻名于全国的省份，省内农产品的产量，如蔬菜、粮食和奶蛋肉等都在全国农产品产量中处于前列，但河北省的农产品供求也存在着一定的不平衡现象。2019年，河北省政府在《关于坚持农业农村优先发展 扎实推进乡村振兴战略实施的意见》中提出，要大力发展乡村产业，做大做强农村特色主导产业，扩大绿色蔬菜、优质果品、饲草饲料、花卉苗木等的种植面积，大力实施奶业振兴计划，在多地推动粮草改良，建立饲料专用基地等[①]。涉县职教中心就是根据意见的引导，围绕涉县的乡村旅游、中药材种植等区域特色资源，为乡村从业人员开展了各种围绕特色产业的培训，为涉县的主导产业——乡村旅游和中药材种植培养了大批新型职业农民。河北省农业农村厅相关统计数据显示，2018年，河北省为了助力乡村发展，开展了多次农村职业培训，共有45953位新型职业农民受益，截至2019年1月，河北省的新型职业农民总数达162013人。河北省农村职业教育学校所进行的新型职业农民培训都是围绕区域性农村产业的发展所展开的，比如河北省宁晋县的草莓种植培训，磁县的"红色旅游＋电商产业"培训等。河北省围绕培育新型职业农民的农村职业教育有力地促进了地区乡村建设，为后续河北省农村职业教育的发展提供了经验。因此，河北省的农村职业教育要一如既往地紧抓乡村振兴的良好机遇，从"新型职业农民固农、科教兴农、人才强农"三方面解决河北省的农业农村问题，依靠农村职业教育组织开展新型职业农民的培养和培训工作，实现农民培养的接地气及常态化，通过"人才振兴"实现农村产业的兴旺发展，推动全省乡村振兴取得重大进展。

（三）扎实推进乡村治理，建设百姓宜居的生态环境

治理有效是乡村振兴的基础，生态宜居是乡村振兴的关键。河北省农村

---

① 中华人民共和国农业农村部. 河北省委省政府出台关于坚持农业农村优先发展扎实推进乡村振兴战略实施的意见[EB/OL]. (2019-03-05). http://www.moa.gov.cn/xw/qg/201911/t20191104_6331243.htm.

职业教育需要为生态宜居环境的构建培养专门人才。2020年2月，中共中央、国务院《关于抓好"三农"领域重点工作 确保如期实现全面小康的意见》中提出，要"扎实搞好农村人居环境整治，治理农村生态环境突出问题的力度"[1]，为农村生态宜居的实现提供了政策指导。紧接着，同年11月，河北省政府《关于抓好"三农"领域重点工作 确保如期实现全面小康的实施意见》，具体规定了河北省政府应如何部署乡村治理和实现生态宜居的工作[2]，这一政策的出台既响应了国家的号召，也考虑到了河北省农村的实际，以保持河北省农村社会的和谐稳定和实现河北省的乡村振兴。

围绕"生态宜居"的乡村振兴战略目标，河北省政府坚持尊重、顺应和保护自然，提出要统筹山林湖海的系统治理，全面改善农村人居的生态环境。为了实现这一目标，河北省的农村地区正在进行生态环境改革。2020年12月，河北新闻联播播报了衡水武邑县龙店镇的农村生活污水改造工程的近况，很多农民对生活污水的改造效果非常满意。河北省的王广恒委员甚至还呼吁，有效借鉴公园经营的理念，利用农村的田野和绿色村庄，打造"生态休闲+乡土文化旅游"的模式，将河北省的乡村生态转化为一定的生态经济，以绿色生态促进乡村旅游产业的发展。农村职业教育作为开发农村人力资本、激活农村文明活力和推进乡村生态宜居的重要途径，能够为农村的生态旅游产业的发展提供人才保障，建设百姓宜居的生态环境。农村职业教育服务乡村振兴，需要坚持绿色发展的理念定位，秉承以人为本的价值定位，遵循人与自然和谐共生的育人定位，充分发挥农村职业教育面向并服务农村的职能，从而扎实推进乡村治理，建设百姓宜居的生态环境，推动农村生态旅游业的发展。

---

[1] 新华社. 中共中央 国务院关于抓好"三农"领域重点工作确保如期实现全面小康的意见 [EB/OL]. (2020-2-5). http://www.gov.cn/zhengce/2020-02/05/content_5474884.htm.

[2] 冀农宣. 河北省出台关于抓好"三农"领域重点工作 确保如期实现全面小康的实施意见 [J]. 河北农业, 2020 (11): 7-17.

第三节 教育新定位：终身教育＋精准对位新型职业农民

一、乡村振兴背景下的新型职业农民

（一）新型职业农民概念的提出

1999年，温家宝在《关于实施跨世纪青年农民科技培训工程的报告》上作了重要批示，强调农业部和财政部要着手培养一批觉悟高、懂科技且善经营的"新型农民"[①]，这是我国在20世纪90年代末切实考虑农业现代化发展需求而进行的周密规划，为我国"新型职业农民"概念的提出奠定了坚实的基础。2005年，我国农业部第一次提出了"职业农民"的概念，主要从学历和就业两个方面规定了"百万中专生计划"培养的职业农民要具备什么样的条件[②]。职业农民在学历上要具备初中及以上的学历，在就业上提出要能从事与农业相关的生产活动。这一意见强调了农民的职业身份，将其与传统农民进行了区分。2006年，中央一号文件中再一次使用了"新型农民"一词，从有文化、懂技术且会经营的素质培养方面赋予了"新型农民"新的含义。2012年，中共中央、国务院《关于加快推进农业科技创新持续增强农产品供给保障能力的若干意见》中对"新型职业农民"给出了完整的表述，强调要大力培养农村实用人才。"新型职业农民"完美地融合了时代要求和农民身份，不仅强调了"新型"，还强调了"职业"。2013年，《关于新型职业农民培育试点工作的指导意见》中强调，解决"三农"工作的一个重要突破口就是培育新型职业农民，并对新型职业农民进行了科学的划分。2016年中央一号文件再次强调了培育新型职业农民的重要性，并从经济和教育方面指明了应该如何对新型职业农民进行培育，明确了培育的路径。2019年，中央一号文件指出，要依托农村职业教育来培养新型职业农民，将其作为一项工程来实施。从新型职业农民的提出到系统的描述可以发现，它的概念随着社会的发展而

[①] 跨世纪青年农民科技培训工程启动 [EB/OL]. (1999-07-19). http://www.people.com.cn/rmrb/199907/19/newfiles/wzb_199990719001004_4.html.

[②] 关于实施农村实用人才培养"百万中专生计划"的意见 [EB/OL]. (2005-12-20). http://www.moa.gov.cn/nybgb/2005/dseq/201806/t20180618_6152565.htm.

不断变化的过程,未来它的内涵会越来越丰富,同时也看出国家在不断落实培育新型职业农民的工作。

(二)新型职业农民的内涵

从1999年的"新型农民"到2005年农业部的"职业农民"再到2012年提出的"新型职业农民",体现了时代发展对于从事农业产业的主体身份的变化。"新型职业农民"的提出绝对不是字面意义上的整合,而是一种从身份到素质到能力都与传统农民有着很大区别的职业。2013年,《关于新型职业农民培育试点工作的指导意见》将新型职业农民定义为"以农业为职业、具有一定的专业技能、收入主要来自农业的现代农业从业者"。这一定义赋予了农民较高的时代标准,也指明了农民未来的发展方向。新型职业农民定义中的标准是以市场为导向,以规模化的培养为体系,以专业技能的掌握为条件,以促进农业现代化发展为目标,以此来培养未来从事农业及其相关产业的农民主体。

首先,新型职业农民不仅是一种职业的主动选择,更是以务农为终身的选择。他们既有传统农民吃苦耐劳、热爱土地的优秀品质,也拥有现代农民的特征,懂得现代农业相关的知识、技术,善于和他人合作,懂得乡村产业的经营。新型职业农民首先要具备相对应的科学文化素质、职业道德素质和健康的身体素质,他们能够凭借这些素质采用科学的方式来培育农产品,促进我国农产品的生态化和绿色化生产。其次,新型职业农民必须具备的条件包括乡村观念的改变、开拓创新观念和诚信观念,他们要将自己作为促进农业现代化发展的主体,爱农村、爱农业,乐于为乡村的发展作出自己的贡献。能够有敏锐的洞察力,善于创新地思考乡村农业产业应如何发展,积极投身于各区域特色农业的开拓与推广。最后,能力对于新型职业农民的形成也是必不可少的,例如合作组织能力、发展农业产业化能力等。农业的发展要充分依靠不同类型的新型职业农民的共同努力,合作共赢才能实现农业的产业化发展。

(三)乡村振兴背景下的新型职业农民

2018年2月,《中共中央 国务院关于实施乡村振兴战略的意见》将农村人力资本的开发放在首要位置①,将农村职业教育要大力培育新型职业农民的教育定位与实施乡村振兴战略建立了关联,并指出其是破解农村人才瓶颈的重要途径。乡村振兴背景下新型职业农民的培养,是未来河北省农村职业教育推进的重要教育定位。

1. 新型职业农民是推动农村产业兴旺的贡献者

产业兴旺是乡村振兴五大要求之中的第一个。解决"三农"问题,助力乡村振兴,不能忽略农村产业的发展。农村产业影响着乡村振兴的整体性成果。首先,产业兴旺就是要依据农村的资源优势和地理优势,着重发展特色农村产业、文化旅游业等农村产业形态,将乡村发展中的第一、第二、第三产业有机融合、协同发展。其次,乡村振兴战略的有效落地、农业农村问题的创新解决、农村产业的有效培育,都要借助农村产业体系、生产体系和经营体系的现代化转型,这三者分别是解决农产品的要素分配、生产效率和经营收支问题的依据。这三个体系的建立和发展都离不开培育服务型、生产型和经营型的新型职业农民。新型职业农民可以有针对性地参与到推动农村产业兴旺的三大体系的构建过程之中。产业的发展离不开人才的支撑,因此新型职业农民是推动农村产业兴旺的贡献者。

2. 新型职业农民是引领农村乡风文明的倡导者

乡村振兴进程中,乡风文明不仅代表着乡村人的素质,也是推动乡村产业、乡村经济持续发展的不竭动力。实现乡风文明,不仅要实现医疗、教育等公共事业的发展,更要注重爱国主义精神、集体主义精神等的渗透,在深入挖掘基于地域的乡村文明传承的过程中,分析乡村振兴背景下乡村文化中优秀的农耕文化,着重提炼优秀的思想观念和爱农精神,在培育留得住、守得住的乡村人才方面发挥举足轻重的作用。新型职业农民作为新时代农民的典范,他们思维活跃,乐于接受新鲜事物,具有开放的思想观念,享受着现代城镇化的生活方式,拥有丰富的精神生活。他们能够将现代化的生活方式和新的思想观念引入农村,发挥自身优势对身边的人产生潜移默化的影响。因此,新型职业农民是引领农村乡风文明的倡导者。

---

① 新华社. 中共中央国务院关于实施乡村振兴战略的意见 [EB/OL]. (2018-02-04). http://www.gov.cn/zhengce/2018-02/04/content_5263807.htm.

3. 新型职业农民是实现农村民主自治的践行者

有效的乡村治理，能从大局的角度合理调配乡村资源，是农民实现民主自治的重要策略。乡村治理自治的基础在农村基层，薄弱则在乡村农民。要想夯实乡村振兴战略的基础，必须有一个坚强的农村基层党组织，有一个坚强的党组织领导核心。深化农民民主自治的实践，将服务、管理、资源等下放给农民，激发他们参与公共事务的积极性，坚持个体自治和群众监督相结合；树立依法治理的理念，提高农村民主自治的水平，推动平安农村的建设。新型职业农民作为农业现代化发展的生产者、服务者和经营者，他们具备主人翁意识，是农村的"主人"，同时他们也是自己的领导人和相互的监督者，他们的民主参与和以身作则能够引导农民建立起相关的权利意识，理解并积极参与到公共事务的抉择中。因此，新型职业农民在实现农村民主自治方面起到了关键作用，是实现农村民主自治的践行者。

二、乡村振兴背景下农村职业教育的终身教育理念

终身教育是由法国的保罗·朗格朗正式提出的，他主张每个个体都应该有不同时刻但却贯穿一生的教育。现代化的终身教育具有相当的灵活性，任何人在任何时刻都能够接收到形式多样的教育，任何人都可以根据自己的学习需求选择合适的时间、地点、内容和方式进行学习。乡村振兴作为我国新时代的伟大决策，其实现离不开充足的人才储备，习近平总书记强调："要推动乡村人才振兴，把人力资本开发放在首要位置，强化乡村振兴人才支撑。"终身教育体系，既能满足农村职业教育中的学历教育和短期培训，又能满足乡村人才随时随地的学习需求。在乡村振兴战略的有效推进过程中，终身教育融入农村职业教育具有不可替代的作用。

（一）农村层面：有利于渲染学习氛围，促进学习型农村的构建

乡村振兴离不开乡村社会文明。"乡风文明"目标的实现要依靠一朝一夕、世世代代的农民共同努力，那么在农村创新终身教育体系、渲染终身学习氛围、构建学习型农村社会是十分有必要的。学习型农村是终身教育在乡

村发展中的具体形式，可以使农民构建学习理念、提高文化素养，也可以更新农民的思想观念。农民可以将终身学习作为提高自我生活水平的一种方式，也可以将学习作为自身生存的一种基本需求。这种社会形态具有全员性和终身性，农民在其中既能够学有所得，也能够学以致用，用学习到的知识和技能来提升自我的精神风貌，提高农村的教育水平。将终身教育融入农村职业教育体系，能有效地提高乡村人才的综合素质，将农村人口压力转变为人口红利，以人口素质的提高来推动农村的发展，从而有助于乡村振兴的实施。

（二）农业层面：有利于培养农业人才，助力农业现代化的发展

乡村振兴战略强调要以质量兴农和绿色兴农来协调促进乡村的产业兴旺，以乡村农业的绿色化、特色化和优质化来调整农业的生产体系，推动农业的提质化发展，最终实现河北省农业农村现代化发展进程的不断提速。农业农村的现代化离不开乡村中农民思想、技能的现代化，只有农民关注到了农业农村现代化的必要性，看到了现代化的有益之处，才能在主观意识上和实际行为上助力农业的现代化发展。农民现代化是指农民要破除落后的生活习俗，实现生活习惯的转变、价值观念的更新和文化劳动素养的提升。终身教育能够更新农民的思想观念，为他们引入新时代的思想潮流，引导他们投入农村思想文化阵地的建设；能够培养他们的现代化农业技能，开拓他们的主体意识和农业创新观念；能够树立农民的政治意识和法治理念，深化农民参与农村自治的实践。终身教育为农业农村的现代化提供学习支撑，为农业现代化的实现培养了一批新时代农业人才。

（三）农民层面：有利于践行终身学习行为，提高农村人力资源质量

舒尔茨曾经指出："人力资源质量的改进是经济增长的一个主要源泉。"[①]农民是务农工作的主体，农村的人力资源质量是影响农业产出增加和生产率提高的关键性因素。终身教育理念的传播与落实，对增强农民的素质和提高农村的人力资源质量至关重要。现在是科技迅猛发展的时代，是知识爆炸性增长的时代，也是农村产业结构和就业结构不断变化的时代。新时代的特色

---

① 西奥多 W 舒尔茨. 论人力资本投资 [M]. 吴珠华，译. 北京：北京经济学院出版社，1992.

决定了农民所接受的阶段性学校教育无法满足他们长足发展的需要。终身教育理念下农民学习的时限为一生,即农民在人生的每一个阶段都可以获得系统性的学习。在理念的熏陶之下,农民可以通过"互联网+"学习、技能培训、基地锻炼等方式不断地获得新的知识和技能,例如农产品培育知识和相关的市场营销知识、现代化机械操作技能等。在乡村振兴战略的推动下,农民能够自觉地践行终身教育理念。在理念与行为的双重推动下,农民持续性地提高自身的知识素养和能力素质,增强自我的社会适应力和竞争力,在终身教育理念的引导下,在终身教育体系的支撑下,不断优化自身的能力结构,进而促进农村人力资源的持续开发,动态满足乡村发展的人才需求,进而为乡村振兴提供充足的人力资源支撑。

三、"终身教育+精准对位新型职业农民"的教育新定位

乡村振兴是一个不断改进的过程,也是不断发展变化的过程。面对时代的不断发展和科技的不断进步,农村社会的发展会出现与之相适应的新的发展需求,如人与自然的和谐绿色发展需求、基础设施建设需求、山林湖草综合治理需求等,产业方面具体包括了农村第一、第二、第三产业的融合升级需求、农业发展转变为提质导向需要、现代农业和特色农业的发展问题等。我国农业的发展也正面临着农产品供需不平衡、生产成本上升、土地资源紧缺、水资源浪费等问题,这就需要我国加快转变生产方式,从农业农村的现代化出发推动乡村振兴中乡村产业的发展、乡村治理的发展。这些转变要求促进乡村发展的人不断提高自身的素质,促进农村产业的发展。相对于资本、土地和信息等物质形态要素,"人"这一劳动要素在推动农村产业现代化、促进农村产业经济发展中占据着至关重要的地位。新型职业农民是乡村振兴过程中从事农业农村现代化产业的中坚力量,他们需要具备乡村文化、懂乡村技术、会经营、有创新理念,他们是我国农业生态化、绿色化、优质化发展的力量源泉。新型职业农民如何培育是摆在当前河北省农村职业教育面前的重要议题,也是一项新的议题。培育新型职业农民主要在政府的统筹规划下,借助农村职业教育这一阵地不断地推动。河北省农村职业教育要积极地适应

时代发展的变化，为不同年龄段的学生提供合适的教育，实现农村职业教育由封闭体系向终身教育开放体系的转变。农村职业教育定位于"培养能够进行终身学习的新型职业农民"，不仅能够精准对位农村社会和农民个体需求，还能够为我国城乡社会的一体化发展和农村社会的全面振兴提供服务。

（一）宏观定位：服务城乡社会一体化发展

2021年8月31日，住房和城乡建设部部长王蒙徽在会议上指出，截至2020年年底，全国城镇化率达到了63.89%，河北省的城镇化率已经达到了60.07%。从数据上看来，城镇化常住人口数已经超过了农村人口数。城镇化是我国经济发展过程中社会问题的外在表现，在多种因素的影响之下，城镇化发展才得到了进一步推进，其中教育尤其是农村职业教育起到了不可替代的作用，城镇化过程中的人口素质与农村职业教育的定位是紧密相关的。

在城镇化的进程中，城镇吸纳了大量的农村剩余劳动力，但是输出给农村的技术要素占比却是极小的，这样的单向流动造成了我国农村社会的落后。乡村振兴战略是我国针对城镇化进程中出现的农村衰落问题所采取的应对措施。促进城乡一体化发展，实现城乡资源的双向流动是我国乡村振兴战略的内在逻辑目标。从某种意义上而言，乡村振兴是缩小城乡差距、大力推动城乡一体化发展的重要推动力[①]。新时代，乡村振兴的核心在于"人才"的振兴，有了人才的培养和流动，才能带动乡村社会与城市社会之间的互动与发展，人才的培养离不开农村职业教育的支撑。因此，在面对我国乡村振兴战略和城镇化的发展需求时，农村职业教育要在宏观上培养能够进行终身教育的新型职业农民，为城乡一体化的发展服务。农村职业教育要在思维上摆脱二元定势，以乡村发展为抓手，统筹城乡发展，构建具有包容性的职业教育终身服务体系。在这一体系中，培训内容应该是具有针对性和特色性的，例如青龙县职教中心"送教下乡"中的教师根据气候、地理位置等特征，培养大批能够从事林果工作的新型职业农民，提高了青龙县的林果种植率，实现了青龙县农民的增收，乡村振兴正在逐步实现。这种培训从城市中引入教育资源，既能够满足河北省农村社会发展的需求，又能够为河北省城镇化的推进提供

---

① 傅兆君. 城乡一体化时代促进乡村振兴的战略思考[J]. 江南论坛，2020（9）：7-9.

充足的人力资源储备，实现城乡的一体化发展。

（二）中观定位：推动农村社会的全面振兴

"以服务为宗旨，以就业为导向"是当前我国农村职业教育的办学定位。在原来的城镇化进程推进过程中，农村剩余劳动力向城镇转移，很多农村职业教育学校以此为契机，设置较为热门的专业，将对口升学作为办学的主要定位，将城市就业作为学生的最终去向，这两者也就成了大部分农村学生接受职业教育的最终目的，这就导致了农村优质劳动力严重流失的现象，城乡之间的发展差距越来越大。研究报告显示，2010—2015年，我国初中阶段学龄人口数量以每年4.1%的速度在下降[①]。2018年的《教育蓝皮书：中国教育发展报告》显示，随着受教育人口数量急剧下滑，各类职业院校最先面临着没有学生可招的生源危机，尤其是中西部农村县域所举办的中职院校近年来出现了"举办成本高、个人回报率低"的问题，使得农村职业教育缺乏发展的动力和吸引力。

产业兴旺是重点，生态宜居是关键，乡风文明是保障，治理有效是基础，生活富裕是根本，这五者之间是相互联系且促进的[②]。要想促进这五者的全面振兴，就必须充分重视"人"在其中发挥的重要作用，以"人才"为中心点实现"土地+产业+资产"的耦合发展。因此，农村职业教育院校应该注重拓宽培养对象范围，培训对象应具有广泛性和人民性。河北省教育厅《新型职业农民培养试点工作方案（试行）》中明确规定了新型职业农民试点学校的培养范围，是在农村务农、年龄介于18～55周岁的乡村人员，涵盖了能服务于乡村振兴的经营型、服务型和技能型的职业农民，如乡村的种养殖大户、家庭农场或农家乐的经营者、乡村旅游的各类人才、返乡创业大学生和农民工等。这部分人才有来自城市的青年和中年劳动力，也有土生土长的农村青壮年劳动力。农村职业教育要基于培养对象的年龄特征和培训需求，开展针

---

① 21世纪教育研究院. 教育蓝皮书：中国教育发展报告（2011）[M]. 北京：社会科学文献出版社，2011：21.
② 何仁伟. 城乡融合与乡村振兴：理论探讨、机理阐释与实现路径[J]. 地理研究，2018，37（11）：2127-2140.

对性的教育，例如将种养大户培养成能够运用科技手段提高农业生产率的技能型新型职业农民；对家庭农场经营者进行市场营销和管理相关知识的培训，使他们具备系统的经营知识，掌握现代化的经营手段，成为经营型的新型职业农民；利用"青年振兴"计划对返乡创业大学生进行培训，让他们在不同的培训工程中积累必备的人力资本和心理资本，提高他们的综合创业素养，成为具有创新意识的新型职业农民；对于返乡农民工而言，培训可以是技能方面的，可以是创业方面的，可以是转岗方面的，也可以是农村治理方面的，使他们能够成为有知识也有技术，具有高度责任感的新型职业农民。这样一来，就能够培养从事农业产业、生态保护、有效治理等五个方面的乡村振兴人才。此外，学校在培训工作结束之后，应当定期进行追踪，掌握他们培训后的发展情况，使得他们能够在培训后学有所得、学以致用，在实践的过程中不断地进行终身性学习，以个体和群体的力量来推动农村社会的全面振兴。

（三）微观定位：精准对位农村社会和农民个体需求培养人才

乡村振兴是农业的振兴，是农村的振兴，更是农民的振兴，是解决河北省"三农"问题的重要途径。乡村振兴战略推进离不开乡村人才支撑，新型职业农民是推进乡村持续发展的主体。在过去的几年时间内，新型职业农民、农村实用人才、农村技术型人才、农民市民化等概念层出不穷，部分人也将它们认同为乡村振兴所需要的人才，这些概念上的界定偏重于农村产业的发展，忽视了农民个体的需要，忽略了农村社会的发展需求。乡村振兴并不局限于农村农业的现代化发展，乡村振兴中"产业兴旺"的内涵与范围远比农业要宽泛，农村要想实现产业振兴就必须将第一、第二、第三产业进行融合发展，构建新型农业产业模式。除此以外，乡村振兴还包括了生态、乡风文明、乡村治理等方面。新型职业农民作为助力乡村振兴的重要人才群体，其队伍的建设应该是由多类型的人才所构成的，包括了乡产业经营者、农村复合型管理人才、农业科技人才、乡村绿化专家、基层组织干部等。目前，我国的农村职业教育学校对于新型职业农民的培养，更多地侧重于农村实用人才的培训，有些地方还缺乏一定的针对性，没有对返乡创业者、青年大学生村官等人才进行有效的分类化培训①，忽视了农村社会实现全面振兴的各类人才需要。

因此，我国的农村职业教育培训应该更加精准对位农村社会和农民个体的发展需求，针对乡村振兴进程中不同类型的职业农民需求进行针对性培训。基于农业现代化的发展需求，培养人力资本质量较高的新型职业农民，尤其是培育现代化的青年农场主；对返乡大学生和农民工人员，进行"创业计划"等的培训；基于治理有效和生态宜居的乡村振兴目标，培养精英型的新型职业农民，这类人才具有更广泛的社会资源，他们既了解农村，也熟悉城市，具有一定的号召力和开拓精神。这几类新型职业农民的发展要依靠终身的学习和实践，他们在理论学习和实践锻炼的过程中不断实现自我的升华，不断地创造出更多的自我价值并发挥出更大的社会价值，推动河北省乡村振兴的全面实现。

---

① 王柱国，尹向毅. 乡村振兴人才培育的类型、定位与模式创新——基于农村职业教育的视角 [J]. 中国职业技术教育，2021（6）：57-61，83.

第七章　乡村振兴背景下河北省农村职业教育内容推进

第一节　农村职业教育内容概述

农村职业教育目标的达成，需要借助职业教育体系向学生传递相关的职业教育内容，职业教育内容应围绕教育目标去设计。教育内容是教育活动过程中的所有知识、技能、价值观、世界观和行为规范等的总体。农村职业教育内容构成既是影响职业教育教育目标实现的主要因素，也是我国农村职业教育在各个阶段所扮演角色的具体凝练。随着时代的发展，我国农村职业教育的内容不断得到充实，涌现出了多种关于农村职业教育的定义。石伟平认为农村职业教育的内容是由农业农村发展的一些涉农专业构成的，如种植养殖、水产、畜牧、药材等；刘春生认为农村职业教育的内容是由专业知识和专业技能共同构成的，涉及种植养殖、服务、运输等方面的知识与技能[①]。这两位学者关于农村职业教育内容的构成都是狭义层面上的论述，认为农村职业教育应围绕涉农产业设置教育内容。李守福从广义层面上定义了农村职业教育内容，从人的智力开发、个性发展、职业能力训练、职业道德培养等方面进行了表述。基于乡村振兴的"产业兴旺、生态宜居、乡风文明、治理有效、生活富裕"的总要求，本书在借鉴前人研究成果的基础上，提出农村职业教育应围绕乡村的建设和发展，由种植、养殖、加工等涉农产业和运输、

---

① 李小丽. 农村职业教育概念界定的现实冲突和困境 [J]. 决策探索（下半月），2017（9）：81-82.

服务、乡村治理、生态文明建设等农村建设的相关产业设计教学内容的构成，着重培养德智体美劳全面发展的懂农业、爱农村、爱农民的乡村建设者和接班人。具体从专业设置和课程设置两个方面来论述农村职业教育的内容构成，以便后续更好地分析乡村振兴背景下河北省农村职业教育内容的推进研究。

一、农村职业教育专业设置

（一）概念界定

"专业"是培养专门人才的专用术语，在中高等教育范围内，专业是在学科的基础上设置起来的，专业没有层级之分，只有范围宽窄的区别。潘懋元将专业定义为"专业是课程的一种组织形式"[①]。刘春生等人认为专业是一种学业门类，是依照社会职业分工、学科、科学技术、经济文化发展、社会发展需要进行划分的[②]。早期的教育没有专业的划分，教育为统治阶级服务，或巩固政权，或教化民众，手艺人更多的是师傅带徒弟的模式，到隋唐时期才开始有律学、算学等类似专门学院的出现，被教育学家们认为是专业分类的萌芽。社会的不断进步、生产力的不断发展，推动着社会分工的不断变化，才逐渐出现了专业分类。农村职业教育中设置的专业是学校为培养能够从事一定职业的专门人才所分设的学业门类，这些专业学位的获得是学生未来从事社会上专门职业的一种衡量标准，能够在一定程度上推动社会上专门职业的发展，且随着社会的变革不断地进行调整。以养老护理专业为例，该专业的设置是伴随着我国人口逐渐老年化的大趋势应运而生的。2015 年，全国 60 周岁以上老人占全国总人口的 15.5%，2017 年年底，河北省老年人口占河北省人口的 17%。大量老年人的养老问题使得对养老护理专业人员的需求量较大，职业院校开始开设养老护理专业，以满足社会发展的需求。

"专业设置"具有动态和静态两种含义，从动态角度而言，专业设置是一种建立与调整的过程，这种动态调整需要与社会发展变化，国家、地方政府

[①] 潘懋元，王伟廉. 高等教育学 [M]. 福州：福建教育出版社，1995.
[②] 刘春生，徐长发. 职业技术教育 [M]. 北京：教育科学出版社，2002：112.

政策的变化相适应；从静态角度而言，专业设置就是学校依据国家需要和学校条件，以市场需求为依据而开设的各种专业。依据市场发展的需求设置农村职业教育中的专业，通过职教专业培养出服务于社会发展的人才。

（二）政策依据

国家对于农村职业教育的领导采取三级管理模式，由省级政府进行宏观指导、地方级政府进行统筹规划、学校进行自主管理，形成一种自上而下的管理模式，使得农村职业教育的发展得到保障。国家、河北省不断推出关于农村职业教育的相关文件，说明国家和河北省对农村职业教育越来越重视，在政策方面给予了农村职业教育很大的支持。一系列关于职业教育的文件纷纷提出加强农村职业教育学校的建设，通过政策来调整专业设置的原则以及优化学校的专业结构。

2005年11月，《关于大力发展职业教育的决定》指出："职业教育要合理调整专业结构，大力发展面向新兴产业和现代服务业的专业，大力推进精品专业建设。"[①] 从此，国家开始加强对于农村职业教育学校专业设置的宏观调控，学校的专业设置要有利于教育教学的改革，培养各类农村实用人才服务于新农村的建设。2010年7月，《中等职业学校设置标准》规定，"设置中等职业学校，应具有符合当地社会经济建设所需要的专业"，说明农村职业教育学校中的专业设置要以当地的农村经济发展为基础，以农村市场需求为依据，培养乡村产业发展所需要的各类人才。《国家中长期教育改革和发展规划纲要（2010—2020年）》提出，要加快发展面向农村的职业教育，农村职业教育院校要加强涉农专业建设[②]。农村职业教育的主要服务范围是农村，其专业设置要避免盲目"城市化"，开设符合农村社会发展规律的专业。2016年，国家启动实施职教圆梦行动计划，利用农村中等职业学校中较好就业的专业来培养贫困家庭的子女，确保他们能够掌握一门技能，提升农村职业教育的脱贫能力。2021年，《关于推动现代职业教育高质量发展的意见》提出，要鼓

---

① 国务院关于大力发展职业教育的决定 [N]. 人民日报，2005-11-10（001）.
② 新华社. 国家中长期教育改革和发展规划纲要（2010—2020年）[EB/OL].（2010-07-29）. http://www.gov.cn/jrzg/2010-07/29/content_1667143.htm.

励学校开设更多紧缺的、符合市场需求的专业，使得农村职业教育学校的专业能够与农村产业相对接，形成紧密对接的产业链式专业体系。

（三）研究概况

我国学者关于农村职业教育学校专业设置方面进行了很多的研究，大多数都集中于农村职业教育学校在专业设置方面所存在的问题以及相对应的对策研究，部分学者还提出了农村职业教育学校专业设置的未来趋势。2008年，曹晔分析了农科类等专业结构变化的数据，发现我国农村职业教育学校的专业设置与城市的具有同构性，管理类专业设置的比例在不断加强，专业缺乏服务农业、服务农村的特色[①]。高燕南从农业产业化的角度出发，认为我国的畜牧业存在较大的发展潜力，农村职业教育应加紧完善畜牧养殖专业和其他专业的设置，培养集产品生产、加工、包装、流通为一体的专业人才[②]。2013年，薛路花通过调查河北省邢台市的农业学校，发现虽然部分院校设立了涉农专业，但专业的设置与当地的资源和产业相脱离，满足不了乡村产业发展的需求，缺乏针对性[③]。邱金林认为大部分的农村职业教育院校不愿设置农业类专业，这一做法背离了乡村振兴的需求和现代农业的发展方向，与农村地方经济的发展不相匹配[④]。以上学者的观点都说明了我国农村职业教育学校的专业设置尚存在一定的问题，没有充分考虑到农村市场与农业产业化发展的需求，涉农专业的开设和发展还有待加强。

截至2019年，河北省已经独立设置了61所高等职业教育院校，这61所学校共覆盖了河北省11个地级市。根据数据显示，河北省的高等职业教育学校包括了综合、医药、师范、语文、财经、政法、艺术、理工等8种类型[⑤]。

---

① 曹晔，冯利民．我国农村职业学校布局结构与专业结构调整分析[J]．教育与职业，2008（5）：19-21．
② 高燕南．新农村"三化"建设与农村职业教育专业设置互动研究[J]．中国职业技术教育，2010（6）：75-78．
③ 薛路花．农村中等职业教育涉农专业办学模式改革研究——以邢台市农业学校为例[J]．职教论坛，2013（19）：42-44．
④ 邱金林，韦家旭．乡村振兴背景下农村职业教育的困境与转型[J]．教育与职业，2021（16）：85-89．
⑤ 河北省教育厅．河北省教育厅关于编制发布和报送高等职业教育质量年度报告的通知

《河北省中等职业教育质量年度报告（2020）》也提出："我省中职院校专业设置的结构存在不合理的现象，如专业设置与市场的产业结构相脱离、各中职院校设置的专业趋向一致、面向未来产业的专业规划设置不足等问题。"根据《河北经济年鉴（2019）》和《河北省高等教育质量年度报告（2020）》可以发现，河北省70%以上的中等职业教育学校和高等教育学校都开设了一些热门的专业，如财经商贸类、旅游服务类、教育类以及电子信息类等，这些专业遍及了第二产业和第三产业，涉及第一产业农林牧渔类专业的开设院校却只占了20%左右，导致了第一产业类专业在校生的人数占比是最少的，培养出来的服务于农村第一产业发展的人才也是最少的。

二、农村职业教育课程设置

（一）概念界定

课程的概念从古到今，从国外到国内，有多种不同的表述。宋代朱熹曾在《朱子全书·论学》中提到"小立课程，大作功夫"，将课程当作学习的进程，没有教学方面的要求。美国杜威认为课程即活动，泰勒认为课程即学习经验。胡学增在《现代课程论纲要》中，将课程定义为六种不同的概念，即课程是一种教材，课程是一种科目或学科，课程是学习的内容，课程是为学习者提供的学习计划，课程是一种教育性经验，课程是一种预期收获到的效果[①]。在现代社会看来，狭义的课程普遍被等同于学校的学科分类，课程就是学校各类的学科内容的名称；广义的课程即能够对学习主体产生各种积极影响的各类因素的总称。

课程设置是农村职业教育的核心。课程设置就是依据一定的教育理念和课程价值观，按照既定的人才培养目标，根据学习者、社会发展和学科教学的需要，有计划地进行课程开发、教材选择、课程组织的系统化过程。课程设置既包含了课程类型及门类的设立和编排顺序，也简要规定了各类课程的

（2020年51号）[EB/OL]．（2020-12-17）．http://jyt.hebei.gov.cn/col/1410097726928/2020/12/17/1608171928703.html.

① 胡学增．现代课程论纲要[M]．西安：陕西人民教育出版社，1998.

学校目标、内容和要求。农村职业教育进行课程设置主要是以农村职业教育的教育目标为指导，以农村产业以及市场发展的需求为导向，采用不同的课程和教学方法来培养能够服务于乡村振兴和解决"三农"问题的各类职业人才。农村职业教育所设置的课程内容应该具有理论和实践的双重属性，以此来培养学生的专业知识和职业技能。

（二）农村职业教育课程设置维度

1. 通识课程

乡村振兴背景下，农村职业教育的目标主要是培养各类的职业人才。一个合格的职业人才，首先应该是一个完整的"社会性"的人。一个学习了某一专业技能的学生或农民，并不是具有了某项专业技能后就能成为新时代的职业人才，这类角色应该同时具备高素质的文化修养和人文道德，他们是努力进取、人格健全且能够为社会进步作出贡献的人，拥有积极向上的人生观和价值观。农村职业教育的生源主要是农村初中或县城高中的毕业生、留守农村的中年劳动力，他们所接受的通识教育是有限的，因此农村职业教育要设置相关的通识课程，且这些课程内容应该具备积极的人生态度指向。例如2020年河北省徐水职教中心发布的《中等职业教育质量年度报告》中提及"要稳夯公共基础课"，要求公共基础课在所有专业都要开设，且对课时进行了具体的约定，需要占到学期总课时的三分之一以上，利用公共基础课程来培养学生的基本素质。除此以外，徐水职教中心还注重校园文化的建设，利用专题会议、团队活动等来培养学生的德育，使他们成为有知识、有素质、有技能的人才。

2. 专业知识与专业技能课程

农村职业教育以服务乡村农业的发展、服务乡村人才的需求为根本目的，农民专业知识的传授和专业技能的培训是农村职业教育的重点内容。农村职业教育课程设置及教学内容应以区域性的乡村主导产业或特色产业为依托，结合河北省经济发展需求，围绕产业结构调整设置课程内容，合理调整理论课程与实践课程的比例，着眼于培养学生及农民的专业理论知识和实践技能，使教学内容符合生产实际。我国在经济发展过程中不断地涌现出新的农业技术、农业岗位和农业行业，这就需要农村职业教育能够瞄准市场需求，不断更新教学内容，积极推进课程设置和教材编写的改革，精准定位岗位需求，培养出具有专业知识和专项技能的职业人才。2010年，河北省迁西职教中心做出了省内模板，与迁西县内各职能部门及乡镇村合作，围绕迁西的产业发展和不同人群的实际需求，开展农村实用技术培训，如花卉、食用菌、大棚蔬菜等。2012年，迁西职教中心设置的果树花卉生产技术专业教学技术中，专业课程的设置都涉及了专业技能的培训和专业知识的习得，使学生能够掌握相应的果蔬花卉养殖基础技术。

职业道德是一种道德准则，不同的职业具有不同的职业道德规范，它们的表达形式也是多样的，但是它们都主要包含了爱岗敬业、忠于职守、诚实守信、遵纪守法等方面。农村职业道德课程教育作为培养职业人才的教育类型，其应该注重学生以及农民的职业道德培养。河北省的部分农村中等职业教育学校设置了"职业生涯规范""职业道德与法律"和"职业指导"等类似的职业道德课程，这几门课程都是理论学习课，学时比例是相同的，分别开设在不同的学期段，以期增强他们的职业道德意识，从而积极地自觉践行相关的职业道德行为。有些农村职业中学在课程中强调了"思政"的作用。

（三）研究概况

2007年，连建华从农村劳动力转移培训的角度提出许多农村职业教育院校所设置的课程脱离社会实际，培养出来的学生难以满足第三产业发展的需要，学校在培养人才时重理论轻实践，原有的农村职业教育课程设置优势正在逐渐丧失[1]。2009年，李文政认为部分农村职业学校偏重于文化课的学习，而忽视了技能的培养，从而导致农村职业教育发展止步不前[2]。石振红通过调查发现农村职业教育院校忽视了学生思想道德的培育，没有开设相关的思想政治教育课程和职业道德教育课程，这样会导致学生毕业后缺乏一定的社会

---

[1] 连建华. 论职业教育在农村劳动力转移中的作用及发展策略 [J]. 安徽农业科学，2007，(35)：11635-11650.
[2] 李文政. 农村职业教育发展模式与策略审视 [J]. 继续教育研究，2009（8）：55-57.

适应能力、敬业精神和合作精神①。孙翠香认为农村职业教育在促进城乡统筹发展的过程中存在培训内容错位的问题，许多院校都忽视了留守在农村的劳动者的学习需求，比如农业生产技术、健康养生、丰富文化生活、电脑技术等方面的知识②。2015 年，李冬馥以穆棱市职业技术教育中心学校为例，对农村职业教育院校涉农专业的课程设置进行了深入的思考，她认为现在的农村职业院校的涉农专业课程设置不能与当地产业紧密结合，同时还缺乏相关的实训教学③。可见，我国农村职业教育的课程设置存在个别不足，实践课程的缺乏是大部分学者都较为关注的问题，同时农村职业教育也应关注到留村劳动力的学习需求，为他们提供服务。

《河北省中等职业教育质量年度报告（2020）》提出要"推进中等职业教育学校课程设置的改革与创新"，建立校企合作的课程改革机制，动员企业技术人员参与教材开发与教学内容更新；健全工学结合的育人机制，在教学目标中加入"劳模与工匠精神"的培养；形成多方参与的评价机制，综合评价学习者的职业道德修养、专业技能水平等，以"产教融合"促进学习者的综合发展。根据河北省发布的《高等职业教育质量报告（2020）》，发现 2019 年河北省高职院校计划设置 46996 门课程，纯理论课程的开设占比为 20.51%；理论+实践课程开设了 29522 门，占比为 62.82%；纯实践课程仅开设了 7835 门，占比为 16.67%④。根据数据可以发现，河北省的高职院校所开设的理论与实践相结合的课程还是较多的，纯实践课程的开设数量是最少的。

---

① 石振红. 当前农村职业教育存在的问题及对策——以大荔县为例 [J]. 新西部，2010（7）：170.
② 刘佳佳，孙翠香. 农村职业教育在促进城乡统筹发展中的问题与对策 [J]. 厦门城市职业学院学报，2014，16（1）：16-20，25.
③ 李冬馥. 关于农村职业教育涉农专业课程设置的思考 [J]. 牡丹江教育学院学报，2015（5）：37-50.
④ 河北省教育厅. 河北省教育厅关于编制发布和报送高等职业教育质量年度报告的通知（2020 年 51 号）[EB/OL].（2020-12-07）. http://jyt.hebei.gov.cn/col/1410097726928/2020/12/17/1608171928703.html.

第二节 乡村振兴背景下河北省农村职业教育服务内容的新需求

从"乡村振兴"在党的十九大报告中被提出，到国家正式挂牌乡村振兴局，再到 2021 年《中华人民共和国乡村振兴促进法》的通过，表明乡村振兴是我国长期发展的战略之一，不是一蹴而就的短期任务。那么，产业结构调整就是基础，否则就无法聚焦人才；人才队伍建设就是关键，否则就无法促进农村产业的发展；农村职业教育发展就是保障，否则就无法为乡村振兴培养新型职业农民的人才支撑。在乡村振兴背景下，农村职业教育必须考虑到乡村发展过程中乡村社会的发展续期和人才的个人需求，更新其教育的服务内容。

一、乡村振兴背景下的社会需求

（一）乡村振兴需要精准定位农村第一、第二、第三产业，培养各类人才

河北省是第一个建立起县级职教中心的省，是我国农村职业教育发展的先者。2014 年以来，河北省采取了一系列的措施，建设了一批高水平的职业教育学校，使得整个省的职业教育水平得到大幅度的提升，农村职业教育也得到了一定的发展。但是从现实情况来看，河北省城乡之间职业教育发展失衡的问题还是比较严重的，比如在教师队伍建设方面，城乡教师的结构构成如图 7-1 所示。城市职业学校正高级职称教师占比和硕士以上学历教师占比显著高于农村职业学校。

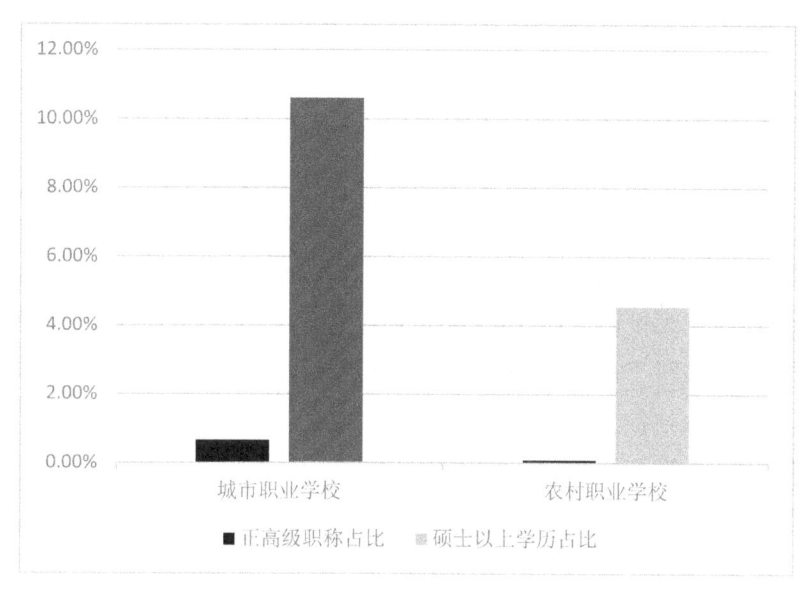

图 7-1　河北省职业院校城乡教师师资结构图

在专业设置方面，河北省的农村职业学校的涉农专业数量大幅度减少，与第一产业发展需求不匹配，农村职业教育学校所设置的专业没能很好地服务于县域经济和乡村发展①。乡村振兴战略的实施，就是为了缓解我国社会的根本矛盾，缩小城乡之间的发展差距，包括经济方面、教育方面以及生活质量方面等。从中共中央、国务院下发的关于乡村振兴的文件中可以发现，乡村振兴的人才需求需要与乡村发展中农村产业结构的调整相适应，涉及第一、第二、第三产业的融合发展，比如在第一产业具体包括了农业种植能手、鱼类养殖类人才等，第二产业具体包括了乡村制造工匠、农村建筑人才等，第三产业具体包括了农村电商人才、文化旅游服务能手、新型科技人才等。但是，在农村职业教育院校很少设置关于第一产业发展的专业和课程。河北省的 61 所高职院校中仅有 13 所学校设置了农林牧渔类专业，高职院校中第一产业的在校生人数仅占 1.42%②。《河北经济年鉴（2019）》的数据表明，中

---

① 孙青，谢勇旗. 河北省城乡职业教育发展：失衡、原因及对策 [J]. 石家庄职业技术学院学报，2021，33（3）：14-17.
② 河北省教育厅. 河北省教育厅关于编制发布和报送高等职业教育质量年度报告的通知（2020 年 51 号）[EB/OL].（2020-12-07）.http://jyt.hebei.gov.cn/col/1410097726928/2020/12/17/1608171928703.html.

职院校中的农林牧渔专业学生为 6552 人，占当年中职院校在校生总人数的 1.17%。大部分学校基本都以"升学"和"对口就业"为目标设置了学前教育、会计、计算机等热门专业，导致学校的专业和课程设置的趋同化现象严重，各校的专业特色不明显，第一产业的涉农专业设置严重萎缩，关于第一、第二、第三产业的专业及课程的设置也处于失衡状态。

因此，农村职业教育学校要适应农村产业和新行业发展的要求，依据乡村振兴的人才需求设置专业，精准定位农村第一、第二、第三产业培养各类人才，例如针对农村"农产品＋电子商务"和乡村物流行业等的发展，设置相关专业和课程，引导各类专业学生与农产品、电商企业和物流公司进行对接，促进乡村农产品的线上流通，从而带动农村第一产业和第三产业的融合发展。

（二）乡村振兴需要加强农村的有效治理，建设绿色农村

农村的有效治理不仅承载着农村社会及经济的发展，也涉及城乡融合发展过程中城市经济的发展。农村的有效治理能够为全社会的绿色发展提供关键的环境资源和转变路径。由于我国城镇化的边界不断在向农村扩展，农村不仅是为城市快速发展提供多种要素与资源的补给地，更成了城市消化废弃物的承受地，长此以往，农村的生态环境严重受损，部分农村地区已经出现了土地酸化、河流发臭、空气污浊、重金属排放超标的现象[1]。河北省虽然遵循国家政策要求，开展了一系列的农村环境的综合治理，在一定程度上改善了农村的环境面貌，但河北省的农村生态环境仍然处于一种严峻的状态，严峻性体现在水资源短缺与污染、土壤及大气污染、农村人居环境恶劣等方面[2]。首先在水资源方面。有学者通过研究发现，在河北省的部分农村地区，地下水的水质受到了严重影响，从而威胁到河北省农民的饮水安全[3]。这主要是因为未经处理的生活污水和工业废水被大量排放。其次在于大气污染方面。一到冬天，河北省农村地区因为没有系统的供暖设施，大多数住户都选择使用高挥发的劣质煤，

---

[1] 杨文杰，巩前文．城乡融合视域下农村绿色发展的科学内涵与基本路径[J]．农业现代化研究，2021，42（1）：18-29．

[2] 耿卫新，常芳楠．河北省农村污染分布现状及治理对策[J]．河北农业，2015（5）：60-62．

[3] 马冬雪，孟树标，白晓艳．河北省生态环境现状及其治理对策[J]．河北林业科技，2007（5）：37-39．

借助传统炉具或灶膛进行取暖或者做饭,农村年耗煤量约为4000万吨,所以河北省农村地区冬天的污染物排放量就居高不下,造成农村地区严重的大气污染[①]。最后在于农民的居住环境方面。长期以来,河北省大部分农村地区的生活垃圾、农村污水都是任意排放的,有些村庄内也没有设置固定的垃圾收集地,农民就将垃圾放在家门口,甚至路边;大部分农村家庭的厕所多是旱厕,其建造与国家卫生标准相差甚远;村庄内大部分都是农业用地,绿化用地的范围较少,农民缺少"绿色"发展的生态理念[②]。

绿色发展是乡村振兴的基本法则,2018年中央一号文件中明确规定了要实现农村的绿色发展,加强农村突出环境问题的综合治理,打造人与自然和谐相处的生命共同体。乡村振兴是农村经济的振兴,更是农村生态环境的振兴。因此,在乡村振兴的背景之下,农村职业教育要在教学内容中加入"绿色发展"的理念,在日常的教学和培训工作中,将"绿色发展"的理念渗透给学习者,让他们有意识地参与到农村的有效治理中,配合政府部门,改造农民的居住环境,积极主动地解决水污染、大气污染等生态问题,共同建设绿色农村。

(三)乡村振兴需要建立农村教育社区,传播健康生活的理念

有研究者通过调研河北省农村职业教育学校的专业设置,发现其调研的三个学校所设置的专业因地区主导产业发展的不同而有所差异。A农村职业教育学校设置了学前教育、会计、电气技术应用、服装设计、旅游管理、焊接技术应用、机械加工、畜牧兽医和计算机等10个专业;B农村职业教育学校设置了航空服务、服装制作、会计电算化、机械加工、计算机、建筑施工、金融、农村电气、农业机械使用与维护、数控技术、铁道运输、畜禽疾病防治和农村经济与综合管理等16个专业;C农村职业教育学校设置了机电技术、机械加工、钢铁冶炼、计算机、会计电算化、汽车维修、农村经济综合管理、现代农艺技术等10个专业。对三所学校开设的专业进行汇总发现,河北省农村职业教育学校均开设了相对热门的专业,而开设的涉农专业却较少,这样

---

① 杨春娟.河北省农村生态环境现状与治理对策[J].经济论坛,2014(11):24-28.
② 赵丽娜,翟美珠,刘杰.河北省农村生态环境现状研究[J].粮食科技与经济,2018,43(10):79-80,107.

一来就会导致农村职业教育的教学内容只适合部分接受学历教育的学生，没有充分考虑到留在农村的劳动力的学习需要，农村职业教育的培训内容与留村农民的学习需求存在错位。有学者发现，留在农村的人们除了想学习农业生产技术、劳动技能以外，还想学习更多关于健康养生的知识、丰富文化生活的知识以及电脑技术知识。

农村职业教育作为提高农民素质和生活效率的重要途径，除了举办相关的职业技能培训以外，还应该根据农民的学习需求进行相关的座谈会和开展关于生活教育的讲座，向留在农村的农民传播现代化的健康的生活方式，或组织农民观看相关的影视作品，丰富他们的业余生活。农村职业教育的重心还是在培养农民的职业技能上，学校可以与政府合力建立区域性的农村教育社区，将业余生活知识、简单的信息技术教育交给社区来进行，这样一来不仅能够让学校培养农民的职业技能，还能够利用农村职业教育促进农民的生活理念转变，达到"乡风文明"和"村民自治"的乡村振兴目标。

二、乡村振兴背景下的个人需求

（一）基础文化方面的知识

有研究者通过调研河北省秦皇岛市和唐山市的三所农村职业教育中职学校的发展情况，发现通过专业学习后，部分学生所掌握的专业技能与预期目标之间存在较大的差距。中职学生的技能学习水平偏低，这主要是由于农村职业教育学校中的学生大多数是中考的落榜者，他们在初中阶段对于文化课的掌握就不牢固，所以他们在中职学校学习文化课也就比较吃力。同时，中职专业课的学习需要理论与实践相结合，他们拥有一定的动手能力，在课堂中较为积极地参与到实际操作的学习中，但是由于他们缺乏理论文化知识的支撑，所习得的专业技能也是"照猫画虎"，无法通过迁移形成自己的知识，即使在课堂上学会了，在以后工作过程中也难以有效利用[①]。这样一来，就会

---

① 马丽飞. 新形势下河北省农村职业学校发展对策研究[D]. 秦皇岛：河北科技师范学院，2017.

导致学生的学习效率低下,从而使培养出来的人才与农村产业发展需求不匹配,农村企业很难聘用到理想的员工,学生在毕业后也难以进入预期的企业工作。

因此,农村职业教育学校应从乡村发展中乡村人才的个人发展需要出发,以提高乡村人才的实践能力为出发点,设置相应的文化课程,增加学生理论知识方面的储备,使得学生在动手操作时能够有理论和文化的支撑。乡村振兴背景下乡村发展所需的新型职业农民,应具备较高的文化素质和较强的创新实践能力,农村职业教育学校要充分发挥教育的个性化和社会化功能,培养他们的职业意识和角色,使他们成为有知识的技能型人才。

(二)实践操作方面的知识

关于农村职业教育学校的教学内容方面,学生群体从个人方面进行了分析,他们认为专业的课程设置与区域内特色产业的联系不够紧密,且在访谈中有部分学生提到,现有的课程仍然是以校内的理论课或实践课为主,实践课与当前农村产业发展的实际需求也有一定的出入,且理论课的学习课时远大于实践课的课时;对教师的访谈中有部分教师提到,现在农村职业教育学校所开设的实习课基本上都以去企业参观见习为主,真正的实训课是少之又少的,农村职业教育与普通高中教育的同质化现象太严重[①]。通过对河北省高等职业院校教学计划内开设的课程进行统计发现,2019年实践课开设门数占总课时的16.67%,较2018年开设的实践课程有所提高。从实践课的开设来看,河北省农村职业教育已经意识到实践能力的重要性,在课程开设方面作了一定的调整,以适应未来乡村发展的人才需求。

因此,学校应该遵循学生的学习需求,合理设置理论课程与实践课程的比例,增设相应的具有专业和区域产业特色的实习课程,教授学生实践操作方面的知识,使得农村职业教育学校的课程设置得更加全面完整。在乡村振兴的背景下,农村职业教育的内容应该遵循农村经济社会的发展要求,在教学内容上要体现出对新型职业农民和农村实用人才培养的灵活性,合理安排

---

① 吴梦涵. 乡村振兴战略下农村职业教育发展问题与对策研究 [D]. 石家庄:河北经贸大学,2020.

学生的学习时间，形成系统的实践教学体系，带领学生去企业、农田等实践现场感受其专业的应用性。

（三）农业科技方面的知识

农业科技知识是实现农业农村现代化的必备知识，是影响农村社会进步、农民实现增收的重要因素。乡村振兴战略的实施需要农村产业的现代化，需要农民具备现代化的农村产业知识。省及县财政部门应该加大对农村职业教育的投入，在基础设施和教师培训方面，促进农业科技知识在农村职业教育中的传递，满足乡村发展中新型职业农民对农业科技知识的需求，为乡村振兴战略的推进提供人才保障。但由于各地财政情况不同，部分地区的职教投入不足。有研究者通过调查河北省盐山县的职教中心的教育经费和教育事业费发现，已经连续两年均低于义务教育和普通高中的经费分配[①]，这样一来就会导致该县的农村职业教育办学经费长期处于紧缺的状态。同时通过走访发现，河北省盐山县的农村职业教育学校教学设备相对老旧，已购置了8年及以上，所以很多现代化的教学方法是难以运用的，教师也无法将高端和高水平的农业技术向学生讲解明白，学生也难以获得与农业现代化发展相匹配的农业科技方面的知识。

因此，省政府及县财政部门应该将对农村职业教育的支撑落实到地，根据各地农村的情况和学生及农民的实际需要来设置专业、设计课程、实施培训，积极改善学校的办学条件，为学校购入新的现代化教学设备，创设学生在学校习得科技知识的环境。

第三节　乡村振兴背景下河北省农村职业教育内容的构建

近几年来，随着我国提出乡村振兴战略以及农业现代化的发展速度逐渐加快，对农村发展所需要的人才提出了更高的要求，同时也加大了对于农业

---

① 袁建成. 乡村振兴战略背景下河北省农村职业教育发展研究 [D]. 保定：河北大学，2020.

技能人才的职业资格认定工作。到 2019 年年末，我国一共组织了 700 万人次的农业职业技能鉴定，其中有超过 650 万人获得了国家鉴定证书[①]，这说明我国农民的职业技能鉴定通过率还是较高的，我国农业技能人才的队伍也在不断扩大。但是，这其中来自农村地区的技能人才只占了少数，获得中高级资格证书的人更是少之又少，许多农村人才所掌握的农业职业技能刚刚处于基础的"入门"状态。因此，为了培养出更多掌握"高级"技能的农村人才服务于乡村振兴，农村职业教育学校应该根据河北省的社会需求和个人需求，设置相关专业和课程，构建教育内容。

一、专业设置的原则导向

农村职业教育是一种以就业为导向、以服务农村发展为宗旨、以能力培养为本位、以产学研为基本途径、以培养新型职业农民为目标的教育类型。乡村振兴不仅是农村产业的振兴，更是农村及农民发展的全面振兴，在乡村振兴战略的实施过程中，教育就是基础，人才就是关键。为了让农村职业教育能够满足乡村振兴背景下的各类人才结构的需求，农村职业教育学校要重新考虑其专业设置，在专业设置上遵循以下原则。

（一）因地规划原则

周文佳指出，河北省各地职教中心开设专业重复雷同，热门专业较多，而冷门专业相对不足，这就导致了各地专业设置与经济发展的脱节[②]。河北省农村地域的差别较大，各地农村所具有的自然资源、优势产业和传统文化等都是各异的，有些地区的果蔬业较为发达，部分地区畜牧业占据的比重较大，还有些地区的渔业较为丰富。不同地区的特色产业也五花八门，如石家庄赵县的雪花梨，秦皇岛昌黎的葡萄、山海关的大樱桃、卢龙的甘薯等。因此，

---

① 付华，李晓乐. 乡村振兴视阈下农业技能人才培养现状及对策研究——以河北省邢台县为例 [J]. 山西农经，2020（19）：46-47.
② 周文佳. 区域经济视角下河北省县级职教中心的功能定位思考 [J]. 石家庄铁路职业技术学院学报，2015，14（4）：80-82.

各区域内的农村职业教育就应该因地制宜，根据区域内的资源优势设置专业，培养出能够服务区域产业更强发展的实用人才，真正地发挥农村职业教育"为农服务"的优势。农村职业教育的专业设置不仅应该具备国家规定的同一性，更应该具备与本地优势产业发展相结合的灵活性，依据区域和学校实情，从现实出发找出自我特色，在专业设置上走具有区域特色的道路，依靠本校的区域特色育人，助力区域农业产业的发展。

因此，县级以上的教育行政部门要依据乡村振兴战略的总目标，坚持因地规划的原则。例如河北省张家口市以畜牧业和旅游业为主要产业，张家口市的农村职业教育学校设置了旅游管理类专业和畜牧类专业，培养了开发旅游产品和预防与治疗牲畜疫病的专业人才，这两个专业的设置与发展不仅带动了张家口市内导游、动物养殖等相关岗位的发展，更加促进了张家口市农村畜牧及旅游产业和农村经济的发展。张家口市政府也提出要"通过促进旅游产业的发展带动区域经济的整体发展，以旅游产业的关联效用推动农村产业结构的调整"。同时，根据2021年张家口市统计局发布的数据来看，在第一季度中，张家口市的畜牧业发挥了明显的支撑作用，同比增长了5.3%，为全市的农村产业经济作出了巨大的贡献[①]。基于此，河北省农村职业教育的专业设置，需充分考虑各乡镇的办学条件与人才需要，寻求各地三个产业融合发展的契合点，精准对位第一、第二、第三产业的融合发展，合理地进行专业设置，加强涉农专业的设置力度，避免同一个县内专业设置的重复交叉。

（二）稳定调整原则

由于教育具有连续性和周期性的特质，不同的专业所具备的师资结构的设备条件也是不同的，这就要求专业具有相对的稳定性。一个专业从设置到初具规模，需要大概3~5年的时间，其间需要耗费大量的精力、物力和财力，取得较好的效益则需要10年时间。2010年，河北省的农村职业教育学校中已开设18个省级特色骨干专业，这些专业能够瞄准市场需求，及时作出调整，

---

① 张家口市统计局. 张家口市一季度农业生产统计分析报告[EB/OL].（2021-04-28）. http://tjj.zjk.gov.cn/content/2021/120564.html.

不断培养出市场所需要的实用人才[①]。农村职业教育要发展，其专业设置、教学方式及内容等都应该与经济和社会的发展相适应。乡村振兴是农村产业、生态、人文和农民生活的综合振兴。在乡村振兴的背景下和农业现代化发展的关键阶段，河北省农村职业教育院校要切实考虑到农村社会和个人的发展需求，针对农村社会存在的生态环境问题和农民的美好生活需求等设置相关的专业，扎实培养投身于农村有效治理方面的人才、建设美丽宜居的乡村生态环境的专业人才、促进农村产业现代化的产业发展人才。河北省承德市的中等职业教育学校就建立了专业设置的动态稳定调整机制，根据本市的农村生态问题和农业新技术的出现，确定了县职教中心服务于"1+2"的特色产业的发展思路，设置了文化旅游、清洁能源、绿色生物健康等方面的专业[②]。河北省各地的农村职业教育学校设置具有针对性的专业，能够切实地解决本区域存在的主要的农村社会问题和农民的生活问题，例如环境工程、环境科学等专业。与此同时，学校还需要具有一定的追踪意识和预测意识，能够及时追踪专业培养出来的人才的就业情况，预测到农村社会的发展需求，根据乡村振兴的人才需要和农村社会的变化及时地调整专业，从而设置灵活度够、质量好、规模稳定的专业。

（三）多元效益原则

我国农村是一个较大的市场，需要大量的具有不同技能的实用人才来推动乡村振兴，这就需要农村职业教育有一个大的发展前景，需要设置各种规格、不同范围的、能够适应新形势下农业发展的专业来培养各类人才。同时，学校在设置专业时要考虑人才培养的投入-产出问题和人才参与经济活动的回报率问题。在教育成本固定的情况下，培养出越多的农村实用人才，人才培养的效益才会越高，人才在投入农村产业的生产过程中，才会产出较大的社会效益和经济效益。截至 2011 年 9 月，河北省参与实施了"双带工程"的

[①] 河北省教育厅．河北省进一步探索农村职业教育发展新路 [J]．中国职业技术教育，2010（4）：12-16．

[②] 承德市教育局．承德市教育局中等职业教育 2020 年度质量报告 [EB/OL]．（2021-02-28）．http://jyyj.chengde.gov.cn/art/2021/2/28/art_500_686150.html．

农村职业教育学校有 150 多所，在各地设立 1500 多个教学点，每年招生达到 10 万人。同时在省委省政府的统一规划下，部分院校开设了不同的具有区域特色的种植技术、养殖技术、农业经济管理、农业机械化等专业，并细化成 56 个专业方向，这一做法有力地培养了各方面的农村实用人才，促进了河北省新农村的建设[①]。乡村振兴的人才需求是多样的，包括了从事农村第一、第二、第三产业的新型职业人才、农业生产经营人才、农村公共服务人才以及农村治理人才等。一个专业的设置并不是为了培养单一技能的人才，不同的专业设置之间应该具有一定的关联性，比如农村经济和农业经济管理这两个专业，虽然具体的培养方向是不同的，但是两个专业从宏观层面上来说，都是为了农村经济的发展培养人才。因此，农村职业教育学校要依据多元效益原则，结合乡村发展和社会发展需求，动态地调整专业设置。

二、课程设置的改革方向

（一）指向社会需要的课程设置改革

乡村振兴的实现离不开现代农作物、畜禽、海洋渔业资源开发、林木种业等方面的基础职业技能型人才，也离不开进行物联网试验示范和遥感技术应用、开发高端农机装备制造以及建设现代化农产品冷链仓储物流体系等方面的高端科学技术型人才，因此农村职业教育应该拓宽其农业技能培养的范围，不再仅仅局限于培训农民关于种植、养殖等方面的动手技能，要通过与高等院校、科研院所等事业单位的合作，将农业科技知识和专业技术人才引入学校和农村，深入实施农业科研杰出人才计划和杰出青年农业科学家项目，培养农村第一、第二、第三产业融合发展所需要的人才。基础职业技能型人才的培养可以定位于留在农村的农民，他们的年龄以及学习状态都决定了他们是新型职业农民的潜在培养对象，通过多次的职业培训培养他们的职业技能，让他们能够进行科学的种植和养殖，提高种植及

---

① 席东梅，李术蕊，张志增，等.创新模式 壮大农村职业教育 发展生产 建设社会主义新农村——河北省开展送教下乡实施"新农村建设双带头人培养工程"综述[J]. 中国职业技术教育，2011（28）：18-25.

养殖的存活率。高端科学技术型人才可以定位于落榜的初高中毕业生，根据教育和人的身心发展规律，初高中毕业生的流体智力和晶体智力正处于发展的上升时期，他们这个阶段的认知能力、记忆、推理能力以及联想力、语言文字能力等通过学习和培养都能够得到很好的发展，因此农村职业教育学校应联合政府和科学院等，设置具有针对性的课程，有目的有计划地对他们进行农业科技方面的技术培养，使他们成为能够助力农村产业发展的科学技术型人才。

乡村振兴的总体要求是实现农村经济建设、文化建设、社会建设、政治建设和党的建设的统筹发展，基础职业技能型人才和高端科学技术型人才的培养能够推进农村经济的建设，但对于文化、政治及社会等方面的建设所作出的贡献却是有限的。因此，农村职业教育除了聚焦于农业技能人才的培养外，还要在课程及培训中添加乡村治理、党政服务、名著阅读以及健康生活等内容，关注他们精神层面的生活，让学生及农民在学习技能的同时接受"绿色发展"理念、党政文化、爱国主义精神以及现代生活文化知识的熏陶，在生活中自觉践行爱国主义行为，从生活垃圾分类等小事开始维护农村的生态环境，利用阅读、集体活动等途径来丰富自己的业余生活，从而积极地推进农村社会的政治建设、生态建设和文化建设。

（二）指向个人需要的课程设置改革

1. 指向人格本位

乡村振兴是为了"人"的振兴，更是依靠"人"而实现全面振兴，"人"的因素才是我国实施乡村振兴的关键。因此，在社会发展的大环境背景下，农村职业教育课程设置要充分考虑到"人"的需求，坚持用课程来塑造全面发展的人，不能仅仅将技能和社会发展需求作为课程设置的唯一指标，还要让课程内容中蕴含着"人"的素质的提高，培养新时代拥有"完美人格"的职业农民。农村职业教育培养的是具有专业技能、专业精神以及专业素质和专业理想的职业人才。农村职业教育的课程设置要立足于学生和农民的存在，关注学生和农民的学习需求，增加基础文化方面的知识学习，提高他们的人文素质，提高他们的学习及生活质量，以课程促进人的发展，为他们提供现代化的生活知识以及终身教育的方式，使他们能够始终跟上时代的脚步，不被社会淘汰。以"人"的发展来促进农村社会的不断发展，为乡村振兴提供更多的人才支撑，注入更多的"源头水"。

2. 重视实践锻炼

很多学者都提出农村职业教育的课程设置存在重视理论教学、轻视实践锻炼的问题，固守于理论阵地的课程设置会扼杀掉个体的动手能力和创新精神。教育的本质在于实践，实践活动是间接经验与直接经验实现双向互动的过程。乡村振兴需要的人才是有知识、有技术、有理论也有情怀的实践型人才，这样的人才既能够进入城市，更愿意留在农村，能够为农村社会的发展作出贡献。但是，现在大多数的青年学生都想要逃离农村，去城市打工。这样一来，乡村振兴的人才需求就得不到满足。农村职业教育的意义就在于使得学生在课程的实践锻炼过程中理解职业的意义，建立个体的职业观，理解乡村振兴的发展需求，成为能够助力乡村振兴战略的实践型人才。因此，农村职业教育院校在进行课程设置时要注重对学生及农民实践能力的培养和培训，在理论学习的基础上，培养他们的乡村情怀，锻炼他们的实践操作能力。农村职业教育学校应该根据自身条件设置占有一定比例的专门实践课，这种课程要以学生的能力培养为首，通过自我锻炼和教师的指导来促进农村学生的实践技能掌握。

三、乡村振兴背景下河北省职业教育课程设置案例

乡村振兴的关键在于人的振兴，农村职业教育是一种为"农"的专门教育，是乡村振兴人才培养的重要途径。乡土课程以农村特有的自然风光、物质资源、文化历史、风俗习惯等乡土资源为依托，是农村职业教育课程体系中的重要组成部分。乡土课程的开发不仅是传承乡土文化、发展农村职业教育、建设乡村社会的重要途径，更是落实乡村振兴战略的必然趋势。农村职业教育以"乡土课程"的开发为途径，培养"留得住"的新时代农村学生，促进我国农村农业农民优先且一体化发展。

（一）乡土课程开发是落实乡村振兴战略的必然趋势

1. 现实取向：助推乡村振兴

据有关部门的数据显示，目前农村各类实用人才1690多万人，仅占农村劳动力的3.3%[①]。乡村管理人才、专业技术人才、创新人才的缺乏是我国乡村振兴战略视域下的现实人才困境[②]。乡村振兴是离不开产业振兴的，而产业振兴则需要充足的人力资本的支撑。乡土课程的开发可以在现实层面上培养农村学生的"爱乡情怀"，培育"留得住"的乡村人才。通过乡土课程的开发与学习，带动学生关注乡村文化，巩固农村学生的精神家园，使得农村学生能够在学习和实践中感受到乡土文化的魅力，帮助他们树立对自己家乡的自豪感，保持自己对于助力家乡建设的向往。

2. 文化取向：重构农村学生的文化结构

学校教育的发展离不开文化的发展，学校文化不仅是促进学校发展的动力，更是一个学校的灵魂[③]。农村职业教育学校通过乡土课程的开发与内涵建设，引导农村学校充分认知并感受家乡自然风光、人文情怀、文化历史等方面的魅力，通过视觉、感觉和触觉等方面全方位地感受家乡的特色、朴实和美丽，帮助农村学生重构他们的文化结构，利用乡土课程来培养他们的乡土文化意识，加强乡土认同感，最终以实际行动践行自己的"乡土认同"，积极投身于美丽农村的建设，推动"乡村振兴"的实现。

3. 实践取向：培养学生的实用技能

乡村振兴的实现必须从根本上解决农村经济发展落后的问题，农村经济的发展是通过本土化人才的头脑和双手所创造出来的。培育植根乡土的有知识、有技能的本土化实用人才是农村职业教育应对乡村振兴的重要任务。农村职业教育的乡土课程，立足于乡村实际和农村生活，挖掘多样化的乡土课程资源，通过理论和实践，获取本地乡村振兴所需的实用技能，在实地的参观与参与中获得直接性的学习经验，锻炼自己的动手能力并培养自己的实用

---

① 王浩. 农民培训要接地气 [J]. 农村·农业·农民（B版），2018（2）：6.
② 王富忠. 乡村振兴战略视域下乡村人才机制建设研究 [J]. 农业经济，2020（8）：48-50.
③ 韩小凡. 从区隔走向共生：乡村学校文化建设的选择 [J]. 当代教育科学，2021（3）：44-50，78.

技能，以便日后能够为当地的农村社会经济发展作出一定的贡献。

（二）农村职业教育乡土课程开发现状

1. 教育管理水平较低，给予的专业指导相对乏力

通过对秦皇岛市四县的农村职业教育学校的专业设置进行调查发现，学校较为热门的专业都是与城市企业对接的旅游管理、学前教育、机械加工等，学校将大部分精力都放在了升学的学历教育上，导致了学校课程内容的理论化，专业设置缺乏针对性，课程内容缺乏创新性。73%的教师认为教师之间的团体合作性是较弱的，75%的学生没有参与过乡土课程开发的过程。成功的乡土课程开发离不开多方力量的支持，乡土课程的开发需要大量的财力、物力和时间的支持。农村职业教育院校的整体教育经费是缺乏的，学校对乡土课程开发的投入支撑不足，且乡村振兴相关团体参与不足，导致了乡土课程开发的"表面化"，有相应的课程却没有相应教材的支撑。农村职业教育学校在乡土课程开发方面缺乏专业理论和技术的指导及培训，很少有专门课程专家能够去农村为教师、学校进行专业的课程开发培训，教师课程专家之间的对话和交流是缺失的，学校依靠自身的能力来进行乡土课程开发，容易导致乡土课程开发的"空泛化"和"低效化"。

2. 观念认知偏差，缺乏应有的开发能力与参与意愿

在乡土课程开发的基本理念认识上，大部分教师能够理解乡土课程开发的内涵。75.23%的教师认为乡土课程开发的主要目的是发展学生的兴趣特长，42.3%的教师认为乡土课程的开发是为了体现学校的办学特色和促进教师的专业化发展，43%的教师认为自己不能胜任乡土课程开发的相关任务，对自己的能力持否定的态度。作为乡土课程开发的主要参与者，大部分农村职业教育院校的教师参与乡土课程开发的实战经验是不足的，他们认为自己难以胜任乡土课程开发的相关任务。乡土课程开发需要经历一个长期的调研、设计、筛选、改造、整合、实施、总结、改进的过程，而相当数量的教师认为被各种各样的教学任务和管理工作束缚住，已经耗费了太多的精力，没有其他的时间和精力再参与乡土课程的开发了，同时他们自身的参与积极性也不是很高。同时地处农村的教师很少有机会听取专家讲授有关乡土课程开发的理论与技能，因此他们所具备的理论知识与能力技能也是不足的。

调查数据显示，71.4%的农村职业教育教师表示基本上没有机会去接受专门的课程开发专家的指导，没有机会与专家进行深入的交流。培训作为提高教师能力和促进教师专业化发展的有效途径，教师所期望的乡土课程开发培训包括增加横向的参观学习和专家指导学习，提供一定的物力、财力政策支持，动员教师之间进行一定的团体合作，培养教师的自主探究意识，提供一定的学习条件和学习环境。学校与政府所提供的物力、财力支持是教师群体参与培训的最大动力，学习环境和学习氛围的创造与一定的参观学习和专家指导学习次之，教师自主探究精神与合作意识也是教师参与乡土课程开发培训的主要动力来源之一。教师所期望的有关乡土课程开发的培训是由学校、政府、教师学习共同体之间的协同努力来构建的。

3. 学生了解程度不深，缺少实际的参与经验

乡土课程开发的最终目的也是学生的发展，而通过调查发现农村职业教育学校乡土课程开发仅在"实施"这一步骤的时候才体现了"学生主体"的特点。农村学生在学习乡土课程知识之前，仅有12%学生非常了解当地的特色，大部分的学生对于当地乡土特色的了解仅仅停留于"道听"层面，绝大部分的学生对于乡土课程开发的价值理解也处于一种迷茫的状态，14.8%的学生完全不了解学校当地的乡土特色。在"乡土文化关注程度"方面的调查中，仅有6%的学生会较为关注学校乡土文化的传播与传承，剩下的同学不会刻意地去关注和学习乡土文化，他们不清楚学习乡土文化对他们未来的发展而言有什么用，乡土课程的开发是否有利于他们未来的发展。秦皇岛市农村职业教育学校的学生对于当地乡土特色的内容、价值等方面的理解程度是偏低的。75%的学生都表示他们没有真正地参与过乡土课程开发的过程。调查中，80%的学生都期待"做中学"，能够将理论知识应用在现实场景之中，能够设身处地地"参观乡土""感受乡土""学习乡土"。

（三）促进农村职业教育乡土课程开发的对策

1. 社会层面：呼吁多方力量参与，为乡土课程开发营造社会支持

首先，地方政府要为乡土课程开发提供法律政策、财力、物力的支持，

建立健全农村职业教育学校乡土课程开发的财政投入保障制度，对于真正参与乡土课程开发任务的农村教师，在工资绩效机制和物质条件等方面给予适当的补贴和鼓励，保护教师参与的热情与积极性，保障教师在乡土课程开发过程中的引领作用；地方教育行政部门要切实落实"三级管理"课程政策的实施要求，既保持对于国家上级政策的执行力，又加强对于学校下级乡土课程开发的监督力、指导力和评价力。其次，教师要积极自觉地参与相关培训，提高自身的教学素养，深入了解学生的学习需求，带领学生共同参与乡土课程的开发过程；校级管理人员要沟通好各方面的力量，动员教师参与乡土课程开发，为其工作的开展提供氛围、环境方面的条件支持。最后，课程专家要为参与乡土课程开发的教师提供关于课程编制技术知识的指导，及时地与教师进行交流和评价反思；农村企业要与学校进行对口合作，让学校了解他们的用人需求，同时他们也要为乡土课程的实践安排提供场域支持。

2. 学校层面：创新教育管理模式，为乡土课程开发提供后台支撑

农村职业教育学校作为乡土课程开发的重要后台支撑，创新教育管理模式能够为农村职业教育学校的乡土课程的开发提供长久的动力支持，增强农村职业教育的乡村振兴服务能力。学校教育管理模式的创新可以具体分为三个方面：一是专业设置和课程安排的创新。农村职业教育学校应该根据本地区的经济优势和乡村特色设立具有针对性的乡土课程，为乡村振兴的实现贡献出自己的力量。二是学生培养和教师培训的创新，将学生作为真正的"主体"，调查学生的学习需要，带领并动员学生走进农村，了解乡土特色，参与乡土课程的开发。学校不仅要为教师提升课程开发知识能力提供专项培训费用，更要给予参与乡土课程开发活动的教师时间和精力上的保证，在不影响正常教学工作的情况下，将他们从日常琐碎的管理事务中解放出来，使得他们能够全身心地投入乡土课程的开发任务中。三是资源共享交流和农村企业合作的创新。学校需为乡土课程的开发建设一种经验资源共享平台，为不同的学校、教师、课程专家之间的相互交流提供平台保障，这样能够为更好地进行乡土课程开发提供全方位、多角度的反馈信息，激发不同主体之间的思维碰撞。不同的乡土课程开发策略和经验共享，能够开阔教师的视野，提高教师的课程境界，为教师开发乡土课程提供新的思路。除了经验交流的资源共享平台以外，学校更应该与旅游文化社、果蔬专业合作社等农村企业建立一个实践资源共享平台，建立"双赢互惠"的校企合作机制，为农村学生的"学以致用"提供地方保障。

3. 教师层面：加深课程认知理解，积极投身于乡土课程开发

在地域的限制和教育资源相对匮乏的情况下，农村职业教育学校的师资力量就是乡土课程开发的核心。教师关于乡土课程开发的认知直接关系到乡土课程的实施效果以及学生对于乡土知识的理解程度。首先，教师要立足于乡村生活实际，加深自己对于乡土课程开发的认知理解，将乡土课程的开发价值定位于农村学生，以培养他们的乡土认同感、转变他们的学习方式、发展他们的农业生产技能为目标。其次，教师要从内心构建一种自觉且主动的发展观，积极主动地参与到乡土课程开发经验的交流当中，增强自己的乡土课程开发意识，通过教师间的协同合作建立良性的乡土课程开发教研机制，丰富学生的精神文明世界，助力乡村文化的传承与乡村振兴战略的实现。

4. 学生层面：走进乡土社会，真实参与乡土课程开发

相较于传统的国家课程实施的固定性和封闭性而言，乡土课程的开发具有一定的特色性、动态性、开放性、实践性。农村职业教育学校在进行学生兴趣的调研时，应该鼓励学生与农村社会进行亲密接触，真实地走进乡土实际社会，参与到周围的乡村生活中，真切地领略乡村的自然风光，了解乡村的文化底蕴，品尝乡村的特色美食。学生通过自我的真实体验，能够加强自己对于乡土特色的了解，筛选出自己感兴趣的乡土课程资源，在实践中激发自己对于乡土课程开发更加强烈的参与意愿，并且在学校的动员下、在教师的组织引领下，真实地参与到乡土课程开发的过程之中。在乡土课程开发与学习的过程中，将自己变为主动者，加强自己对于乡土农村的热爱之情，成为能够"回归乡土"的实用性人才，为乡村振兴战略的实现贡献出自己的力量。

农村职业教育作为促进乡村振兴战略实现的重要阵地，肩负着传承优秀乡村文化、培养农村实用人才、促进农村经济发展的新使命。新时代农村职业教育的提质发展需要回归乡土本色，发挥社会的多元支持作用、学校的创新管理作用、教师的积极引领作用和学生的主动参与作用来开发乡土课程，

培养具有"志农情怀"的乡村振兴人才，为我国乡村振兴战略的实现贡献出自己的一份力量。

综上所述，在新的时代阶段，农村职业教育学校要遵循专业设置的原则导向，考虑如何通过教育内容来强化对不同类型人才的培养。在我国乡村振兴战略不断加快实施的背景下，构建农村职业教育的服务内容有着极其重要的意义，一方面能够克服学校涉农专业群建设和课程设置不合理的局限，另一方面还能够为农业现代的发展和农村社会的文明发展提供重要的人才支撑。

第八章　乡村振兴背景下河北省农村职业教育形式推进

第一节　农村职业教育形式结构

一、农村职业教育形式的类型

当涉及农村人力资本问题时，常常出现农村教育、农民教育、农业教育、农村职业教育等概念，使人容易混淆，故而有必要先厘清它们的概念与关系，如图 8-1 所示。农村教育即乡村教育，顾名思义是指开展在乡村的各种正式或非正式的教育活动，目的是丰富村民的精神生活，推进乡村建设进程。农民教育是指为了实现农业现代化，对已形成生产力因素的农村人口进行的政治、文化和技术教育活动。农业教育影随于基层农业发展，是以"新农科"知识和"田间"生产技术为传授内容的学校普及性教育。农村职业教育则是导向供给社会需求，培育建设农村体系的管理、技术人员的教育。

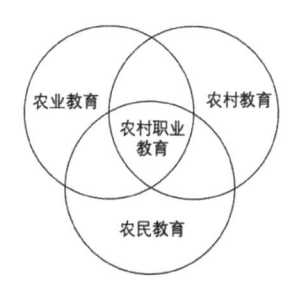

图 8-1　农村职业教育相关名词关系

随着新时代政策的推演，农村职业教育乘势而上，内生出以农村高等职业教育为龙首，以农村中等职业教育为骨干主架，以县、乡、村农业职业教育和社会化服务为血肉的农村职业教育体系。该组成体系的建构具有多维关联性、多层系统性和多源开放性的特征，旨在促进农村人力资源的开发，为全面推进农村职业教育改革提供智力服务与人才动力。需要特别注意的是，从地域范围角度来看，农村职业教育是指办在所处县域范围内的职业教育（既涵盖了农村办学，也包罗了县城办学），切不能偏狭、机械地将农村职业教育以"农村"二字释义为设在农村职业学校进行开办的教育。

现如今，旨在提升受教育者学历层次的学历教育和提高学习者专业技能的非学历教育成了河北省农村职业教育的两种形式。关于农村职业教育当中学历教育所包含的不同层次，《中华人民共和国职业教育法》明确分为初等、中等、高等职业学校教育三层[①]。因此，河北省形成了具有学历教育（农村初等职业教育、农村中等职业教育、农村高等职业教育）和技能培训（农村职业技能培训）并举的农村职业教育体系，如图 8-2 所示。

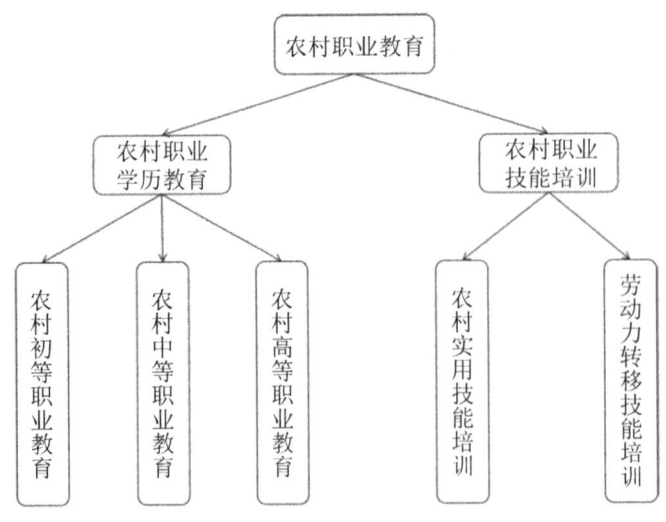

图 8-2 农村职业教育的形式种类

---

① 马爱林. 农村初等职业教育的现状分析与发展策略研究 [D]. 咸阳：西北农林科技大学，2007.

（一）农村初等职业教育

1. 概念

农村初等职业教育作为职业教育体系分支下学历教育中的初阶层次，主要培养掌握一定实用技术的初级技能型人才，是为具备职业定向的准劳动者或剩余劳动力取得上岗从业资格而进行的包含初等学校职教和初等职业技能培训的职业教育。从定义可以看出，农村初等职业教育的对象既包括已经完成对某一定向专业的阶段学习并了解一定社会职业状况的准劳动力，也包括在助推农村现代化进程中大量未完成或未曾接受过基础教育阶段的剩余劳动力。为回应乡村振兴战略，时下大量未进入高一级学校学习的农村劳动力将通过多种途径接受农村初等职业教育。

2. 培养目标

普通教育侧重培养知识型人才，而职业教育较之于普通教育的显著特征在于实践观"武装"下的学以致用，在这一理念的指导下旨在培养围绕"技能"展开的各类技能型人才、知识与技能复合型人才。农村初等职业教育所孕育的人才，能够分别向农村、县域、城市、国际劳务进行输送供给，且对于面向不同，要有不同的培养侧重。技能型人才较之于技术性人才的显著性区别在于所从事劳动的性质而非担任的任务，即脑力活动支撑技术性人才劳动，而动作技能支撑技能型人才劳动，重点突出动手实践能力的培养。因此，农村初等职业教育对专业或职业技能的培养应优先设置，使培养对象能够真正内化一些实用知识，而对于学识的深度、广度和自身的未来发展，可借助于继续教育形成终身学习。

3. 办学模式

农村初中为服务于当地的社会发展，培养出初级技能型人才，开展了以下多种农村初等职业教育办学模式。

（1）原体学制模式

以三年制（七年级、八年级、九年级）的初级中学阶段教育为原体，将农村初等职业教育融入或渗透到按一定教育目的和培养目标所规划开设的普通知识文化课程中。

（2）延续学制模式

对三年制的农村初中教育施以四年制，在延续的一学年时长中，半学年的课时用于巩固提升文化知识理论学习，另外一学期的课时用于设置运用理论指导职业技能实践的课程。

（3）因势分流模式

根据学生的个人兴趣及意向，当学生完成了初中两学年的学习或初三年级第一学期的学习后，按照个体学习分化的实际情况，因人而异、因地制宜地分流创设普通班、职业班两种不同侧重的教学班级。

（4）加一强化模式

在将中学三年普教和职教教育相结合并融入教学的基础上，按照学校的实际学业要求再增加一部分（一周、一月或一年）时间用于强化职业技术教育的掌握。

（二）农村中等职业教育

1. 概念

农村中等职业教育属于高级中学阶段教育的部分，在农村职业教育体系中占有重要位置，主要服务于"三农"（农村、农业和农民）对象，朝着提升服务于"三农"的能力、助推县域社会经济的发展目标迈进，担负着为高层次院校输送生源、推广农业实用科学技术，以及为县域地区培养具有较高整体素质的新型职业农民、中级技能型人才、创新性实用人才和基层管理人才的任务，是集中等学校教育、成人继续教育与中等职业技能培训为一体的教育。

2. 办学形式

受教育者在接受完九年制义务教育后，可以选择高级中学就读，也可以选择中等职业教育就读。农村中等职业教育培养的对象为县域内的农民和初级中学毕业生，办学目的在于助力新农村建设与建构现代农业的发展，输入具备过硬专业综合素质的优秀人才进行现代农业农村工作的持续推进。该层次的职业教育与当前我国农村经济社会发展相适应，成为中国农业职教的主体部分，其办学形式包括农村中等学校教育与农村中等职业培训如图8-3所示。

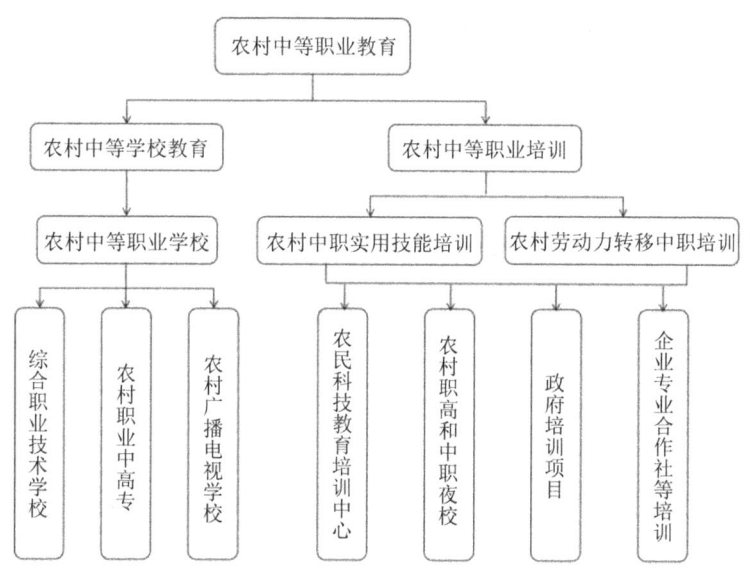

```
                        农村中等职业教育
                              │
              ┌───────────────┴───────────────┐
        农村中等学校教育                  农村中等职业培训
              │                               │
              │                    ┌──────────┴──────────┐
        农村中等职业学校        农村中职实用技能培训   农村劳动力转移中职培训
              │                       │                   │
      ┌───────┼───────┐        ┌──────┴──────┐     ┌──────┴──────┐
    综合    农村    农村       农民         农村    政府         企业
    职业    职业    广播       科技         职高    培训         专业
    技术    中高    电视       教育         和中    项目         合作
    学校    专      学校       培训         职夜                 社等
                               中心         校                   培训
```

图 8-3　农村中等职业教育的分类

（三）农村高等职业教育

1. 概念

参照《教育大辞典》给出的相关内涵描述，高等职业技术教育属于第三级教育层次的职业教育和技术教育，包括就业前的职业技术教育和从业后的有关继续教育[①]。因此，农村高等职业教育是伴随着教育改革发展而诞生的新型产物，横跨了高等学校教育和职业技术教育两大教育领域圈。从教育类型上看，农村高等职业教育经历了农村中职教育重心转化过程，归属于职业技术教育，传递实用技术和应用能力；从教育层次上看，农村高等职业教育是建立在中等教育基础上归属于高等学校教育，强调知识文化、专业定向。

2. 特征

（1）从客体性状视角出发，农村高等职业教育具有高等性、职业性、技能性

高等性，作为高等教育新类型的农村高等职业教育为更好地展现其与之不同的高等性，同样是站在高等教育的"肩膀"上继承"学术发展"的功能，

---

① 《教育大辞典》编纂委员会. 教育大辞典[M]. 上海：上海教育出版社，1990：134.

创造性地促进实用技术、职业应用的发展。

职业性，农村高等职业教育隶属于职业技术教育形式，职业亦是农村高等职业教育的基础，应当依据职业的刚需要求、基本规范、实施过程和教学逻辑来组合知识文化和技术能力，该特征是规范职业教育课程规划、专业设置和质量评价的标准。

技能性，技术的发展演变影响着职业教育发展推进的层次结构、规模分布、课程开设和施教方法等，农村高等职业教育的技能属性体现了技巧与能力传授的一般规律和基本要求。

（2）从主体需要视角出发，农村高等职业教育具有教育性、社会性、经济性

教育性，农村高等职业教育最为本质的功能是以落实立德树人为任务，培养一批又一批的实用型人才，使每个人的能力有尽可能大的施展空间来激发起个体所积蓄的潜能，在机会平等的良好环境中绽放出个人的精彩。

社会性，农村高等职业教育的宗旨是服务于整个社会，让更多的人在平等公正的社会、均等的受教育机会中通过此途径来发展农村高等职业教育。经历该教育始末的意义在于使那些身处不利社会境遇的人们能够获得一项或多项受益匪浅的谋生技能，以在满足基本生活保障的同时奋发追求，改变他们当下所处的社会不利地位。

经济性，农村高等职业教育与发展产业经济是密切相关的，经济性是农村高等职业教育作为一种横跨高等学校教育和职业技术教育新类型的重要体现，致力于服务行业循环经济、服务地方经济效益。

（四）农村职业技能培训

1. 概念

农村职业技能培训是指对培训人员进行专业性的理论知识与技巧性的实践操作相结合的教育过程，目的是解决劳动者的就业问题。农村职业技能培训培训的对象是具备了一定专项知识经验或规范技能要求的劳动者，强调理论知识与实践操作技能相结合，为培训对象与乡村振兴下的人才需求搭建桥梁。依据培训对象的不同层次情况和不同专业技能定向，按需培训，在真实

实践体验中开展农村职业技能培训，以此方式输出大量能够为农村经济蓬勃发展、城市基建高速运行的高素质技能型人才。

2. 分类

从培训目标人员的角度分类，农村职业技能培训包含了以下三种类型：一是就业促进类培训，接受培训的对象包括农村人口、待业人员、职前学生等就业劣势群体，培训的重中之重是极力帮助他们在竞争激烈的社会中增强自身的就业竞争能力；二是职业技能培训，此类培训的对象主要是单位员工，包括所从事岗位的职前准备培训和在职培训，重在从在职人员的实际状况出发，培养他们的职业兴趣，进而提升该群体的职业技能；三是创新创业培训，接受培训的对象是具备创业意向和一定创业能力的待创业人员，为寻助的创业群体施加指导以提升综合素养及市场应变能力。

从培训资金来源的角度分类，农村职业技能培训又可以分为两大类型：一是公共性质的援助类培训，政府或公共机构为就业困难、急需提升技能素养的劳动人群提供财政支持，营造由劳动个体、单位、政府共同建设的"三赢"格局，包括了培养时下急缺的新型职业农民；二是非公共性质的援助类培训，该类培训是除公共补贴类的拨给外，个人自助的培训或非财政赞助的培训。

二、农村职业教育的结构联系

（一）内部组成及联系

1. 按教育层次分类

从教育的层次看，农村职业教育体系经历时代背景的嬗变，形成了由三个层次，即农村初等职业教育、农村中等职业教育和农村高等职业教育。正是因为时代的变迁和社会的进步，无形力量倒逼着农村职业教育结构发展的主攻方向从改革开放初培养服务于农村农业的人才朝向新时代"三农"乡村振兴体系多元化迭代转移。除了重心迁移及层次占比问题外，农村职业教育不同层次之间的衔接问题也是农村职业教育体系内部层次结构的重要议题。

放眼国内外农村职业教育层次间的衔接方式，整体归纳起来有像日本等国家的农村职业教育基于办学机构组织的对接和像英国等国家的农村职业教育基于学习学分、职业资格进行对接的两大类过程方式。

2. 按教育阶段分类

从教育的阶段看，农村职业教育体系的阶段性发展反映在由农村职业启蒙教育到农村职业准备教育再到农村职业继续教育。职业启蒙教育的开展路径主要是渗透在普通义务教育当中，作为启蒙的职责所在是激发受教育者对精彩绝伦的职业世界产生浓厚的探索欲望。与此同时，初步传授简单基础的学以致用类技能。职业准备教育是为已掌握学以致用专项劳动谋生技能的初入社会型就业者供给全方位素养提升服务。职业继续教育则是为已就业者能够胜任新工作所需，与时俱进地提升学识深度、广度和把握自身的未来发展。农村职业教育体系阶段间的层次逻辑，以优化转换减少重复性劳动为受教育者的未来人生职业生涯规划路线提供最有效率的帮助。

3. 按办学主体分类

从办学的主体看，农村职业教育体系主要由公立办学性质和私立民营性质两种类型组成。其中，公立办学性质的农村职业教育是由政府主体进行财政投入，而私立民营性质的农村职业教育是由国家机构外的个人、企业、社会组织作为投入主体，面向全社会。需要特别注意的是，办学的主体并不一定等同于投资的主体，也常存在投资主体是政府，给予帮助的是非政府组织的办学格局多样化的农村职业教育形态。

4. 按办学形式分类

从主体范式的角度看，农村职业教育体系的办学形式包括学校主体、企业主体、双元制三种。其中，学校主体简而言之就是以学校为中心；企业主体是以企业作为"活细胞"点，通过横向市场联系成"面"、纵向国家管理成"体"；双元制源于德国，一元为学历教育的职业院校教授专业职教理论文化、另一元为校外场所提供专业技能培训，二者培养互相结合。此外，从学历形式的角度看，全日制和非全日制这两种农村职业教育办学形式既关联着培养技术型、技能型人才的供给方式，又关联着终身学习型社会建构的落实进度，是现代农村职业教育体系建设的重要方面。

5. 按规范程度分类

从规范的程度看，农村职业教育体系由正规、非正规和非正式农村职业教育组成。正规农村职业教育主要是按严谨学制有计划、有目的、有组织地开展带有学历性的学校制度化教育，非正规农村职业教育往往是有组织、有系统地进行带有非学历性的以提升能力为目的的活动，而非正式农村职业教育在无组织、无系统的未明确教学要素下使个体从职业生涯经验和周遭职业环境中形成思维见识及职业态度。不同规范程度间极易混淆，使得把握现代农村职业教育体系务必朝着回答清楚怎样管理好三类农村职业教育努力，以处理好农村职业教育正规、非正规及非正式三者间关系的问题。

6. 按投入要素分类

农村职业教育体系的投入要素包括政策环境、可用经费、课程设置、师资引入、资格证书等，作为构成的部分要素支撑起农村职业教育大体系并贡献各自不同的功能，使投入到农村职业教育体系的要素发挥作用，供给数量不在于多而在于达标的高素质职业技能劳动者。这些主系统投入要素下的内部子系统与外部环境搭建的次系统间的连接联系尤为密切，因此，从系统视角出发的投入要素在现代农村职业教育体系研究中显得尤为重要。

（二）同外部环境的联系

1. 与教育体系的联系

教育大系统宛如容器，能够融入多样化的分支体系，而作为孕育在此大系统下的普教及农村职教两个分系统间产生了互动协调融通、互为补充促进的动态循环，两者通常是相对而言的。从教育层次看，普通教育的内含成分包括了一般初等教育（幼教、小教）、一般中等教育（中学素质教育、中等专业学校教育）和一般高等学校（专科、本科、研究生教育）三大阶层[①]。一般而言，因遵循人才培养的规律性，在普通初等教育的幼教、小教阶段的后天培育后，往往是为求向上发展谋得从事就业技能而与农村职业教育相联系的，而在完成普通中等、高等教育后的分流阶段，国内外实施的农村职业教育与该阶段的普通教育之间的关系在不同地区所采取的规章制度中呈现得不尽相

---
① 孔源. 山东省职业教育体系构建研究 [D]. 济南：山东师范大学，2013.

同。在众多国家的制度中，以单轨制和双轨制两类为典型代表。两者的区别在于，单轨制的农村职业教育与普通教育是自上而下交叉融合的建构框架，譬如美国的单轨制；而双轨制的"双轨"中一轨为自上而下，另一轨为从下而上，清晰地显示出农村职业教育与普通教育的互不交叉融合且分离的状况，譬如德国的双轨制。针对单轨制，各国普通教育与农村职业教育自上而下交叉融合的具体连接方式又是不尽相同的，例如美国基于学校课程体系设置的单轨系统，还有英国基于学习学分、职业资格的单轨系统。

2. 与就业体系的联系

农村职业教育是导向社会供给需求，培育建设农村体系的管理、技术人员的教育，培养的最终目的是与社会就业相对接。社会就业系统中的优质人力资源数量、质量与结构需求决定了农村职业教育人才供给的规模与层次，农村职业教育助力反过来也促进了社会就业体系的规范化、专业化。而农村职业教育体系具有多维关联性、多层系统性和多源开放性的特征，旨在创生供给农村人力资源开发，对社会就业的牢固性与流动性产生直接影响。职业技能发挥连接国民教育与人才市场的桥梁作用，农村职业教育体系与就业体系之间还受一些规范制度的影响，如资格证书制度、劳动合同制度、就业准入制度等。

3. 与经济环境的联系

农村职业教育的周遭经济环境主要来源于宏观经济政策的实施、经济持续周期的长度与经济发展水平的高低，农村职业教育的规模发展、层次衔接等均由作为外部社会经济条件的经济环境所决定，旨在促进农村人力资源开发，为乡村振兴提供智力服务与人才动力，分布于不同社会职业领域的就业劳动者进入到相关劳动岗位从事生产活动，从而创造出个人价值并汇聚成集体智慧带动社会经济的可持续发展。国家采取政策支持企业、社会团体等参与举办职业学校，而在市场经济条件下，企业、行业等与学校分离。因此，伴随着经济环境的持续变化，我国的农村职业教育体系也经历了不同阶段的较大嬗变。

4. 与政治环境的联系

国家政治体制形势、基本方针政策及其演变皆为政治环境的构成，其中处在特定时代政治局势下的政治体制管理对于农村职业教育体系建构的影响体现得较为突出。如实行联邦体制国家的美国，采用联邦、州和地方分权式的管理方式，为确保农村职业教育的顺利推进则以州为主，各州内自行承担所在范围内的职责；而与美国联邦制实行完全不同的单一中央集权制的法国，其行政职责的主体由中央负担，大区和省市自上而下层层执行。除此之外，政府所采取的行政管理措施往往在很大程度上决定了农村职业教育的主要经费拨给来源。

5. 与文化环境的联系

文化环境的集成部分包含了所处时代的社会条件、行为的风俗偏好、科学技术、基本价值观等，往往以一种既深刻持久又润物无形的方式存在，影响着一个国家或地区农村职业教育体系的构建。如拥有典型农村职业教育经验的德国双元制文化环境，在国家尊重技术人才、社会重视职业教育、个人崇尚科学技术的文化背景下营造的良好氛围是其他国家难以效仿的重要因素。又如澳大利亚在大环境对农村职业技术教育的认可度普遍不高的情况下，建立了国家资格"TAFE（技术与继续教育）"桥梁框架，此举成了该国家农村职业教育打造文化环境的成功选择。

第二节　河北省农村职业教育形式与乡村振兴

新时代赋予乡村振兴新使命，河北省所形成的学历教育（农村初等职业教育、农村中等职业教育、农村高等职业教育）和技能培训（农村职业技能培训）并举的农村职业教育体系正面临着实践与升华的检验。乡村振兴战略实施的核心要旨是聚焦"三农"问题的解决。为破"三农"问题，河北省紧跟着国家"乡村振兴""农村职业教育"等政策文件的指示精神寻找到一条能够建设具有河北省农村职业教育特色发展和超越的路径，乡村振兴战略为农村职业教育的推进发展带来了极为重要的系列政策支持、资金费用支持、人才培养支持，由此为河北省农村职业教育的发展带来重要机遇。然而，目前所面临的是受各地县域范围内长期恒温式不变动执行措施的影响，对农村人才的培养热度、重视度均不够高，留村农民大多受限于较低的知识文化水平，导致接受新事物的能力较慢及对客观判断的能力欠缺，并且与之相对而言的接受过一定程度文化教育的农民往往选择外出，到更发达的城市发展奋斗甚至扎根，观念的分化、舆论的导向、个人的追求造成能够担负起农村建设发展的高素质人才数量相当有限的局面。国家一系列乡村振兴纲领性文件的出台落实，明确为扭转农村职业教育的良性建构发展乡土人才资源，筑起、加厚、增高农村人才壁垒，体现出以乡村振兴为内生力动力促进农村职业教育体系建构闭环，而农村职业教育反过来赋能乡村振兴的实践推进。

一、农村职业教育形式的现状

（一）办学主体多元化发展

1. 多元办学格局

追溯至1987年，河北省政府为响应国家职业教育发展政策，携手原国家教委共同开始进行农村教育综合性改革试验，于1989年建成全国第一所县级职教中心——河北省获鹿县（现石家庄市鹿泉区）职业教育中心。1991年，河北省政府殷切期望能够落实在每一个县（市）域范围打造一所职教中心的规划格局。计划行至1995年，在这段时间的实施探索中，河北省终于使139个县（市）按三层批次的顺序先后建成了职教中心。此后，大多省份纷纷加入引进河北经验的队伍中，研究借鉴实施这一成功举措的先进经验。河北省在推进农村职业教育的过程中，充分展现出了示范区的优势，多年凝聚的教育智慧重在延展强化县级职教中心的辐射作用。同时在政府的统筹管理指引下，鼓励社会力量融入办学环境，迎来了由政府、行当企业、社会组织和个体等不同主体参与农村职业教育多元兴办的格局。

2019年，为推进新时代职业教育高质量发展，国务院印发《国家职业教育改革实施方案》[①]，河北省依此政策并结合本省农村职业教育的实际发展情况

---

① 国务院.国务院关于印发《国家职业教育改革实施方案的通知》（国发〔2019〕4号）[EB/OL].（2021-12-07）.http://www.gov.cn/zhengce/content/2019-02/13/content_5365341.htm.

制定了《河北省职业教育改革发展实施方案》，随后多元办学格局基本形成。河北省通过鼓励社会力量兴办农村职业教育，以激励的方式提升企业参与农村职业教育的积极性，培育出一批产教融合型的企业。在政策稳步实施推进的加持下，农村职业教育的办学体制因主体多元化办学带动股份制、混合制等改革创新，经过学历教育及技能培训并举，输出直接对接市场、对接社会的高素质人才。2021年，中共中央办公厅、国务院办公厅印发《关于推动现代职业教育高质量发展的意见》[①]，计划到2025年优化多元办学格局，充分利用信息手段大幅度改善办学条件，焕发出农村职业教育的吸引力，促进人才培养质量的提升。

2. 多样办学模式

（1）校企合作办学模式

校企合作办学模式是由职业学校与企业进行合同契约签订，以"订单式"对学生介入培养，双方为建立校企人才培养平台发挥各自优势，形成互补的一种合作办学模式。在该模式的驱动下，企业为对接高质量人才，在教师方面首先维持职业学校的正常运行，再向其供给一部分拥有相应能力及从事资格的任课教师和实习导师，而在场所方面则负责提供实训、实习基地；职业学校以其服务宗旨和培养方案为企业输出定向人才，扩展合作空间。这一模式具有以下优势：一是极具针对性地进行人才培养。职业学校在一定程度上参照企业的社会市场需求，适时调整专业布局、课程设置和教学内容的编排，更具目的性地培养出社会所需的人才。二是整合了校企间资源的优势互补。职业学校能够利用企业所提供的先进性设备和合作性实训场所，企业也能够稳定对接素质人才来源的需求，在互补共享中节约了校企双方互利的支出成本。三是拔高了受教育者的综合实践能力。校企协商合作共同为受教育者提供实现理论知识与实践生活相结合的实习平台，充实学生进入职前准备的实践操作能力，在提前熟悉基础岗位工作中增强了与就业接轨的竞争能力。

（2）集团化办学模式

信息化时代的技术革新、数字高速发展使得校校通路线不再网络卡壳，

---

① 中共中央办公厅 国务院办公厅印发《关于推动现代职业教育高质量发展的意见》[EB/OL].（2021-10-12）. http://www.gov.cn/zhengce/2021-10/12/content_5642120.htm.

集团化办学在信息化环境加持下显示出了极大的资源优势。集团化办学是旨在围绕实现名校优质职业教育资源的互惠共享辐射，在政策支持、主办牵头的驱动下，协同各响应学校的加入意向，由具有一定影响力的名校作为中心主体，由 N 个学校为联结点，集聚成名校集团，形成校校集团化共同体的特色体制。校校间秉持着互惠互助的原则，在一致意愿服务中贡献优质资源，形成统一的管理系统，确保空间配置效益的优化。该模式具有以下创新：一是体制创新。校校集团化合作式共建，一改多年来公办性质的单一办学主体，共同体互惠所产生的经济效益能够直接用于解决经费困境，较好地转化了依赖财政拨给的局面。二是资源创新。资源的创造目的在于给用户在遵循规范中体验使用，集团化的用户不断加入融合创新的队伍中，赋予了职业教育资源新的活力，公共优质职业教育资源成为集体智慧型、大众可用型的共享财富。三是管理创新。集团化办学为尽快保质投入实际运用产生辐射效益，通过特派引进现代化运行管理机制，借鉴他人的管理优势并通过实践优化创新出符合共同体管理的制度以扩宽职业教育资源的远程实用边界。

（3）校乡联合办学模式

校乡共同携手探索出联办学校模式，以每一个乡村、小镇或县城对于当地人才培养的需求为目标，将办学的侧重按此目的下移至为基层农村供给高素质人才。该办学模式的最大特点是学制富有灵活性，使受教育者在农闲时刻随时随地地接受理论知识文化的输入，而当农忙时分将理论文化输出到实际的生产生活劳动中，产生理论与实践相接轨、文化与劳动两不误的双重效益，面向农村建设的未来发展培养一批批扎根、实用、高质的素质人才，并肩负起带头人的职责，为农村职业教育的光辉前景搭桥。凭借着当地农村职业院校的特色专业、涉农专业及相关专业优势在县域范围内搭建起网络辐射体系，承接起传递信息、技能培训、生产推广等服务功能。校乡联合办学抛弃老一套的课程、教材、大纲等，突显出农村职业教育学以致用的特性。以理论文化知识运用到实践性生产劳动活动为中心工作，用破"三农"困境的决心传授技能、壮大产业、防止返贫、致富向上，从而更好地落实新农村建设。

（二）互联网技术快速发展

1."互联网+农村职业教育"行动

承接 2007 年新潮起的"互联网化"趋势，2012 年国家以行动计划的方式诞生出"互联网+"的初步概念，历经不同领域研究者的不懈探索，政府根据国情及世界技术的倒逼浪潮顺势于 2015 年将其纳入工作报告中，并由此上升为一项国家战略。"互联网+职业教育"作为一种产生于新时代背景下的新生态，它借助信息化的演进阶段与整个农村职业教育的全过程紧密地结合在一起，从而在锚定大数据环境下，以触发受教育者的终生发展路径为核心。互联网引擎搭建出农村职业教育所处的基本信息空间环境，并描绘出朝向未来驱动力迈进的线路图，展露出不同获益群体参与到招生宣传、教学培养、专业发展等方面的农村职业教育工作途径新内容。多模态化的"互联网+"利用技术革新的动力与构建学校机制中的各要素进行深度融合，形成新的逻辑框架，赋予了农村职业教育行动过程的手段创新，使原动力引擎的效益优化，陈旧技术的攻克无疑会推动农村职业教育体系的结构系统化改革。"互联网+"助力农村职业教育在破解发展道路的瓶颈问题时，借力新的研究范式建成一个开放共享的体系，让两者共同用数据驱动一个符合信息化的校园文化和一个具有创造力的培养环境。

从"互联网+"的角度看，信息空间不仅是农村职业教育所处的新一代大环境，也是极力搭建"以人才为本"的"用户技能体验中心"。该新空间所铸造的泛在式移动学习引导着农村职业教育持续"以学习者为中心"的教育观念恒定转化，实现农村职业教育的招生宣传与就业培养相对接，来满足受教育者成为一名高素质人才的殷切需求。"互联网+农村职业教育"以"互联教育万象"为具化特点，尤为体现在内含了人才、信息、物质等优质教育资源的互联享用中，引导农村职业教育下院校与企业、政府间的校企合作、产教融合等新办学模式，打造多元办学协同育人的格局。"互联网+职业教育"以大数据分析、信息化发展趋势的纵深拓宽为支点，整合院校、企业、政府等不同主体，有力地支撑起学生技能相关的结构化和非结构化的培养进程，不断地在信息空间的云端"黑匣子"中注入并封存受教育者的学习轨迹与行为记录，待学员迷思困顿时能够有向其适时推送个性化数据的"钥匙"，以此用于综合系统化的个体对象学习评价与农村职业教育嬗变反思。"互联网+职业教育"实施以"微课"或"慕课"的翻转课堂教学为新途径，强调灵活地安排观看"微课"，使学员克服对知识的表层学习、表面学习，通过对知识深刻的建构处理，启发学生主动思考，对后续农村职业教育中开展知识内化的操作实践起着承上启下的作用，通过创设开放的教育氛围，从而满足学习者在线学习理论文化需求和实践培训体验的农村职业教育生态圈层建构。

2. "互联网+农业"发展模式

当河北省的农村职业教育研究新命题抛出，对"互联网+农业"的内涵有过偏狭、盲从的探索，走出了一条"上挂、横联、下辐射"的特色道路，踏上了农业科教结合的产业化发展路线，建立了农业区域经营管理战略研发中心、实用型人才教育培训基地、农业特色产品研发与技术咨询服务机构、农业产品展销与新科技推广平台等。河北省为革新农村职业教育的动力引擎，破解发展的瓶颈问题，集全省智慧与行动引入"互联网+农业"，突显地区农业现代化活力。2017年，《关于推进"互联网+"现代农业行动的实施意见》颁布。政策推行使河北省的农村电子商务销售总额在该年乘势突破600亿元大关，相比较高过全国农村地区均值9.2%。唐山市作为河北省内最具发展潜力的城市之一，积极响应省政府农业发展的号召，加入以"互联网+农业"为抓手的农村职业教育革新队伍中。通过互联思维观念的转化，将现代互联网技术同农业科技相结合，打造出一批先进的智慧化农业，有效地推动了唐山市传统农业发展，实现了现代化农业新台阶的跨越迈进。除了协同本市地区间的服务合作外，唐山市政府将目光放至省外符合自身"互联网+农业"的发展需求上，与北京农管家技术有限公司在2016年联合打造了一个以"互联网+"为基础的专业农技服务平台。唐山市在河北省率先搭建了一个移动网络农技服务平台，迈出了走在农业现代化队伍前列的步伐。

二、乡村振兴的需求

（一）农业发展的需要

河北省是农业大省，其多年来发展的农村经济基础十分深厚。河北省具有良好的自然地理环境，平原地带适宜耕地开发。经过长时间的发展，保定逐渐形成了具有自身特色的产业基地，石家庄是优质的小麦产地，张家口与承德等借助独有的自然条件，可以促进我国的畜牧业发展，引进多种适宜的农业种类，巩固了农业的根基。2017 年，河北省 GDP 总量达到 35964.4 亿元，较 2016 年增长了 6.7%；农业总产值 3507.9 亿元，同比增长了 3.9%，增速稍高于工业的 3.4%，但仍低于服务业的 11.3%。全省粮食产量首次超过了 350 亿千克，其中，蔬菜产量稳居国内第二位，棉花、鸡蛋和牛奶的产量也分居国内前三名。河北省需要不断推进农业结构转型，保障第一、第二、第三产业的横向结合、纵向拓宽发展，加大现代农业科学技术的创新力度，完善种植结构，努力实现多种经营，重点发展现代都市型农业和节水设施、绿色和优质高效农业。省内已建造了 1742 个现代化农业园区，实现了年产值 1.1 万亿元的规模，其中"三品一标"产品多达 2437 个。农业需求已经变成了一项富有前景的行业急需。

（二）农民富裕的需要

河北省新农村经济发展迅速，到现在已经约有 15 万户新型农业创办个体，各种类型的适度规模、经济模式已经基本成型。实行智慧式授之以渔扶贫政策防止返贫。近年来，身处贫困状况的人口从困难牢笼中稳定脱贫，贫困发生率也由 2013 年一路快速降到 2017 年的水平。直至 2018 年，我省的农民最低生活保障水平达到了人均每年 3600 元。在全省范围内，农民的平均工资收入达到 12881 元，较上年同期增加 8.1%。比如秦皇岛市昌黎县葡萄小镇，积极根据自身特色发展的实际情况，将葡萄酒与文化旅游有机地结合起来，充分发掘葡萄种植、酿造以及文化艺术等方面的优势，以带动起第一、第二、第三产业更高水平的相辅相成。葡萄小镇的居住业、餐饮业、购物业、休闲业等基础业态的建设配备都很齐全，且打造了集多种业态于一体的数百个特色规模的民宿。该成功的规范化发展道路充分利用了农业的经济效益、社会生产、文化氛围、休闲娱乐等多样化功效，以实际可观的形式提高了农民的生活质量，同时此农村地区的改造是三者产业深度融合的典型代表之一。

（三）农村建设的需要

目前，全省已建成了17000个全国最美村庄重点区，打造了37个全国重点园区和一批最美乡村，实施了乡村路面硬化、公厕改建。通过民居改造、乡村绿化等12个农村专项行动，共硬化路面1.6亿平方米，改建旱厕300余万座，乡村饮水安全问题基本得以解决，古老乡村的生活面貌也出现了历史性转变。与此同时，"送"文化进村美化了乡村的生活，净化了农民的心灵家园，使乡村变成了一个美好的、幸福的家。2021年，《河北省新农村建设指导意见》要求各地各部门结合实际认真贯彻落实。河北省社会主义新农村建设的总体目标任务：采取规模建设、拆除联建、改善提高、综合整治等方法，到2025年，基本实现村镇建成、人居环境治理，农民住房建设呈现出新特点，农村整体风貌也呈现出新变化，乡村地区人居生活环境条件得到全面改善，城市基本公共服务的均等化管理水平明显提升。2021年，在全省成线连片建立2000个以上美丽村庄；到2025年，在全省打造10000户以上的美丽村庄。

三、农村职业教育形式与乡村振兴的关系

（一）农村职业教育推动乡村振兴

实施"新农村建设"需要广大的农村人口和农村职业教育的共同参与。发展乡村职业学校，可以借助"职业教育"的作用，对农民进行更好的引导。在此基础上，一方面使农民获得了理论基础，能够敏锐地察觉到时下相关政策颁布的要领，在解读过程中形成围绕个人关注点的态度；另一方面提高了

他们的涉农技能，使他们的综合素质与乡村的发展结合起来，在此期间，随着知识的积累，他们将会更多地关注农村环境的维护。

（二）乡村振兴助力农村职业教育发展

农村职业学校能带动乡村的发展，进而助力农村职业教育的发展。第一，发展农村职业技术教育是促进农村振兴发展的重要途径。"城乡振兴"提供了良好的政策，支撑良好的创业环境，将优质的教育资源从各个区域流向农业，推动了农村地区职业发展高等教育的"飞跃式"蓬勃发展。第二，农业振兴计划是进一步发展城乡新型职业教育工作的新途径。根据我国农村村情及发展需要，可以通过深化农村职业技术培训、完善人才培训计划、强化"校企合作"等措施，为乡村建设提供优质的高技能人才。在此背景下，乡村职业院校自身也能得到进一步的发展，使其始终处于领先地位。

（三）农村职业教育缓解人才流出

长期以来，我国乡村人才的大量流失问题日益凸显。乡村职业培训是解决我国劳动力流动问题的重要途径。通过职业培训使农民自身的综合素质得到了提升，使他们具备了更好的创业就业的条件。同时，很多农民即使不到大城市，也可以找到自己的工作方向，保证自己的生存水平，从而极大地保证了农村劳动力的供给。此外，随着我国农村职业院校的不断深化，不少农户也看到了"商机"，认识到发展"特色农业"是一条发家之路，也是新时期的潮流。在这种思想指导下，更多的农村人选择留在农村发展，为农村建设贡献自己的一份力。因此，乡村职业学校能够切实解决我国农村劳动力流动的问题，使更多的农民能够在乡村扎根、安定下来。

第三节 教育新形式:"校企、乡村、互联网+"三位一体人才培养体系

一、农村职业教育新形式构建的理念

(一)培养理念应开放融合

以互联网为中心,建立了一个崭新的资讯环境,对原来的人才培训过程进行了梳理;体制上的碰撞,"互联网+"的新形式以其开放、共享、融合等优势蓬勃发展。这是由于"互联网+"与传统产业、行业的对接与互动,必须以更开放的制度体系提供支持,使资源配置和制度体系得到最大限度的优化,并最终实现以开放共享、跨界融合、互联互通为特点的新型经济和社会运作方式。其实,在"互联网+"时代,因特网技术"连接一切、跨界融合"的特性,打破了以往封闭保守的教学模式,让教学的时间和空间得到了极大的扩展。特别是在与农业发展密切相关的农村职业教育中,现有的办学界限正在被不断地突破,而农村职业教育的资源也在发生着跨越时空、交互和渗透的变化。毋庸置疑,现代信息技术、移动互联网技术、大数据技术等大规模运行在我国日益普及,寻找农村职业教育的规律,解决农村职业教育的问题,就需要顺应"互联网+"发展的要求,把互联网思想积极地纳入传统的教育、教学和人才的培育中去。在此基础上,我国农村职业教育的治理主体、参与主体等要主动进行改革与革新,建立开放创新的教育教学制度,高效整合各类内外因素,促进教育资源合作共享,以市场需求为导向,提供合适的职业教育产品与服务,切实提高职业教育人才培养供应的效率。

(二)培养路径应多维联合

"互联网+"对传统农业产生了很强的渗透和革新作用,就是因为"互联互通",各种看似无关的行业被串联在了一起,产生了一个全新的价值链条,带来了更多的新的价值。很多传统农业都通过这种方式,与互联网农业进行了整合、升级,以达到更好的效果,从而更好地服务。"互联网+"时代,各个

社会成员的互动已由单一或双向的线性互动方式转变为多维互动、联合与共生的非线性互动。就农村职业教育的发展而言，职业院校、行业企业、社会其他参与机构等，日益形成了紧密相连的"命运共同体"。"互联网+"农村职业教育的作用在于在"互联网+"背景下，职业院校与多种经济、社会活动的参与者间的相互联系更加紧密，因此，"互联网+"农村职业教育高素质人才的培育必须更加重视、更加依靠多种形式的合作。无论是国家或职业院校，都应关注"互联网+"的巨大杠杆作用，通过多种方式广纳社会资本与资源，借此吸引社会以及办学单位的参加，推动农村职业教育人才培养创新，推进农村职业教育产品和服务提供方式的多样化，从而体现出"互联网+"的"共享经济"特点，适应市场供求关系的变化，提升农村职业教育人才的培训效率。

（三）培养目标应能力复合

"互联网+"推动了传统农业的深刻变革，新的农业或行业出现了，农业的转型和更新也在加速，制造业的智能化、柔性生产、个性化定制将是未来的发展趋势。在这种情况下，社会大劳动分工不但将得到进一步的完善，而且将出现空前的变革。"互联网+"和创新型企业结合，也将作为促进经济发展、创造经济发展新动力的关键工作，推动国家迈向"制造强国"。这不但可以引发一次"新的产业变革"，而且也将激起整个社会对创新的热情。因此，"互联网+"时期农村职业教育既要重视学生的职业技能，又要重视对其沟通协调、社会责任、人文社会、艺术、金融财税、企业管理、职业规划等方面的全面发展。因此，"互联网+"农村职业教育人才的发展应从培养综合素质入手，从专业的实际出发，培育出具有创造性的创业精神与能力。"互联网+"背景下，职业院校应当把培养全面发展、良好素养的个人视为自己的任务，这既是"互联网+"背景下农村职业教育人才发展的必然要求，也是适应经济发展和社会发展的需要，更是"互联网+"农村职业教育的重要内容。

（四）培养方向应专业整合

信息化时代的高速网络发展，使"互联网+"所具备的"跨越性、融合性"的特点得以集中体现。也就是说，"跨界"发展大类专业、新兴专业、交叉专业等是农村职业教育的发展趋势。在此背景下，职业院校的专业教学不能只关注于在学习毕业后担任一个具体职位所需要的专长，而应在未来的大类别中学习全面、基础性的知识。所以，在农村职业教育中，不仅要实现职业院校的学历教育和社会融通的技能培训二者的结合，还要从生产实践、创新创业和学生的认识等方面来进行学科建设。

（五）培养过程应多元混合

"互联网+"给农村职业教育带来的冲击，除了思想观念上的创新外，还包括教学形式、内容和手段等的变革。自建装置、MR技术、AI技术、云计算等都是"互联网+教育"创设的信息空间下的产物，所承载的信息化教学环境能通过无线互联网络实现线下物理环境和线上学习空间的互联互通。催生出新线上学习样态，通过iPad、计算机电脑、智能手机等互联终端，师生可以共同开展从线上到线下（OTO）、线上和线下（OAO）或线上线下融合（OMO）式的混合学习。高阶层次的信息化教学环境不仅在线下物理环境中汇聚了智能终端设施，还能够与虚拟校园、虚拟图书馆、虚拟课室、虚拟仿真实验室等线上信息环境流畅连接，甚至在互联网技术赋能远距离教育下能与远程的物理环境（办公楼、教室、活动室、图书馆等）进行畅游，在信息空间实现游历学习，并根据行业的发展规律，向更广阔的外部世界延伸，形成多元融合的教学模式。在"互联网+"的时代，"产业"与"教育"的性质将会使得农村职业教育的教学方式得到全面的改变和重构，通过专业和技术的结合，将会产生更好的学习结果。

二、农村职业教育培养体系的构建

依据"校企、乡村、互联网+"三位一体的建构理念，从图8-4的体系路径的运作方式发现，倘若将"输入互联网+"和"引入校企"是农村职业教育"新形式"下乡村振兴路径的两个"单向"运作，那么"乡村闭环"所呈现出的是双向通道，而且是一种具有"双循环"的运作。"校企、乡村、互联网+"三位一体人才培养路径的运作方式，均是源自农村职业教育在新时代的需求。其中,"输入互联网+"新空间所铸造的泛在式移动学习引导着农村职业教育持续"以人才为中心"的教育观念恒定转化,实现农村职业教育的招生宣传与就业培养相对接来满足受教育者成为一名高素质人才的殷切需求,此路径是基于21世纪农村优质教育资源较为匮乏的时代背景所提出的。发展至今,河北省"互联网+农村职业教育"试点的成功举措证实了这种运作方式可以高效率地完成"新型职业农民"的培育任务,呈现出新一代信息空间建构的强大动力。"引入校企"是基于农村职业教育"产教融合"的时代发展要求,是农村职业教育嬗变到一定阶段和发展规模必然呈现的一种运作方式。而"乡村闭环"的双向运作,更是基于新时代农业发展的现实背景:职业院校向农村发展兜底招生,是防止返贫期农村职业教育阻断贫困代际传递的要求;地方政府培训农村剩余劳动力转移城镇就业,是现代都市发展的需求,是产业转型升级的要求。但随着时代转化的进步,号召学员返乡建设,号召农民工返乡创业,是推进城镇化建设的要求,是乡村振兴的要求。因此,无论是单向还是双向,农村职业教育时代性的现实逻辑都孕育出不同的运作方式。

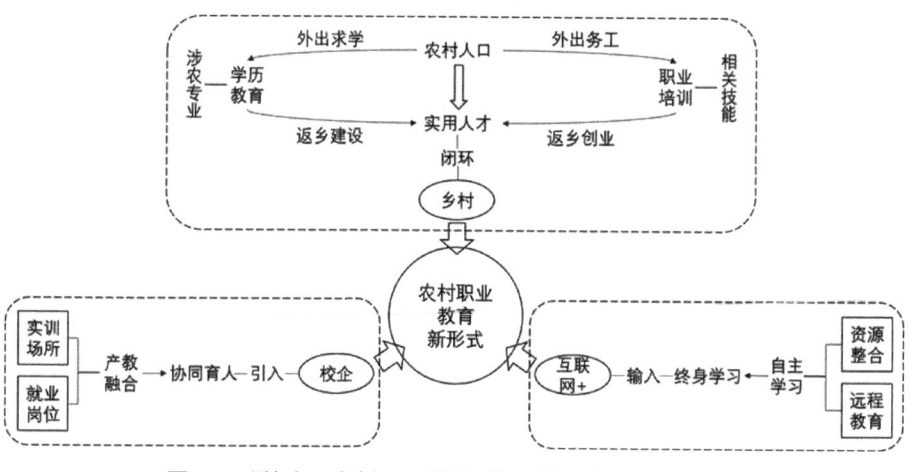

图8-4 "校企、乡村、互联网+"三位一体人才培养体系

(一)设置涉农专业,培育振兴实用人才

1. 打造品牌专业

跟风式或大众化的专业设置完全体现不出职业院校的建设优势,为立足

于未来的长远前景发展，集资建立品牌专业发挥出招牌式的效益急需落实，为此实现"一村一业""一村一品"的发展模式。发展农村特色优势农业，必须要有专门的负责技术人员来支持。发展农村优势农业的园区，是培育具有农村特色的农村学校和企业共同培育的理想途径。农村职业学校是一种与农业发展紧密相连的教育场所，要结合地方特色农业的发展，设置相关的专门课程。乡村职业教育发展需要对地区发展进行准确的定位，以突出以乡村特点为基础的职业学校建设，而目标定位是突出专业品牌的最好方法。

2. 设置特色专业

振兴农村，需要营造一个浓厚的文化氛围。国家《乡村振兴战略规划（2018—2022年）》提出："推动文化、旅游与其他产业深度融合、创新发展。"乡村职业学校要充分发挥其育人作用，就必须培育本土人才。农村职业院校要把优良的乡土文化要素和现代信息化技术结合起来，依据地方文化发展需要，开设专业。例如，地方的戏剧艺术与舞蹈专业可以融合，既可以继承和发扬优良的民族传统，也可以从某种意义上充实原有的美术舞蹈专业。

发展农村职业院校必须突出乡村特点，开设符合乡村农业特色的专业。但是，乡村特色专业仅局限在农村，对专业技术的培育不利。为此，必须对城乡教育的外在空间格局进行合理的规划，充分发挥其自身的资源禀赋；城乡的产业公司、高等院校、职业学校和普通中小学应该建立起"大城市大集体"的一体化格局。在保持城镇与农村自身特点的基础上，构建一种新型的城乡一体化农村职业教育新的发展格局。"城乡一体化"是指以中心城中基础建设较好、办学实力较强的职业院校、应用型高校为核心主体，用其中心枢纽的功能将城乡各级教育组织起来，形成城乡发展联合体，从而发挥农村职业教育的优势，进一步提高其发展竞争力，最终达成区域城乡教育协同发展的目标。在整体规划中，要想真正地达到协同共存，必须要有内在的组织与推动。

3. 增加涉农专业

农村职业学校增设的农业类专业，应当以当地就业和就近就业为主。目前，农村适龄学生群体仍是非乡村就业地区中最愿意找工作的人群，为此，农村职业教育要适应适龄学生的学习需要，把重点放在"升学"上。但是，在农村职业院校开设涉农类专业后，对学生就业的需要没有任何的改变，仍然可以学习相关农业类的专业。

农村职教发展与乡村需要紧密结合，开设具有乡村特点的涉农专业。农村职业教育专业应切合乡村农业发展而设立专业，若没有实际操作岗位与之相适应，则农村职业教育因乡村特点而设的专业将会"孤立无援"，很难培育出具有较强专门技能的人才，也很难激发农民的求学愿望。所以，协同发展乡村职业院校的内部结构，就必须统筹区域的专业合理布局，结合学科建设的专家资源，从地方到全国乡村职业院校的学科建设实现统筹发展，同时作好地方院校的专业设置，一方面可以与全国重点研究型人才培养的专业进行对接，另一方面又能够与地方职业院校以及全国乡村职业院校各专业培育的人才衔接。地方应用高校的专业可以成为农村职业教育开设的高级专业，从而使农村职业院校的就业有路、升学有门。

4. 科学规划课程

农业发展战略计划中，要加强"三农"实践性专门技术人员的培养，强化对农业科技人员的服务和保障。农村职业教育的首要目标是为乡村社会培养具备专门技能的专门技术人员，学校开设的专业课程不仅要适应乡村的需求，还要兼顾到学生的需求和利益，以服务于社会和经济的发展为主要目标，为农村发展急需的人才提供最基本的保障。农村职业院校的课程设置和教学内容要从地方的现实需求入手，突破学科导向的话语定位，以本地的农业优势为导向，有选择地设置切合实际生活的专业，并注意其科学性、针对性、实用性和灵活性。同时，也要为农村剩余人口提供必要的知识教育和技能培训。持续提高农村劳动力的素质，扩大农民工的外出和就近就业的机会，促进城乡居民的全面发展。一方面，要使课程和教学内容随着技术发展和农业发展的需要而不断地变化，以顺应时代发展趋势，防止出现供求颠倒的现象，也就是所谓的"低端"专业供应过剩，而高层次的专业供不应求，导致人才资源的流失。另一方面，要始终与农业界密切联系，培养出"有用"的实用性人才，实现供求平衡，保障人才计划和供应的高效和远景。在实践教学中，要把理论知识和实践活动有机地结合起来，把学科的核心内容与企业的生产实践联系起来，使其更好地满足工作要求和技术要求，提高学生的工作实务水平。

（二）融通教育类型，构建终身学习体系

1. 整合乡村教育资源

三教统筹化是我国乡村教育发展的基本原则，统筹农村普教、职教、各类成人教育的资源，以促进资源的融合和共享。信息化和智能化时代要求人们终生学习，并对自己的知识系统进行持续的升级。农村职业教育乘互联网趋势而上，内生出以农村高等职业教育为龙首、农村中等职业教育为骨干主架，以县、乡、村农业职业教育和社会化服务为血肉的农村职业教育体系。该组成体系的建构具有多维关联性、多层系统性和多源开放性的特征，旨在促进农村人力资源开发，为全面推进农村职业教育改革提供智力服务与人才动力。《国家职业教育改革实施方案》于2019年发布，明确指出："促进中专与中小学结合，在中小学进行就业与职业启蒙，并将实习活动融入中小学教学、学生的综合能力评估之中。"这表明，乡村职业学校和一般学校之间的联系已经不是单纯地依靠分数的提高而完成的，在我国已将职业院校的职业启蒙教学与终生学习相结合。随着农村职业教育的办学规模不断扩展，已经形成了以成人为主体的农村职业教育形式的融合。通过对乡村教育资源的整合，以乡村职业教育为纽带，建立从中小学到成人教育的终生教育系统，是振兴乡村人才、提高乡村居民综合素质的必然需求。

2. 接通现代远程教育

乡镇一级的农村职校一体化，利用互联网跨时空地将乡村职业教育和远程教学深度融合。由于自身发展的制约，乡村职业院校的办学条件短期可以用专门的经费来改善，但是优质教师队伍却很难在短期之内完成。所以，在信息时代，我们可以利用网络技术来解决这一问题。乡村振兴要想扩大教育对象，就应该增设新专业，特别是加强成人职业培训以及转岗就业人员的技能训练，可以通过网络教育和网上培训开展。在理论知识掌握方面，充分利用现代科学技术进行远程教育；在实际操作能力方面，可以通过农村龙头公司的支持，建立实习基地。要使有目的进行优质化的农村职业教育满足多元化的需求，就需要通过网络技术的加持来实现供给。

（三）加强产教融合，实现校企协同育人

1. 开发乡村就业岗位

乡村振兴的任务是发展乡村经济、优化乡村农业、实现三产结合，为吸引及培养更多的不同种类人才发展乡村特色农业、相关农业专业，助力乡村经济的辐射多向化，提供更多就业岗位。发展具有鲜明特点的乡村农业需要设置相关的专门课程，并为其提供相关的人才。尤其是以乡村品牌为代表的核心产业，更是要以专门的人才为依托。无论是用学历教育的形式培育乡村特色品牌，或是通过专业训练来培育特色农业的专业技术人员，都迫切地要求有专门的教学平台。因而，农村职业教育应加强对"产教结合"的培养，加强"校企"的合作。

2. 构建县域实训基地

我国目前存在着大量的农村教育资源，急需将农村农业资源进行综合开发，而农村职业院校又必须为乡村农业发展输送专门的专业技术人员，因此，必须要有合适的人才培训资源。农村职业教育的主要目标应当是农民就业，然而供给侧重在了农村农户上，这主要是因为农村农业没有充分地参与到农村职业教育的教学中来，没有能够最大限度地发挥农村专业技术人员的作用。为此，必须建立符合县域农业特点的培训基地，以实现农村职业院校的专业技能培训。由省、市、县三级协调，在实施"乡村振兴"的过程中，大力提倡农村职业与学校企业的合作。在乡村农业园区的建设中，要规划和建立育才实习基地；在发展乡村农业的同时，要给予参与学校和企业金融、资金等方面的援助；完善企业对职业教育的社会职责，创设农村产业和才能职业教育同呼吸共命运的氛围。

三、农村职业教育人才培训的方式

（一）能人带动培训方式

人才驱动型的培养模式，是从三种（生产经营型、专业技能型、社会服务型）新型职业农民中选择一群能够胜任的"能人"，以需求者的实际状况为基础对接条件，按照自身的需求意愿，选择合适的"能人"进行农业生产指导。

在经营和管理上，要充分利用"能人"的先锋模范功效，提高农民的创新意识，推动他们增加收入，进而推动农村的发展。这样的训练模式，使农民能够更好地适应教育习惯，达到了事半功倍的目的。针对这一情况，农村职业教育可按当地的行业特点，组织一些思维观念新颖、有一定农业生产管理工作经验的农民参与培训，并定期邀请涉农企业负责人、农业合作社技术专员、"土专家"等为广大师生提供培训服务，以期培训一名学员带动一群，致富一方。

（二）现场教学培训方式

现身实地指导和训练，主要是在基层、涉农、农资、农机等农业第一线，为参加培训的农民提供农业生产、经营方法、管理手段上的问题解决途径，并为农民推广农业新技术的知识与应用。由此，培训对象要明确，练习方法要易于掌握，有针对性地无偿培训，培训期限可根据农户的具体情况确定。培训的教师应具备一定的实践经验，从而提高受教育者的动手能力，能够持续推进线下培训包括课堂培训、田间培训等实践操作方式的结合。在课堂内的训练可以请专业人士进行指导；在田间进行的技术训练可以由当地的专家和相关人士进行授课带动；而对于课堂与田间深度结合的训练，可以采取"田秀才""土专家"同"教授""专员"协同教授的方式。

（三）"互联网+"培训方式

网络技术的应用，让在线教育有了一定的发展空间。"互联网+"网络培训是一种通过网络技术指导农户进行职业技能训练和再就业的有效途径。以"培训网"为基础，创新地实施了以"微型课堂"为基础的多元化培养、以"移动终端"为基础的个体化培养和以"交易平台"为基础的技能化培养。对广大的学生型农户而言，通过网络技术进行农村职业教育的培训与学习，可以打破时空的限制，实现"人人在学、处处可学、时时即学"的泛在学习形态，最终满足学生个性多样与终身化的学习需求。与传统的线下教学模式相比，线上的网络信息技术训练没有时空的局限，且面向全体学生，让贫困人口和边远地区的农民都能获得良好的学习和训练机遇，熔炼成向农村职业教育供给优质教育资源的新途径。

第九章　乡村振兴背景下河北省农村职业教育模式推进

第一节　农村职业教育模式

一、农村职业教育模式的内涵与特点

（一）内涵

"模式"是具有一定的标准形式，人们可以参考借鉴这种标准做事的相对稳定的框架样式。因所处的学科领域不同，模式会被赋予与其所处领域相对应的内涵。与项目相比，模式更加规范和强调重复性，而项目多是单次的工作任务；当然，模型也不等于模式，模型看似是虚无的，因此相对于模式来讲它更抽象与理论化，而模式则是真真切切的具体化的客观存在。由此可见，模式论的价值在于对晦涩难懂的复杂事物进行凝练与概括，将抽象的事物具体化、简单化，进而使其模式化。

农村职业教育发展模式是一种有助于经济社会发展，能够促进人的可持续发展的职业教育实践过程。因其在农村，所以该模式基于农村经济社会的发展需要，立足于各种职业学校，秉持培养人才的理念，充分利用科技手段，实现使教育面向农村、农业、农民的目标导向，并在努力促成农村职业教育与区域经济协调发展的良性循环前提下，兼顾好教育的经济效益和社会效益。从当前农村职教研究中对模式这一概念的使用来看，有必要对"农村职业教

育发展模式"的内涵边界从以下两个方面来理解：第一，于偶然实践中却又呈现出特定环境形成的典型模式，场域的探析是针对国内外农村职业教育历经的披荆探索，最终汇聚起所得的多样化类型发展模式的总括。农村职业教育模式内部所囊括的不同组成结构，基于整体与部分联系的模式框架基础上，通过全新的视角去洞察和把握创新的农村职业教育发展模式。第二，将模式的所处环境置于庞大的空间范围，该空间域是对于环绕在模式周围的多种相关因素组成的有着自身内在构造和运作机理的混合系统的理解与阐述。按照此思维，农村职业教育发展模式是经历了基础理论赋予破壳后诞生的一种掺杂着范式特征，能够供他人进行借鉴模仿并于再次创新内在构造和运作机理后向外推行普及的流程计划集合。

（二）特点

1. 相对稳定性和动态发展性

模式之所以具有相对稳定性，是因为它是在对大量抽象的实践活动进行概括与简化的基础上，进而总结出事物发展的普遍性和一般规律，并不是采用特殊的、偶然的例子所得出的结论，模式的相对性则在于它会随时空的变化而变化。农村职业教育发展模式也符合此规律。有什么样的历史环境，就会有什么样的教育模式，农村职业教育的发展模式也必须要与当地所处时代的经济水平、政治形势、文化氛围、科学技术等推进进度相适宜，特别是衔接上以人才培养为核心的农村职业教育需求。在该动态模式下，农村职业教育相关联的培养目标的确立、传授内容的选择、开展方法和手段的运用都需要贴合生活的特性，契合时代发展的需求。

2. 区域性

依据《国家中长期教育改革和发展规划纲要（2010—2020年）》文件指示，各地政府因政策响应需要主动担任起发展农村职业教育的职责，要在充分了解本地情况的基础上，根据当地经济发展水平和农村社会发展需要，做好农村职业教育发展规模、办学形式、专业类别的规划与统筹工作。当前，随着我国区域差异性经济的形成和发展，以本土经济发展为基础的教育，一改从前带有地方行政色彩的教育特点，进而呈现出适应经济发展要求的区域性特征。与此同时，我国各区域的经济发展水平程度有高有低、产业构造和资源状况的各不相同，农村各地区之间经济发展极不平衡，如此大的差别存在决定了农村职业教育发展模式具有明显的区域性特征。地方政府积极作为能够在一定程度上供给农村职业教育发展所需的财力支持，并为职业院校购进部分现代设备等教学软硬件设施，农村职业教育发展的实践有力地证实了地方的有利条件和优势资源可以为职业教育的发展提供一定的基础。

3. 市场导向性

农村职业教育将农村人口培养成为城市市场所需的现代劳动力，实现了农村人口与劳动力市场的完美对接。这样，农村职业学校人才培养的数量和类别就受到市场对劳力的需求制约，同时，农村职业学校的办学规模、教学形式、课程设置、专业安排等学校工作规划都要以市场对劳力的需求为标准来确定。一言以蔽之，劳动力市场对人才规模和质量的需求决定了农村职业教育发展的模式。但要注意，劳动力市场需求也不是一成不变的，它会随着产业结构的变化调整而随之发生变化，在这些调整变化之下，农村职业教育也要随着产业结构变动作出适时的调整。农村职业教育的目标就是培养一批又一批能够适应经济发展、与现代市场需求相对接的高素质就业人才，倘若经历农村职业教育所培育的毕业生无法通过正常渠道就业，也从侧面证明高校培养的毕业生不能与劳力市场相对接，从而造成人才资源的搁置与浪费。由此可见，农村职业教育对于人才的培养一定要以市场为导向，要与劳力市场相贴合，依据市场的需求和变化灵活地调整培养计划。

二、国外农村职业教育模式的类型

（一）德国"双元制"培养模式

1. 内容

德国以法律形式为依托，使"双元制"的教学方式得到了普及。关于"双元"，一元指的是职业院校，二元指的是公司及其他培训场所。"双元制"下的学生不仅要获得学校所教的专业技能，还要在公司里进行相应的职业技能培训。从这一定义可以看出,"双元制"实行的是学校与企业的联合管理。除了"双元制"外,德国还出现了两种不同的职业教育方式:一种是纯粹的学校教育;另一种是老师教徒弟,熔炼成进入实地实践的人才培养。"双元制"处于中央位置。"双元制"也称"双轨制",是一种以培养专业技术人员为目的的校企合办形式的职业教育体系,它强调了理论文化和实际操作的有机统一,即受教育者在公司进行专业技术培训,在专业院校进行理论和文化的培养。关于经费的来源方面,德国的大部分职业院校所需要的资金都是公司提供的,在百分制的费用获取途径中,其中85%的资金由企业提供,而其余的15%则需要由州财政另外支持,受教育者也不需要支付学校制定标准外的其他费用。积极鼓励失业人员参与训练,这是一项非常重要的措施,如果失业人员能够主动或被动地加入培训队伍中,他们将获得7～12马克不等的津贴,倘若一直坚持就能每年获得大约15000～20000马克,积少成多的津贴补助是相当可观的一笔来源。

"双元制"模式是一种独具特色、非常有强针对性的教学方式,重在培养参与学员的技能实践操作能力,在政策的加持下有效地激发了企业内部的工作热情,同时也扩大了校内融资的途径,吸引了一批批较为具有可塑性、创造性的校内生源。通过建立这样的一套运转体系,可以确保培训所需要的资金,为教学工作的开展奠定坚实的物质基础,从而为今后的职业教育制订出一套完整的训练计划,使其在理论文化和实际操作相融合的情况下,更好、更长远地实现职业技术教育的目的。从长期来看,它能把德国的现实理论和实际状况结合起来,为毕业生获得高质量工作提供了一个坚实的基础,促进了学校和企业之间的良性发展。关于学制的设定,德国目前有按年龄层次划分的两类学制。其中的三年学制,适用于年龄在15～17周岁之间的受教育者;而一年学制只接纳18周岁以上成年的初阶层次学生,他们通过农学院的专门训练途径,在校企里完成学业合格后,便可以收到公司发放的"绿色证书",从而获得农场的特许经营权,同时也可以获得政府的信贷支持。

2. 特点

第一方面,师资培养制度已经趋于完善。德国职业教育学校师资力量雄厚,是德国专业技术人才的中流砥柱。

第二方面，学校和企业之间的合作非常紧密。学校与企业齐头并进，以"共享"为核心的"双元"教育模式为人才的培育奠定了基础。

第三方面，广泛使用合同形式。学校和公司与学生签署了培训和雇佣协议，在双方责任清晰的情况下，公司可以充分利用自己的力量为学生提供工作机会。

（二）美国社区教育模式

1. 内容

美国是一个农业现代化大国。美国农业的繁荣景象在很大程度上得益于该国家重视乡村专业学校的建设以及相应法律法规同步保障的制定实施。美国的乡村专业技术保障和政策的出台，为乡村职业院校的健康发展奠定了坚实的基础。1862年，美联邦政府通过《莫雷尔法案》，在法案的加持保障将土地按计划分配给各州，规定各州至少要在规定的五年时间之内设立一所集农业课和农机械的院校，即"农工学院"或称"赠地学院"。根据这项法律，美国成立了56所国家农业和工业学校，它们为美国早期的乡村专业学校提供了有力的支持。1917年，美国国会颁布《史密斯·休斯法》，提出了一系列健全乡村专业学校的制度。该课程制度体系的确立是以实际状况为导向，以科学技术为加持，将农业专业的教学接受范围由院校学生扩展至农业劳动者。从1962—1964年，美国先后颁布了若干关于乡村职业教育的法律，并在此基础上重新进行了改革，逐步建立了一套较为完整的"教育－科研－普及"的乡村职业教育系统，并提出了美国的职业教育制度，使每个人依据兴趣点都能参加其中。美国的《国家职业教育法案》于1984年发布，重点将科技与学术相融合，使中专院校的学生以获得学分的方式来体验科技的实践操作，农科院校的毕业生便可以用学分换取相应的技能认证，进一步到高等职业院校学到相应的技术，这样就可以使中专和高职之间的交流变得更加紧密。美国颁布的《2012年农业改革、食品就业法案》把农业置于发展的优先地位，并推出了美国农业就业和就业援助计划，为美国农业的发展提供各种补贴。

2. 特点

第一，地域特征和产业特征明显。商会可以在全国范围内制定专门的职教条例，对乡村职业学校进行直接的管辖。各地区商会可以根据需要，灵活地对职业院校的规模、专业设置进行适当的调节，以便更好地为当地的经济发展提供帮助。由于不同职业所教的专业范围和专业内容的差异，为使毕业生在就业中所掌握的服务内容、作业技术及其相关的知识具有一定的职业导向，产生了在同一种职业的专业中会有相应的培训方式，甚至是因人而异的不同培训，这些都是由人才培养所决定的。

第二，政府在金融和政策方面的扶持。美国政府非常重视职业学校，通过制定有关乡村专业教育的法律，强化了乡村教育的管理。

第三，多样办学的共存形式。美国不但有农学院，而且也有许多农民俱乐部、农民继续教育班，主要是传授新的农种和技术；另外，农民也会在农忙期间开设一些短小的课程。

（三）英国能力导向模式

1. 内容

BTEC（Business & Technology Education Council）的全名为英国商业技术教育委员会[①]，是英国企业界于1986年成立的，同时也是英国最权威的专业技能测试及认证组织。英国适时也设立了BTEC课程，既可以将其训练项目进行科学规划，又可以制定出一套统一的评估体系，为英国的职业教育提供了一个参照指标，进而能促进职业教育教学质量的提升，又能保证职业院校的专业素质体系得以实施。历经多年的发展，英国通过体系模式使农业生产效率一改过往的低下，同等效率的倍增使农业经济效益大好，是一种高水平的现代农业。英国"工读交替"是工作与学业的轮换形式，又称为"三明治"。BTEC课程作为一种以全面的专业技能为核心的教学方式，它对英国的农业发展起到了很好的促进作用。英国也在全国设立了农场训练基地，要求大多数初等教育的学生，除有需要继续学习的升学者外，其余的都要接受两年的农业训练，通过考核的人，由学校给他们发放相应的农业证明。另外，英国以各种激励政策鼓舞社会力量、团体组织和部分个人开办一些业余农场

---

① 顾月琴，涂三广. 英国BTEC职教模式的影响及其发展趋势 [J]. 职业技术教育，2017，38（19）：74-79.

和短期训练班。在教学内容方面，设置了以学生的专业素质为核心的 BTEC 课程，旨在从学生的需要出发，促进学生的专业素养和专业技能的培养。

英国强调从初高中开始实施职业教育启蒙，主要有两个目标：第一，让儿童早期进入职业学校体验，比如培养他们使用办公软件的能力，激发他们相异的职业兴趣和爱好。第二，职业院校开设的专业课程应具备一定的实践性和适切性，并与企业相适应，以便在初高中毕业生步入工作岗位后能够快速适应初级岗位环境。该模式可将学校教育与工厂实习相融合，有助于学员加深对理论的认识，提高熟练掌握工艺技术的能力，明确自身在生产全过程中所处的位置，了解其总体和局部之间的联系。

英国的农业教育考试比较严厉，它将专业资格考试与农民的考试相融合，只有经过考试方式，待考试合格后，才能发放农业专业资格证。接着，英国职业教育的对象复杂化，教育的形式多种多样，教育的全过程都是由国家把关的，研究机构、职业学校和农业网络教育则是透过多种形式的训练与评估，以保证教育方式、内容甚至是经费的来源。

2. 特点

第一，重点是对关键专业技术的培育。英国 BTEC 课程的教学方式注重以能力为基础，重视培养与就业有关的专业技能，在专业领域中提高学员的关键技能。英国乡村职业教育在培养计划、教学内容、培养方式等方面均注重提升学生的核心技能，使其学会主动将技能迁移延伸。

第二，建立市场化的学校管理体制。为了满足产业发展的需要，有必要对职业院校专业和教学的内容组织作出相应的改革。此外，英国的乡村职业教育也面临着激烈的竞争，突出体现在校与校之间。因此，乡村职业院校往往要按照市场的要求，开设高需求的专业，以获得更好的发展机遇。

（四）法国集权管理模式

1. 内容

法国政府为把优秀的农业人才送到乡村去，在全国范围内对农林牧各方面的人员进行了大量的培训教育。1860 年，《法英商约》为法国引入了先进的机械生产方法，使人们更加关注职业训练。法国确立的职校建设理念自

1794年形成之后，随即就出现了相应的国立职院。1919年，《阿斯蒂埃法》通过，职业院校专业发展成了一项重要的工作。法国的职业教育巅峰改革在1975获得了《法国学校体制现代化建议》（简称《哈比改革法案》）的批准。随着法国农村的持续发展，乡村专业技术教育已经逐渐成形。

法国将农业技术教育的管理权与教育部分开，交给了农业部统辖，农业技术教育经费是由农业部负责的，其资金来源的占比则是农业部的半数。在这一建设环境下，乡村专业学校设置完备，并形成了面向农民的综合训练体系，每个县都设立了国家的农技学校和培训中心。每个学院都设有试验性的农庄，由学员根据项目进行学习，在此过程中，政府和相关公司会为学员提供一定的工资作为薪酬，强化"农研机构"的组织结构。在教学的具体方面，重点突出实效性的学以致用。培训的内容是面向市场的农业基础理论文化与实践技能，同时也是为了满足农户的生产和生存需求。课程内容特别强调理论文化联系实际生活，该培训课程的教学内容十分广泛，主要包括：基本的农艺文化普及、新科学技术体验、新产品创造宣传、农场规模化统筹、农产品制作销售、良种培植技能等。在教学和训练方面，采取了多种教学方式。对18周岁及以上的成年农户进行时长一年的农业教育，对于未满18周岁的学生采取训练和实践结合的方式。"绿色"学历证书授予培训完成的合格人才，并由各行业协会或农业协会派遣技术人才到实践试场进行培训引导。训练的课程安排较为灵活，学员能够自主选择每期120个小时的课程培训或每期20～120个小时的短期训练。另外，这些途径的学习均能够累积学时，并且可以根据自身的实际需要，在不耽误工作的前提下，进行弹性的训练。

2. 特点

法国的农村职业教育直接隶属于农业部管理。乡村职业教育与一般教育有着紧密的关系，法国的农村职业教育不再隶属于教育部，而是将其管理权限交给了农业部，资金的使用方式也是通过农业部的决策确定的。

（五）澳大利亚学徒制模式

1. 内容

自1975年以来，澳大利亚相继出台了《技术与继续教育法》和《澳大利亚培训保障法》等，从立法上保护了本国的职业教育[①]。凝聚多年的探索经验，澳大利亚的农村职业教育也形成了具有自身发展特色的模式。TAFE（Technical And Further Education）又称为"学徒制"，也就是技术和持续的促进教学。其实行的主要目的在于，在澳大利亚建立300多个实习培训机构，以推动"学徒制"的发展。实习机构为社会提供无偿的服务，协助专业学校与学员签订接受国家资助的训练合约。主要内容：向学生介绍有关职业的信息，为其选择合适的培训单位；为学生填写所需的表格；安排培训时间、内容及活动规划；签署培训合约；为学生安排培训福利及薪酬等。在学徒法中，澳大利亚各州和区域的TAFE组织或其他澳大利亚的专业教育和训练中心进行学徒制模式推广。普及"学徒制"的过程中，国家处于主要的位置，校企间紧密协作，具有统一的教学与训练规范，是一种以专业素质为导向，将专业学历与培训教学相结合、注重终生学习培养的专业教学方式。

2. 特点

第一，国家给予了有力的扶持，在农村专业技术教育中引进了市场化的制度。澳大利亚政府非常注重农业技术教育，建立了各级各类专业技术培训组织，制定了相关的政策和法律，促进了各种培训组织的发展，形成了多元化、层次化的发展模式。TAFE是澳大利亚推行的专业培训院校建设的基础，在全国范围内，超过70%的初高中毕业生都要到专业院校就读，而这些院校都是由国家资助的。

第二，强调职教教学的实效性与实践性。TAFE学院致力于"为农牧业相关行业的专业培训"，重视实践技能的训练，使教育和生产相联系。TAFE学校的教师均具有至少两年的实习经历，利用业余时间参加培训；学生实践技能学习的时间约占总学习时长的80%。如果学员最终未能通过检验测试，则没有毕业资格。

第三，充分运用网络技术，促进教育资源的分享。鉴于澳大利亚地域辽阔、人口稀少，许多高校和技术院校均配备了现代化的远程教育网络课堂，使得高质量的教学资源能够向全国推广。因特网不受限于时空、场所等因素，能

---

① 沙其富. 澳大利亚职业教育成功经验及其启示——基于TAFE学院模式[J]. 成人教育，2020，40（6）：89-93.

更好地适应个人的教学需要，为广大学员和农民群众提供最便捷的技术服务。

（六）墨西哥应用型办学模式

1. 内容

墨西哥的职业技术培训旨在为广大农民提供多种就业机会，促进其农业科研工作的推进。为更好地服务于本国职业教育的发展，该国政府重视乡村职业院校建设的育人及辐射效果。墨西哥现有数千所中等职业技术学院，提供 200 余门有关的专业教育科目，为农民、林业和畜牧提供了大量的专业人才。墨西哥还积极推动私营部门参与到职业学校建设中来，使乡村专业学校的组织结构更加健全。此外，还有一些农村专业培训，如农民培训和组织局、农业和水务局下属的农业产品和推广局等。20 世纪中期成立的"地方性发展研究院"，主要针对乡村技术工人进行训练，涵盖农业、政治、经济等方面的专业技术，并在原来的工作岗位上进行半年的训练。墨西哥国家农业部还在国内开办了一些培训机构，这些机构要求学生毕业后必须在"乌贾玛"工作两年以上。主要训练内容包括：如何合理使用土地、作物栽培和灌溉等农业方面的知识与技能。

2. 特点

第一，深入农村，贴近农业。根据农业和农民的实际情况，灵活地调整学校的办学方式和教学内容。学校的宗旨是为解决农村群众的生产和生活问题，促进农村科学技术进步。

第二，把扶贫工作和防止返贫联系在一起。一方面，国家每年都要拨出一笔钱，对贫困人口进行职业技术教育，协助较为贫困的群众在培训中掌握现代农业技术，习得赖以生存的技能，破解当下贫困的局面，使贫困地区的社会经济在集聚个体贡献中得到可持续发展。另一方面，国家重新调整了本土农村职业院校的发展策略，提出了乡村职教发展的可持续发展策略和乡村农民脱贫的措施。

第三，加强多方面的合作，共同推动农业发展。墨西哥国家教育部与全国农业专业发展协会、各省农业部门领导，共同拟订乡村职业教育发展的长远计划，以形成一股强大的力量支撑乡村职业教育。经过磋商和讨论，确定了重点农业专业技术发展计划,并统筹相关的经费,为乡村职教发展提供支持。

三、国内农村职业教育模式的类型

(一)反贫困发展模式

该模式的特点:首先,它与当地的扶贫工作紧密地联系在一起,通过国家的扶持和指导,将社会的扶贫资源投入乡村职业学校的办学中,加强对农村职业教育的监督力度,倍增农民的农业素质和技能应用水平,从而达到对当地资源的有效利用;其次,实行多样化办学体制、极具弹性的农村职业教育,打造多模态的教育形式,充实优质办学内容,以契合对乡村职业教育中不同培训人群的高素质人才需求;再次,将乡村职业教育融入区域的脱贫发展战略之中,并成为脱贫的一股重要力量;最后,将农业专业的设置与当地的经济发展要求紧密联系起来。

(二)资源开发型模式

这种方式主要是以地方政府为主导,以中职学校为龙头,以乡镇农校为主要成员,并以某种制约制度把区域内有潜力的学生列入"管理名录"。利用职业院校进行资源的整合,使区域内的资源优势转变为经济上的优势,从而达到人才的培养、自然资源的产业化发展、文化与社会的融合。这些区域的乡村职业教育具有以下几个特征:一是在发展乡村职业学校时,充分挖掘区域的资源,发展本地的农牧业和乡镇企业;二是在乡村地区大力推广和普及现代农业技术;三是要根据本地的人力和物力,进行有效的开发和利用。

(三)"科教农"结合模式

"科教"与"农业"的融合,就是要以科技进步为推动力,大力发展农业工业,带动乡村的发展。在国家的统一规划下,将农业、科技、教育等部门的人力、物力、财力资源整合起来,以推动三部门融合发展。在推进这一新的发展中,大力地推进了农业技术的进步,推动了农业和乡村的经济结构的优化和发展。

(四)"阳光工程"培训模式

"阳光工程"通常是由政府或国家主导的,由大型社会团体牵头,在特定区域内开展的各类就业辅导与训练,主要是为了提高受助人员的生产技能和生活技能,从而实现转岗和安置。"阳光工程"和"温暖工程"就是对就业人员进行工程教育的支持,其优势包括加速农村剩余劳动力的迁移和新型农村职业培训的发展。

(五)中心辐射型模式

中心辐射型是由县人民政府扶持,以优质的龙头企业为主体,与基层农村的专业学校、成教基地相连,并将各地区的培训机构横向联系起来,从而实现学校的纵贯和联合。农业、科研、生产一体化,以农业科研院所、农业大学"上挂"平台技术为主;"横连"农业有关单位负责农业科研课题,借助政府的力量进行农业科技宣传;"下连"农业高校的教师和学生,在农忙期间为农民提供知识和解决实际问题,将知识直接变成了生产。集中辐射式的发展,主要体现在:一是强化了乡镇政府对农村职业教育的宏观引导与全面规划;二是促进了乡村职业教育的发展,整合了乡村职业院校的各项职能;三是集中辐射式的发展,实现了乡村职业院校的网络化,有效地调动了乡村职业院校的教育资源,使学校的发展达到最优效果,提高了教育教学质量。

(六)职教集团型模式

职业院校和成人院校共同构成了职教集体。以优质的教学、高社会声望和大型规模的职业学校为核心,通过合同保证,中等职业学校、高等职业学校和成人教育机构相互配合,形成科学研究、社会服务和教育研究三个部分的办学组合体。职业教育集团化的基本特征:一是通过重大项目的实施和内部资源的整合,实现对企业各种资源的合理分配和利用,集团化的用户不断加入融合创新队伍中,赋予了职业教育资源新的活力,公共优质职业教育资源成了集体智慧型、大众可用型的共享财富;二是职业教育集团的组织形式是基于经济的,即学校与企业的组织形式能够实现体系结构成本的效益变化,为尽快投入实际运用产生辐射效益,通过特派引进现代化运行管理机制,借鉴他人的管理优势并通过实践优化创新出符合共同体管理的制度以拓宽职业教育资源的远程实用边界。

四、国内外农村职业教育模式的启示

(一)农村职业教育范畴扩大

目前有关职业教育的诸多研究均将其按地区来进行分类,即以乡村为基础,为"三农"提供服务的涉农专业建设乡村职业学校;以城市第二、第三产业为主,培养技术人才的城市职业学校。但是,由于我国的经济和社会的发展,农村地区出现了大批的农村劳动力转移。为破解这一困境,经验的汲取包括在乡村地区开展的"向农"培训、乡村技能人才培养、乡村工匠培训以及乡村或城镇中为提高农民工的就业技能而开展的"离农"职业培训。为促进农村职业教育的发展,农村职业技术与非农职业技术教育在体系的发展中应当具有同等的地位。

(二)加强立法和投入机制建设

从西方国家的成功案例可以看出,发达国家对农业教育的法律、制度、法规等方面都十分注重,并在法律层面上保证了本土乡村职业教育的快速、稳定发展。通过制定法规,有专业机构统一规划、统一管理,社会各方面的支持与配合。依托相关的法律法规协调和管理体制,确保职业教育经费的持续投入,推进职业教育的平稳发展。从我国"示范县"的实践中也可以看出,它们也是通过设立专业发展的投资体制,确保了大量的教学经费,并逐渐地落实了发展中的财政政策,而教师和人员制度的协调,终于使农村职业教育教学走在了全国的前列。由于农村职业教育是导向供给社会需求,培育建设农村体系的管理、技术人员的教育,其实训重点在于培养学生的实用技术能力，而职业院校培训需要大批实训场地、设备和训练材料，因此需要人力、财力、物力作保证。

（三）打造多元化主体合作模式

德国的"双元制"，即学校与公司合作，政府与产业组织对其进行管理与监管；而英国的农业教育也表现出了多样化的特点，即政府、科研机构、学校、农业训练以及科技教育网络结合。国家"示范县"也是在实施职业院校的基础上，对职业院校的办学方式进行了改革，开展了与企业、行业的合作，开展多种形式的专业培训，加强校企联营，推行学徒制教学，培育新型职业农民，为农业剩余劳动力提供有效的就业支持。科研机构、学校、企业、行业协会、社会团体等多方参与、相互交流、相互补充的专业教育体系，既能确保培训途径的专业化、形式和内容的多样化，又能确保充分的经费投入，使职业院校紧密结合生产实践，从而有力地促进乡村职业教育的发展。

（四）建构科学教学评价体系

农村职业教育国家普遍实行了专业技术资格认证体系，并通过专业技术培训和学历教育的相互认可，以第三方的行业组织认证为主要载体，确保了国家职业教育的公平、可靠，保障了我国职业教育的教学工作。其中最具代表性的是西欧的英国，其将职业证书与农户的考评有机地联系在一起，而对教育、教学的监督与评估则是以专门化的专业评定为主要内容，以专业、产业、公司为单位的考试委员会，以行业、公司的标准和要求为依据，进行确定合格的评定指标，从而更加客观、科学、权威。以日本、韩国等国家为代表的东亚农村职业技术的教学评估，侧重于对实际技术的掌握和使用，重视实践技能和创造精神。我国急需构建一个科学化、自动化的教学评估系统，形成多元数据的评估机制，才能真正推动乡村职教的发展。

第二节 乡村振兴对农村职业教育模式提出的新要求

一、农村职业教育的任务及要求

《国家职业教育改革实施方案》明确了职业院校和应用型职业教育于2019年开展"职业资格认证+学历证书"的试点工作[①]。到2022年，职业教育学校的办学条件基本符合要求，从一般本科学校向实践性转变发展。在未来5～10年内，我国职业院校的办学结构将从政府主导转向以政府引导、社会主体多元化发展，从盲目寻求规模扩大转向着力提高办学质量，建构出农村职业教育具有自身特色的办学模式，而非一味地参照源自普通教育的办学模式，采用激励政策号召社会、组织、个人等多元办学主体的主动参与，打造出集合特色涉农专业、相关专业定向鲜明的教育。就农村职业教育而言，有以下五项工作与要求：第一，对农村职业教育的战略定位进行了界定。从三个层面对职业教育的发展进行论述。一是职业教育是国家教育制度建立、发展人力资本的一个主要内容；二是职业教育为广大青年开启了一条成材之路；三是职业教育担负着培育多元化人才、传承专业技术、推动大学生就业、引领大众创业的重任。第二，明确对农村职业教育的时代任务。对目前和未来的职业教育改革与发展提出了清晰的要求，乡村振兴的职责是向社会输出规模庞大兼高质量的实用技能型就业者和现代农业科技人才。第三，对农村职业教育未来的发展进行了清晰的定位。农村职业教育创办的目的是坚持导向供给社会需求，培育建设农村体系的管理、技术人员。要加强职业院校的办学体制创新，实施产教融合、校企合作，积极鼓励社会各界尤其是行业公司对职业院校的大力扶持，努力构建具有中国特色的农村职业教育。第四，明确农村职业教育的扶持方向。要大力支持农村地区、民族地区和贫困地区的职业教育。第五，对各级党委和政府职能进行了界定。要加强对职业院校的建设，使社会多元主体加入农村职业教育的发展队伍中。

[①] 国务院.国务院关于印发《国家职业教育改革实施方案的通知》（国发〔2019〕4号）[EB/OL].（2021-12-07）.http://www.gov.cn/zhengce/content/2019-02/13/content_5365341.htm.

二、农村职业教育模式的定位

(一) 传统定位

乡村职业教育的职能定位是开展乡村发展的先决条件。自改革开放后，我国的职业学校始终将坚持"为农村"的办学职能，也就是乡村的专业学校。乡村职业课程设置、专业设置和人才培养都是面向乡村的，其目的在于推动乡村的社会和经济发展。然而，伴随着国家的转型和乡村的发展，乡村职业教育纷纷开办了大量的非农业专业，从而促进了乡村职业的发展。然而，由于全国高等学校的大规模招生，乡村高职又一次"试水"了普高，开始了与一般高中的同质化的竞赛，从而使乡村职业教育在教学体制上形成了一个"四不像"。

在这一发展历程中，学者们围绕着乡村职业教育的角色问题进行了探讨，关于乡村职业教育的传统职能问题，有三种不同的看法。第一，乡村职业教育是为乡村发展服务的，乡村职业教育要以地方工业发展为导向，以培育高质量、高层次的人才，从而促进乡村的发展。第二，乡村职业学校是为城市化发展而提供的。乡村职业教育的职能定位应当是"离农"型，即乡村职业教育重点发展的是乡村专业技术人员，让本地居民脱离"农民"的角色，为城市"添砖加瓦"。第三，乡村专业教学不能局限于乡村，要涵盖城市中为乡村社会和经济发展而设的专业学校。此一主张反驳了"离农"的另一种看法，将其从"在农"的角度加以拓展。三种不同的看法都着重于培养"以人为本"的"乡村职业教育"，这就是"无论为什么而为"的乡村职业教育必须重视"高质量实用人才"的培养。在国家发展的大背景下，传统的农村职业教育的办学方向已无法适应新时期的发展需要，同时也存在着很大的结构问题。要实现乡村振兴战略的顺利实施，就需要转变职能，实现自我更新与完善，提高服务品质。

(二) 河北省农村职业教育的新定位

在国家发展的大背景下，应重新调整农村职业教育的职能。首先，农村职业教育要为乡村建设提供有效的支撑，这就要求农村职业教育要为乡村建设提供高质量、实用的高层次人才。其次，要为"三农"提供有效的就业岗位。因此，必须加强乡村职业教育的管理和改革，推动乡村职业教育与高职教育、普通高校的相互交流和合作，从而形成一个完善的乡村职业教育系统。最后，乡村职业教育要为地方工业发展提供一定的支持，为地方特色行业创建名牌专业，从而推动区域的社会服务和经济发展。

1. 坚持服务于乡村振兴

由于传统的思想和发展程度的差别，使得很多人都觉得，在城里工作就会有前途，而待在乡下就意味着没有进步。长期以来，我国乡村人才的大量流失问题日益凸显。在国家发展新的战略背景下，发展农村的职业教育必须加快发展农村的社会和经济。我们不能将城乡分开，而是要以城乡为一体，使其与城镇的发展同步。在发展农村经济的过程中，要加强与城镇的经济合作，推动农村人才的自由流通，使农村的发展与城镇的发展达到相互推动的目的。

2. 坚持服务于"三农"工作

首先，要继续保持振兴农业。我国是一个农业国家，然而，作为国民经济的重要支撑，现代农业的发展水平还很低。这使得我国的农产品产量与国际相比，整体水平偏低，没有国际竞争力。目前，中国的农业仍然是以传统的农业为主，而由于其自身的特征，使得其发展速度相对较慢。为此，必须通过对农村职业教育的改革和创新，以科技促进现代农业的发展，乡村职业教育要立足于乡村，为乡村建设提供专门的人才。

其次，要继续发展农村建设。乡村振兴要建立一个漂亮的乡村，要使乡村的生态和文化和谐统一。乡村职业教育为乡村振兴提供了一种新的途径，也是推进乡村文化和生态环境的有效途径。农村职业学校在培育"新时代"的过程中，既要注重"以德治国"，又要注重"以法治国"。从培养新的农村人口中孕育新一代的优秀青年，提升他们的整体水平，从而促进农村的生态和文化的发展。

最后，要继续培养新型农民。农村改革发展的根本目标是要让老百姓富裕起来。乡村职业教育中，让劳动者掌握学以致用的技能，依靠个人双手付出的辛勤劳动贡献出一份价值力量，实现脱贫的同时防止返贫，由此走向富裕之路。它可以有效地提高农村居民的知识水平和技能水平，从而增强其脱贫能力，进而突破贫困的世代传承，以此达到振兴农村的终极目标。

3. 坚持服务于当地的产业发展

农村职业教育是导向社会供给需求，培育建设农村体系的管理、技术人员的教育，培养的最终目的是与社会就业相对接，与入职就业贡献个人价值是紧密联系的。社会就业系统中的优质人力资源数量、质量与结构需求决定了农村职业教育人才供给的规模与层次，农村职业教育反过来也促进了社会就业体系的规范化、专业化，且乡村职教要立足于地方的经济发展。因此，乡村职业院校设置的专业要为本地区的特色，并为其开办品牌专业，为"三农"发展提供"三位一体"的人才培养途径。

乡村专业技术人员的构成主要有两类：第一类是新职业的农民。"新"职业农民是一类既具备一定的文化素质，又具备一定的农业技术水平和经营水平的专业人员。新职业农民区别于普通的农民，他们是推动农村社会变革、发展农业、改变农业生产模式的关键。新职业农民必须进行有计划的乡村专业技术培训，以提升自己的整体水平，获取农业生产技术和知识。第二类是非农技人员。非农林实用技术人员是指在农村进行非农经济活动，为农村经济发展和农村产业发展服务的人员。农村职业教育是发展乡村振兴的重要基础，要适应地方经济发展需要，不断优化自己的人才培养方式，建立起专门的教学和训练系统，以培养高质量、高水平的实用技术人员。

第三节 "1+1×N"农村职业教育新模式的构建

一、农村职业教育模式的现存问题及原因

（一）农村职业教育模式的现存问题

在总结和深入剖析中国乡村职业教育的办学模式的基础上发现，譬如校企合作办学模式是由职业学校与企业签订合同契约，以"订单式"对学生介

入培养，双方为建立校企人才培养平台发挥出各自优势，形成互补的一种合作办学模式；集团化办学是旨在围绕实现名校优质职业教育资源的互惠共享辐射，在政策支持、主办牵头的驱动下，协同各响应学校的加入意向，由具有一定影响力的名校作为中心主体，由 N 个学校为联结点集聚成名校集团，形成校校集团化共同体的特色体制。校乡联合办学以抛弃老一套的课程、教材、大纲等凸显出农村职业教育学以致用的特性，以理论文化知识运用到实践性生产劳动活动为重心，用破"三农"困境的决心传授技能、壮大产业、防止返贫、致富向上，以更好地落实新农村建设之路。以上各种办学形式对剩余农民的转移、乡村经济的发展都产生了影响。然而，目前我国的农村职业教育发展方式还面临着诸多问题与弊端，如表 9-1 所示。

表 9-1　国内农村职业教育模式的问题

模式	问题
反贫困模式	培养目标定位滞后，资金来源不足
资源开发模式	农业课程限于传统农业，传授内容和方法脱离农村实际
"农科教"结合模式	领导机制的混淆，缺乏社会力量参与、制度保障和经费投入
"阳光工程"培训模式	过度依赖于政府
中心辐射型模式	师资队伍总体水平不高
职教集团模式	吸引企业参与的机制不健全，共同体内部"权责利"框架不清晰

（二）农村职业教育模式现存问题的成因

1. 多元办学主体参与机制不健全

对西方国家职业教育的办学机构进行剖析，可以看出：目前，西方国家基本没有单一的职业教育，而是由国家鼓励民间组织、个体参加，此举刺激下的农村职业教育形成了多元办学主体的格局。然而，反观我国农村职业教育办学主体多元化的体制不完善，一是高度依赖于政府的扶持，企业、学校及个人等主体联动性较差；二是学校组织、企业和个人参与程度低，尤其是企业没有充分发挥自身的能动作用；三是学校主体缺少制度和制约机制，没有规定学校、企业和社会的权、责、利，学校的多样化无法在乡村职业教育中形成有效的协同效应。

2. 办学经费来源缺口大

充分的财政投入是保证农村职业教育发展水平的一个关键指标。我国农村职业教育相较于国外呈现出启动较晚、基建较弱、环境较差等问题，其招生费用高于一般学校。然而，在现实中，我们的资金投资却很少，特别是在乡村地区对职教的投资相对较低。因资金来源匮乏，对农村职业教育的资金投资出现了巨大的缺口。由于我国乡村职业教育经费不足，致使其办学环境落后、教学设施落后，学生居住环境不能得到有效保障。

3. 师资队伍力量薄弱

乡村职业教育的办学教资保障条件不足。一方面，由于师资短缺，一位教师只能同时从事多种学科的教育，致使教学工作不能按时进行，造成了教育质量的下降。而在教育水平较低、素质较低的情况下，中高级教师的比重较低，缺少实际操作经验和实践技能技巧，对教学和学生素质的提高都有很大的不利影响。教师素质不高、教师年龄构成不均衡，对乡村职业教育的教学质量和教学水平也有一定的不利影响。

4. 专业和课程设置不合理

当前我国乡村职业教育的专业和内容设置不够科学。第一，职业的设立具有一定的盲目性质。职业院校教师的设置不适应乡村经济、社会发展的需求，教师队伍结构太过单薄、不够灵活。第二，教学内容的设计不够全面、不够实用。多数职业教育注重文化课教学，而忽略了技术训练；不同学科间存在着互相阻碍、不连贯的现象，造成了不同学科间的重复性与错位。第三，学科的教学内容过于僵化，对外部新的信息接收不够全面，区域与学校缺少可供选用的空间。

二、农村职业教育新模式的指导思想

（一）政府承担领路人角色

乡村职业教育作为一种公共教育，肩负着把庞大的人口压力转换为人才的重要任务。无论是哪一种乡村职业教育，都必须由国家主动地进行引导，以担当发展职业教育的重任,确定其发展的正确取向和培养的目的。在大力扶持和引导社会力量参与学校建设的同时,政府要积极组织社会力量、组织机构、私人个体参与,形成政府引领培训主体、社会多样群体主动参与、政府公办与私营民办并举的多元协同发展路径。另外,要加强对中职学校的支持,建立健全对贫困家庭贫困学生的奖学金体系,扩大其资助范围,提高其公平程度。

(二)因地制宜地采取不同模式

当前中国乡村职业发展的格局存在显著的区域差别。东部、中部和西部的乡村职业教育发展具有明显的区域特色,各区域间的发展也呈现出明显的区域差别,这说明中国的职业教育发展水平具有明显的区域差别。同时,由于不同区域间的教育资源分配不公、区域发展程度的差异,使得基于这种差异而构建的乡村职业教育教学的方式也会发生变化。

(三)企业和院校积极参与

在一定程度上,企业是乡村职业教育发展的中流砥柱,而企业的积极投入可以推动乡村职业教育的跨越发展。企业为对接高质量人才,在教师方面首先要维持职业学校的正常运行,再向其供给一部分拥有相应能力及从事资格的任课教师和实习导师,而在场所方面则负责提供实训、实习基地;职业学校以其服务宗旨和培养方案为企业定向输出人才,拓展合作空间。与各高校开展协作,以达到信息分享,适时地对学科和课程进行调整,提高学生的就业率,促进教学资源的有效使用。要实现企业的发展,必须依靠职业教育来提升劳动者的专业能力,而职业教育则是为适应社会发展而培育现代化劳动力。高校和企事业单位要加强交流和协作,实现互惠共赢。

(四)办学功能多样化

在西方,农村职业院校职能多元化,主要体现在:提升受教育者学历层次的学历教育和提高学习者专业技能的非学历教育共存,并处理好农村职业教育正规、非正规及非正式三者间的关系问题;职业前期、职业后教育及产教融合发展。从发达国家发展农村职业教育的经验来看，其多元化的办学职能可以适应各类劳动者的需要，同时也是当代教育发展的必然要求。在实践中，应充分吸取国外先进的经验，结合不同区域的乡村发展情况，有选择有重点地培训和发展，有重点地培养和建造，并在多种形式上进行灵活的专业设置，以达到不同的办学职能。

三、农村职业教育"1+1×N"新模式

（一）"1+1×N"教育新模式的内涵

具有创新性思维、人格与能力的人才是农村发展的重要因素，也是推进农村职业教育嬗变发展的核心要素。将发展人力资源视为第一要务，达到开放智力效果；以科学技术为基础，管理好乡村的通道，以培养更多的本土人才，集天下英才为其所用。推进农村人才振兴是一项系统性、整体性和协同性的战略项目，需要各要素、各主体的互动和协调。农村职业教育以面向"三农"为特点，旨在促进农村人力资源开发、为全面推进农村职业教育改革提供智力服务与人才动力的职能定位，为农村人才的振兴提供了广阔的空间。要使职业教育真正发挥其在乡村振兴中的作用，就必须在实践中建立"1+1×N"的新型教育模式。"1+1×N"教育新模式中，"1"是以"三农"为中心的行动指导思想，"1×N"是为乡村振兴而采取的多个具体措施，是指"顶天立地"的农村职业教育为乡村振兴提供了有力的支撑；"1"是措施的主导性因素，"1×N"是与解决措施实施路径相支撑的辅助性因素，这就意味着，农村职业教育在为乡村人才振兴提供服务的过程中要实现"要素耦合"；"1"是乡村人才振兴，"1×N"是乡村产业、文化、组织、生态等方面熔铸而成"以点带面"的服务振兴。

（二）"1+1×N"教育新模式的构建

农业智慧人才培育的振兴，是农村现代化发展的内生动力，也是乡村振兴战略能否成功推进农村职业教育嬗变的关键引擎。为实现乡村的振兴，农

村职业教育应建立新型的"1+1×N"的教育模式。一是要把服务"三农"的方向重新定位，加强"三农"人才的供应，拓宽"三农"人才的供给渠道，扩大本地人才的需求，提供"1+1×N"的人才结构；二是建立"农业+"专业群，形成"1+1×N"的专业集群，利用"1+1×N"的专业集群，形成"1+1×N"的人才综合素质；三是创新协同培养模式，建构"院校＋企业＋农村"协作育人主体，研制"案例＋创造＋立业"行动育人介质，举办"学堂＋社区＋田地"交流育人讲堂以及创建"线下实践＋线上指导"的融合育人网络，构造"1+1×N"的服务育人平台；四是联结体系化协援网络，通过产业援助与技术援助相组合、个体援助与机构援助相组合、学徒援助与青年援助相组合，组建"1+1×N"人才援助队伍。

1. 供给"1+1×N"人才结构类型

农村发展面临的最大瓶颈是人才短缺。如果没有足够的数量的人才，没有不同的人才支持，就不可能实现农村的复兴。要增加农村人才的数量，必须通过扩大"增量"和"存量"的盘活方式来实现。扩宽"增量"，是指把更多"会农事、爱农村、尊农民"的"三农"人才引进农村发展，加厚"存量"是指将农村普通农民培养成现代化农民，然后投身于振兴农村。在扩宽增量、加厚"存量"的实施中，现代职业教育体系，特别是农村职业教育具有农业导向、农村导向、农民导向的"三农"特点，在"注入""转化"的同时，也给农村职业教育的实际操作带来了巨大的挑战。

（1）加强"三农"人才供给力度

目前，我国农业科技人才培养中存在着农民"不称职、不稳定、不热爱""脱离农民"的倾向，导致新时代背景下新型农业人才的素质难以适应乡村振兴战略的要求。加之近年来，我国农村职业教育因综合因素造成围绕涉农领域的相关专业持续萎缩退化，面向"三农"的专业人才由于专业设置问题供应急剧短缺，情况不容乐观。在近几年对贫困县的实地考察中，大部分的农村职业院校都处于萎缩甚至停办的状态。农村振兴"求才若渴"与"门庭冷落"的农业专业形成了鲜明的对比，需要农村职业教育在新时期的乡村振兴战略中，重新审视涉农专业的时代价值和发展前景，在国家、市场的双重推动下，大力发展涉农专业，拓宽"三农"专业的人力供应。

（2）丰富"三农"人才供给类型

在农村建设的进程中，伴随着农业休闲区、农庄旅游业、养老服务业、精品民宿业等新型业态的良性蓬勃发展，农村不仅要有农业主导人才（即"1"），还要有各种各样的人才辅导（即"1×N"）。新时期农村建设需要新的人才类型。所以，农村职业教育不仅要为农村提供农业人才，更要以"懂农业，爱农村，尊农民"为核心，立足于"三农"的办学宗旨，将这些知识系统融入譬如汽车使用维修、旅游服务管理、养老康复中心等非农业类专业的培训中。

（3）供给"三农"优质乡土人才

以聚焦"三农"路径实施乡村振兴战略，以农业为主产业，以农村为主阵地，以农民为主人翁。除了当地所留有的人口外，农村人才的振兴，不仅要有引进外部高质人才的能力，而且要重视本地的人才培育，做好双向抓手发力，才能行而有效地调动农村人才涌入的积极性。在乡村振兴战略的大背景下，农村职业教育应以农村人口的规划标准分类为科学依据，构建农村人才需求预测模型，并对其进行针对性的培训。农村职业教育不仅要强化对农村剩余劳动力的培训，要针对农村劳动力的需要，积极地研究形成"农场主人""农业经营管理员""农村匠工""非遗继承者"等灵活差异性的人才培训，丰富乡村优质多样的素质人才类型。另外，在对农村剩余劳动力进行职业技能培训的同时，也要通过体制创新、服务创新等方式，把大批"新农人"引入多样化的人才培养系统中来。

2. 培养"1+1×N"人才综合素质

农村发展的关键在于建立农村产业系统，构建生产系统与经营系统相结合的现代化农业体系。面对新形势下的农村产业集群发展，"一专一能"的传统人才结构已经不能满足需求。只有在涉农专业的基础上，构建"农业+"的专业集群，以破解人才结构瓶颈问题之势，培育"一专多能"的集理论文化、懂得技术、擅长经营、知晓打理于一体的现代化农业科技人才，才能真正实现农村人力资源的振兴。

（1）乡村产业设置"1+1×N"专业集群

第一、第二、第三产业的融合是农村产业发展的主要方向，但其整合逻辑却不尽相同。为此，构建"1+1×N"的农村职业教育集群必须进行农村市场调查。对乡村市场需求的摸底调查是农村职业教育专业群建设的重要依据，只有对市场格局、产业供应链、职业岗群的状况有全面、精确的认识，职业群体才能具有生命力和价值感。由于地域空间、地域资本等因素的影响，在不同政策的加持下我国各县域范围因地制宜，探索出多种本土化的特色农业，形成了差异化发展模式。大环境下的农村职业教育必须对农村的产业现状和融合逻辑进行调查，确定各地区的优势产业和延伸产业，并以此为基础，形成"1+1×N"的专业化集群。对此，"1"是与地方优势产业对接的主要专业；"1×N"是与主要产业相关的几个专业。"1"和"1×N"的方式，突破了传统的以专业为单位的优质人才培训模式，以现代化农业需求的产业供应链为中心点，打造出一个具有辐射功能的专业集群。

（2）"农业+"专业构建"1+1×N"课程集群

课程群在构建农村职业教育的过程中起到了承上启下的作用，即形成工业群体、专业群体、课程群体、能力群体、知识技能群体。在"1+1×N"的专业集群结构下，农村职业教育还应建立在专业集群衍生的现代农业岗群所共有的理论知识和实践技能的基础上，构建"农业+"的逻辑共享、中心辐射、顶层分化、技能迭代的专业群协同课程系统，其中"1"为必修课程，"1×N"为选修课程，从而为培养"一专多能"学员的知识结构、综合能力结构提供机制保障。

（3）院校课程整合"1+1×N"资源集群

与传统的学科建设不同，集群发展模式需要以产业融合为核心，加强对农村职业教育的资源整合。一是实现学科资源的内在整合，以"一专多能"为基础，将涉农专业（即"1"）与其他组合专业（即"1×N"）共建共享教学软硬件资源，包括专业群的专职师资队伍、兼职聘任教师、专业实训器材、校内培训场所、校外农业基地等多元资源。二是实现专业资源的外部整合，以"农业+"专业为核心的职业院校（即"1"），与企业、农业场所、村庄农户、相关职校、农科院所、普通高校等外部主体（即"1×N"）形成优势互补，通过整合各方资源，在资源共享的同时，提高现代农业专业群的综合发展能力。

3. 构造"1+1×N"服务育人平台

要培养一批热爱农村、懂得农业、尊重农民的现代化优质农村素质人才，必须面向农村、试验农业、贴近农民。农村职业教育是一种具有跨界性质的教育形式，以产教融合、校企合作等方式为促进农村人才发展提供了切入点，而要做到这一点，就必须构建"1+1×N"的协同育人平台。

（1）建构"院校＋企业＋农村"协作育人主体

提高"三农"教育素质，需要各方面的协作。要突破区域界限，建立涉农专业教育集团，建立现代农业发展联盟，形成"1+1×N"的"三农"人才培育共同体。"1"是作为主体的专业学校，"1×N"是产业公司；"1"和"1×N"是以互利互惠为基础，相互配合、有机互动，将"专业指导教师""创业辅导人员""农业科技专家"三者有机地融合在一起，形成了校企合作"培育人"、校乡合作"繁育人"、乡企合作"引进人"、三方合作"成就人"的育人途径。

（2）研制"案例＋创造＋立业"行动育人介质

如果没有特定的协作对象和载体，那么，互动的培养就会成为一种形式。因此，在建设"1+1×N""三农"人才培育共同体的前提下，还要发展有效的教育载体或教学内容，以"案例、创造、立业"作为育人介质，可以全面提高受教育者的农业分析能力、农业创造能力、农业立业能力。农村职业教育可以利用涉农企业的实际项目，对受教育者进行"做中学""学中做"的教育，使受教育者在农业创造中的实际操作技能得到锻炼；企业、村社可以委托专业院校进行农业技术改造和创新，受教育者能够主动通过参与农业技术创造的途径实现立业的探究。

（3）拓宽"学堂＋社区＋田地"交流育人讲堂

"三农"教育是一种实践性很强的教育方式，过去的"黑板上的种地"教育方式已不能适应新形势的要求。农村职业教育要在"一懂两爱"的当代"新农人"的基础上，延伸育人空间，构建"1+1×N"的教学讲室，构建跨越时间和空间的"第一课时课堂""第二兴趣课堂""第三实践课堂"。"1"是相对固定的职业学校，"学堂课堂""社区课堂""田间课堂"是比较灵活的"1×N"。"学堂课堂""社区课堂""田间课堂"三者间注重灵活性，注重实践能力的培养。扩大课堂空间，既有利于促进农村职业教育农学专业人才的培养，也有利于促进高职高专学生的弹性学习，促进农学结合。

(4) 创建"线下实践+线上指导"融合育人网络

由于"三农"的生产、过程等特征，使其具有高度的差异和环境特征，不同背景的受教育者来自不同的地区、身处不同的阶段、拥有不同的学习需要，均需要有针对性地进行个性化培养。因此，农村职业教育要通过无线互联网络实现线下物理环境和线上学习空间的互联互通。技术催生出新线上学习样态，通过 iPad、计算机电脑、智能手机等互联终端，师生可以共同开展从线上到线下（OTO）、线上和线下（OAO）或线上线下融合（OMO）式的混合学习。运用"在线课堂"等有效的网上教学平台，如"田间微教室""农业科技微课"等，融合资源发布、信息交流、记录跟踪、适时管理的路径，以符合源于"以人为本"不同受教育主体的差异性、个性化的学习需求。

4. 组建"1+1×N"人才援助队伍

乡村振兴不仅需要依靠当地的人力资源来促进自身的发展，同时也需要借助于外来人才的支持。《乡村振兴战略规划（2018—2022 年）》[1]明确提出，要"采取更主动、更开放、更高效的人才政策，以促进农村人才的振兴，使各种类型的人才能在农村大展拳脚、大显身手"。农村人才下乡既可以直接补充农村的人力资本，也可以帮助农村构建更加广阔的外部互动网络，提高农村的社会资本水平。在实施立体化人才支持体系的基础上，农村职业教育还可以构建"1+1×N"的人才体系，为农村人力资源的振兴提供有力的援助。

(1) 产业援助（即"1"）与技术援助（即"1×N"）相组合

农村职业教育同乡村振兴相联系协调互助，既要先解决脱贫致富后防止返贫，又要实现"乡风文明""治理有效"等特定的目标，要以产业支持为主线，以智力支持为推动，以全方位帮扶为导向，以各类师资跨界融合而成人才援助队伍。"1"指的是与农村产业有关的专业老师，他们的职责作用是"产业领导"或"技术人员"，负责农村的振兴；"1×N"是指农村职业教育的思政教育、文化传媒、地质地理等多种专业的师资力量，重点倾向于支持农村的政治思想、文化氛围和生态环境振兴，并极力进行"1+1×N"模式的人

---

[1] 中共中央国务院印发《乡村振兴战略规划（2018—2022 年）》[J]. 农村工作通讯，2018（18）：8-35.

才支持体系的整合，实现农村的振兴。

（2）个体援助（即"1"）与机构援助（即"1×N"）相组合

所谓"个体援助"，是指农村职业教育将具有一定专业知识的教师送到农村，作为"第一书记"，以此为枢纽，实现对培训农村职业教育高素质人才的支持。由此可见，在乡村振兴中，第一书记扮演了举足轻重的角色。职业学校的教师一般都是有产业背景、企业背景和组织依托的，因此，他们在农村工作中的作用是比较突出的。基于个人支持，职业教育还可以根据所支持的农村特色和需要，组建"乡村振兴学院""乡村振兴支持小组""农民学院"等各类人才支持机构，通过这些机构，吸引各类专业教师兼职为"乡村振兴学院""乡村援助"，扩大人才支持队伍的服务和规模。当然，要确保农村人才援助体系的正常运作，校方可以根据其人员人数及工作内容，提供一定数额的资金，以支持其可持续发展。

第十章　乡村振兴背景下河北省农村职业教育师资推进

第一节　河北省农村职业教育师资现状

教师是农村职业教育发展的中坚力量，是落实乡村人才振兴的重要保障。通过文献分析发现，河北省农村职业教育教师研究主要集中在教师的社会地位、身份认同、队伍建设、专业发展、培养培训以及相关政策研究等方面。笔者通过调研和访谈，从河北省农村职业教育师资结构、教师专业化发展水平、教师教学水平、教师的职业认同、师资队伍的稳定性等方面探讨乡村振兴背景下河北省农村职业教育师资的现状。

一、河北省农村职业教育师资结构现状

2019年，河北省设立的高等职业院校共有61所，中等职业院校785所。2019年，河北省高等职业学校共有44.98万在校生，中等职业学校共有在校生77.46万人。2019年，河北省职业院校教师总数为7.72万人，其中，中职学校专任教师总数为4.85万人，高等职业学校专任教师总数为2.87万人。河北省高等职业院校和中等职业院校的师资结构统计数据如表10-1所示，河北省高等职业院校和中等职业院校教师的结构占比如图10-1所示。

表 10-1　河北省高等职业院校和中等职业院校师资结构统计表[①②]

(单位：万人)

类别	教师	"双师型"教师	高级职称	硕士以上学历	生师比
高等职业院校	2.87	1.57	1.04	1.68	15.70∶1
中等职业院校	4.85	2.05	1.50	0.34	15.97∶1

通过表 10-1 和图 10-1 的数据显示，2019 年河北省职业教育的师生比比 2018 年略有提高，2019 年河北省高等职业院校和中等职业院校的生师比分别为 15.7∶1 和 15.97∶1，远低于国家规定的师生比合格标准 18∶1，且各地市职业教师师生比分布不均，如石家庄地区中等职业教育的师生比为 23.4∶1，保定地区中等职业教育的师生比才 10.6∶1[①]。目前河北省农村职业教育教师数量长期不足，但也有个别地区的职教师资还是比较充足的。河北省职业教育师资中高级职称的人数分别为 1.04 万人和 1.50 万人，分别占高等职业院校和中等职业院校师资的 36.17% 和 30.01%[①②]，已到达国家高级职称比例标准的 20%，说明高职称人才整体上是满足职业教育的基本要求的。目前河北省高等职业教育和中等职业教育的"双师型"教师占比分别为 54.67% 和 42.28%，没有达到教育厅 55% 的基本要求，中等职业教育的"双师型"教师尤其不足。

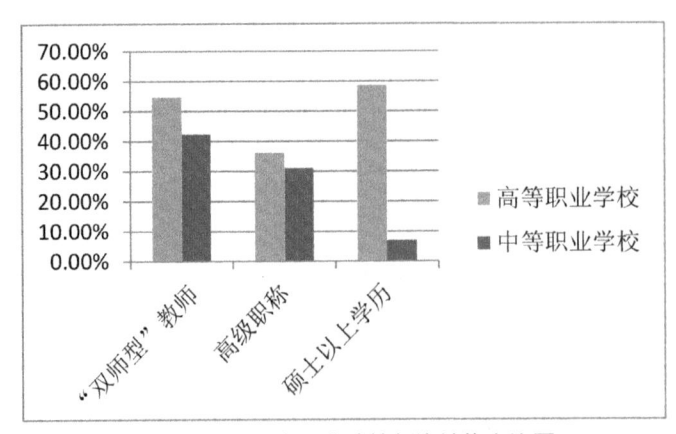

图 10-1　河北省职业院校师资结构占比图

---

① 河北省教育厅. 河北省中等职业教育质量年度报告（2020）[EB/OL]．(2022-04-06).
http://hvae.hee.gov.cn/col/1498526293754/2022/04/06/1649232098464.html.
② 河北省教育厅. 河北省高等职业教育质量年度报告（2020）[EB/OL]．(2020-03-18).
http://hvae.hee.gov.cn/col/1494915692103/2020/03/18/1584515999243.html.

河北省中等职业教育学校教师或来源于高中教师，或来源于基础文化课教师，或来源于大学转岗，或来源于应届毕业生，缺乏相关岗位的实践经验，在教育实践指导过程中缺乏能力，只能照本宣科，脱离了乡村产业发展的需求和乡村人才的发展需求。

二、河北省农村职业教育教师专业化发展水平现状

职业教师的专业化水平，直接关系到河北省农村职业教育的质量。习近平总书记在同北京师范大学师生代表座谈时提到"需要大力培养造就一支师德高尚、业务精湛、结构合理、充满活力的高素质专业化教师队伍"[1]，这也适用于农村职业教育的师资。截至 2019 年年底，河北省职业院校教师总数为 7.72 万人，他们的专业化发展程度直接制约河北省农村职业教育的质量。河北省一直重视农村职业院校教师的专业发展，但在专业发展过程中仍然存在一定程度的"跟不上"，省委省政府也一直在推进职业教育师资的专业化发展进程。乡村振兴背景下，在教师的专业理念、专业知识、专业能力等方面都提出了新的需求，需要我们持续关注。

（一）教师专业化概念

教师专业化从 20 世纪 60 年代开始兴起，随着时间的推移和时代的进步，由教师是一种专门的职业到教师是教育教学的研究者，教师专业化的概念不断演变，霍伊尔、Fullan & Hargreaves、Hargreaves、朱旭东、教育部师范教育司、贾腊东、叶澜等都从不同的视角阐述了教师专业化的内涵。叶澜教授认为教师群体的、外在的专业性提升过程就是教师专业化[2]。教师专业化涉及教师群体的有组织的专业化发展过程和教师个人的有目的的专业化发展过程。教师群体专业发展以教师个人专业发展为基础，教师个人专业发展必须在教

---

[1] 习近平.做党和人民满意的好教师——同北京师范大学师生代表座谈时的讲话[N].人民日报，2014-09-10（001）.
[2] 叶澜，白益民，王枬，等.教师角色与教师发展新探[M].北京：教育科学出版社，2001：199-208.

师群体中不断提升。教师个体专业化发展可以分为职前教师的培养、新教师的入职培训和教师的在职培训,最终成为一个具有终身学习意识和能力的合格的教育工作者。职前培养一般是指师范生在师范院校接受相应的教师教育,如植物科学与保护专业的师范生,主要面向职业院校的植物科学与保护专业的教师岗位开展培训,包括专业理念、专业知识和专业能力等;入职培训指的是教师在进入教师岗位之前,围绕新入职教师面临的问题、常规的教学流程、学校的规章制度等进行培训;在职培训则是围绕教学理念、教学方法、教学研究、专业知识等方面,由相关教育行政部门和学校进行统筹管理,教师脱产或不脱产进行的在职培训。本书围绕河北省农村职业教育教师的职业理念与师德、专业知识和专业能力三个方面调研其专业化水平。

(二)职业理念与师德发展水平参差不齐

习近平总书记一直强调教师要以立德树人为己任。立德树人是开展农村职业教育的重要理念,也是职教教师必须遵守的职业道德之一。河北省农村职业教育教师年度考核的第一条就是"本年度的思想工作总结",足以见证教师的师德发展水平是衡量和评价教师的重要依据。

通过调查和访谈得知,河北省农村职业教育师资队伍的职业理念和师德方面的水平较高,学生对教师教育教学过程中蕴含的职业理念以及表现出来的师德修养都表现出了较为满意的态度,但在不同群体内也存在一定的差异性。学生对教师职业理念和师德水平的认知数据如表10-2所示。

表10-2 学生对教师职业理念和师德水平的满意度

题目	非常满意	满意	基本满意	不满意
教学过程中能关注到学生需求,形成师生互动	53.77%	36.46%	6.90%	2.88%
教师能关心关爱学生	57.56%	30.99%	9.20%	2.24%
教师公平地对待每一个学生,促进学生全面发展	48.42%	37.32%	10.64%	3.62%
教师能结合学科的前沿	47.56%	32.60%	7.76%	12.08%

在访谈中发现,个别学生提到,大部分教师能够在教学过程中照顾到学生的情绪和学生的水平,用学生能理解的方法讲清楚相应的知识和技能,而且能

拓展学科的前沿知识，向学生介绍岗位的实际内容，课堂教学活跃，学生学习的积极性高；同时也存在个别教师授课过程中照本宣科，不拓展、不关注学生的需求，课堂沉闷，学生不理解，学习效率低。访谈中体现了职业教育教师身上蕴含的典型的专业理念和职业道德。乡村振兴背景下农村职业教育是一个系统化的工程，需要社会、学校和教师协同培养人才。个别教师身上出现的专业理念和职业道德的短板效应，会再次印证"木桶理论"，制约着河北省农村职业教育的发展。乡村振兴背景下河北省农村职业教育的发展，要关注职教师资中的薄弱环节，提升全体职业教育教师的专业理念和师德水平。

河北省农村职业教育教师的专业理念和师德水平也存在着一定的年龄差异。部分教师关于职业理念和师德水平的数据如表10-3所示。

表10-3 教师关于教师职业理念和师德水平的数据表

题目	非常赞同		赞同		不赞同	
	35岁以下	35岁以上	35岁以下	35岁以上	35岁以下	35岁以上
您热爱您的职业吗？	60.62%	49.44%	37.96%	39.65%	1.42%	10.91%
您对您未来的职业发展有规划吗？	40.23%	45.75%	35.69%	34.51%	24.08%	19.74%
您在教学中会关注学生的实际需求吗？	52.41%	42.38%	41.36%	31.78%	6.23%	25.84%
您在教学中会融入前沿知识吗？	54.39%	46.39%	29.75%	42.38%	15.86%	11.24%

调查的数据显示，35岁以下的青年教师在对职业的热爱和关注学生实际需求方面，优于35岁以上的教师，而在职业发展规划和融入前沿知识方面，略低于35周岁以上的教师。通过访谈了解到，新教师入职时间短，正处于精力最旺盛的时候，且与学生年龄差较小，容易和学生打成一片，更乐于关注学生的需求；年轻教师的教学经验相对较少，岗位认知和自己的未来发展还处于一定的"漂移"阶段，且难以有效地在教学中融入前沿知识。

（三）专业知识水平偏低且不平衡

教师专业知识是教师知识模块的重要组成部分，在一定程度上能够代表教师的专业化水平。借鉴2019年教育部印发的《职业技术师范教育专业认证标准》，将农村职业教育教师的专业知识分为教育学知识、心理学知识、人文社科与科学素养知识、专业课程知识、教师教育实践知识和职业技能实践知识，并对各维度的专业知识分别设计测试题10题，每题5分。在随机发放的2000份测试卷中回收有效试卷问卷1872份，求得各维度知识的分值如表10-4所示。

农村职业教育学校教师的教师专业知识水平总体处于较好的水平，其中教育学基本知识和专业课程知识平均得分分别为4.113和4.028，说明当前的河北省农村职业教育教师入职基础不错，具有良好的教育学基础知识和学科专业知识。其他维度的平均分都在3.4和4.0之间，且最低平均分与最高平均分相差0.749，说明教师专业知识的各维度水平存在着一定程度的不均衡，尤其是人文社科与科学素养知识和职业技能实践知识明显处于薄弱环节。

表10-4 教师关于教师专业知识能力的数据表

类型	最低分	最高分	平均分
教育学基本知识	1	5	4.113
心理学基本知识	1	5	3.452
人文社科与科学素养知识	1	5	3.364
专业课程知识	1	5	4.028
教师教育实践知识	1	5	3.824
职业技能实践知识	1	5	3.452

通过访谈了解到，由于省政府省教育厅以及相关的职业院校重视职业教育的改革，在教师招聘和在岗教师培训的过程中，不断强化教师教育的实践知识、教育学的基础知识，使得教师这两方面的知识能力表现良好，而关于职业技能实践知识，是随着社会和个人的需求不断变化的，且教师来源于实践岗位的较少，造成个别维度的平均分偏低。河北省农村职业教育教师，应从多个维度不断提升个人的专业水平，有效促进教师的专业化发展。

（四）专业能力较弱

教师的专业能力是衡量教师专业化发展水平的重要指标。整体来看，河北省农村职业教育的教师在组织管理能力、职业发展能力以及专业实践能力等方面处于薄弱状态。

组织管理能力可以体现在班级管理、班团日活动管理以及学校的日程管理等方面，它有明确的管理目标，要求能够灵活运用常见的教学方法和德育方法，将社会、学校、家庭和学生等各种力量合理地组织起来，达到促进学生发展的目的。其中交流与合作能力是组织管理能力中较为重要的一项能力。通过访谈发现，大多数农村职业教育教师能够与同事有效地合作交流，分享彼此的经验和资源，能与领导、家长有效沟通，说明教师并不缺乏交流与合作能力。

职业发展能力是指教师能够有意识地规划自己的职业生涯，借助信息化环境不断地更新个人的知识与技术的储备，追踪职业岗位的行业信息和实践情况。回收的问卷数据显示，70.34%的教师能自觉学习学科的新知识与新技术，但也有部分教师存在职业倦怠现状，一本教案讲到老，部分教师对于参加培训提升职业能力的认可度不高，安于现状。

专业实践能力包括教师教育教学的实践能力和教师的职业技能实践能力。河北省农村职业教育教师的整体实践能力一般，且部分学校由于教师数量不足，不得不尽可能地放低标准招收教师，比如说，招收的教师没有参加过教师资格证的认定，缺乏教育教学实践能力，造成了职教教师的教育教学实践能力存在一定程度的不足。此外，农村职业教育教师缺乏实践锻炼的机会，来源于岗位的技能型人才不足，造成职业技能的实践能力不足。

三、河北省农村职业教育教师教学水平现状

教师工作能力的综合评价主要以教学水平为参考。长期以来，河北省农村学校教师的教育水平受限于当地的文化生态和工作环境，我国对农村教育发展的需求和农村职业学校对高素质教师需求的不断提高，而农村职业学校教师的受教育水平却难以满足这些需求，从而制约了农村教育质量提高。农村职业学校教师是农村教育的重要组成部分，教育能力关系到农村职业学校教师的专业化水平，也关系到农村教育的质量。因此，提升农村职业学校教师的教学能力成了乡村振兴的关键任务。

（一）教学设计

河北省农村职业教师的总体表现状况较好，相比较而言，对教学环境的设计能力较强，但是对学段教材的把握能力较差。由于部分农村职业教育学校师资不足，教师学历不高且没有接受过系统的教师职业技能培训，对什么是教学设计、为什么要进行教学设计不理解。通过对随机抽取的521份教案进行统计发现，部分教师对教学目标对人才培养的支撑度不明确，最终导致教学设计的导向性不足；部分教师教学过程中照本宣科，大部分是知识点的罗列，缺少对教学过程的设计，体现不出对学生的关注以及对教学理念的应用。而在教学情境设计部分，大部分教师考虑到了学生的学习需求，能合理设计学习情境。

（二）教学实施

河北省农村职业教师板书设计合理、简洁，但在课堂组织管理方面还需努力。经文献分析总结，绝大多数农村职业教师会调动学生积极参与课堂教学活动，但少部分教师表示自己在维持课堂秩序方面存在一定困难。很多教师都只会一成不变地讲课，完成讲课任务就算万事大吉，课下不与学生沟通、交流，不知道学生更易接受哪种教学方式，也不清楚学生对知识的掌握情况如何[1]。

从课件的设计上看，笔者随机抽取了103份课件，发现大部分课件是课本内容直接复制过来的，缺乏一定的教学设计和界面设计；对河北盐山县职教中心对教师发放的问卷显示，课件的来源有76%是从网上下载，或者是教材配套的课件，缺乏教师依据课堂和教学实际对课件的精心设计，不懂得跟随时代发展更新自己的课件。教师教学实施中学用结合型教学少于理论灌输型教学，并且缺乏创新性，容易导致理论与当前社会的实际需求相分离，对基于乡村振兴的实用型新型职业农民培育缺乏教育和培训支撑，无法满足人才需求。

---

[1] 邓斌，邓力轩，边清泉，等. 提高高职院校新进教师教学水平的路径研究[J]. 教师发展，2020（19）：99-100.

（三）教学调控

由于教育环境和设施的改善以及教育手段的改革，一直以来在"黑板+粉笔"教室教育中的农村职业学校的教师，很难适应新的教育技术手段，容易陷入新的技术探索和传统教学两难的生存困境中[①]。这些教师还在继续传统课堂教育的教育方法，为了避免信息化教学工具的应用和学习的不适应，在运用信息工具时有着很强的目的性，把教室变成了"战场"，从"人灌"变成了"电灌"。在说起关于信息化教学的时候，一部分老师会谈之色变，完全抵抗课堂和信息技术的融合。随机发放的问卷调查显示，75.3%的农村职业教师认为学习应拥有一定的信息化设备，但自己不会用，只会用PPT，造成信息技术无法与学科深入融合，课堂教学中媒体的应用能力较弱。

在对学生和教师发放的问卷中显示，有25.6%的学生认为课堂教学混乱，无法集中注意力听讲，53.24%的教师认为教学过程中难以抓住学生的兴趣点，对教学的把控力度不够。

（四）教学研究

教师的教学研究能力，对教师改进教学具有非常重要的作用。当前河北省农村职业学校教师的教学研究能力不容乐观。由于农村职业学校生源水平不一，家长、社会对学校的认可度较低，降低了教师对岗位的认知，对于教学一般都是倾向于省力的照本宣科，对于教学研究的关注度较低。以河北省盐山县职教中心为例，全校拥有不同级别科研成果的教师占全体教师的26%，高达74%的教师没有发表过论文[②]。在教研过程中，教师也能提出一些教学改进的好办法，但很难将其转变为教学科研的项目，教师也缺乏一定的转化为科研的意愿，甚至有个别教师从来没有开展过课题的研究。

在对教师进行随机访谈的过程中发现，教师的教学研究能力不足，有学校、教师双方的原因。学校方面，学校相关教改课题的方向拟定，主要针对学校的整体发展，由学校相关部门统一命题，教师在课题的申请方面缺乏一

---

① 李贺. 我国职业院校数字校园建设实践与探索[J]. 电化教育研究，2019（11）：99-105
② 袁建成. 乡村振兴战略背景下河北省农村职业教育发展研究——以盐山县为例[D]. 保定：河北大学，2020.

定的自主性，造成教研的意愿偏低；教师方面，由于职业院校教师的学历普遍偏低，对于教学研究相关的方法和工具不了解，不知道如何开展教学研究，面对教学研究项目束手无策；还有部分教师对教学研究的认识存在偏差，认为教学课题的开展是为了完成教学任务，或者是为了职称晋升，自己不评职称，没必要耗费精力进行课题研究；还有部分教师是因为教学工作中事务繁杂，没有时间和精力去开展课题研究。

四、河北省农村职业教育教师的职业认同现状

新中国成立以来，农村教师政策对助推农村发展产生了深远影响，教师队伍建设不断取得巨大成就，教师质量持续上升，教师资源分配得到改善，教师培训取得显著成果，教师结构呈现积极变化，特殊教师的辅助机制作用明显[1]。但是，由于中国农村地理位置偏僻、社会经济落后、劳动条件困难以及文化语言多样性等，仍然在政策实施和农村教育发展方面存在很多客观问题。农村职业学校教师的社会地位、身份、尊严与城市教师相比有着显著的差距。

（一）农村职业院校教师社会地位与身份认同的现实困境

1. 工作场所与教学环境

虽然在乡村振兴政策的支持下，河北省职业教育质量明显提升，工作场所和教学环境不断改善。但是，由于农村职业学校的物质资源和基础建设落后于城市，其教学环境并不乐观，主要反映在简陋的教学设备和不被理解的教育活动中。根据河北省承德市中等职业教育的数据，承德市中等职业学校校园占地面积2384.97亩（158.98万平方米），比2019年增加11.2亩（7466.67平方米）；学校全日制在校生人均占地40.42平方米，比2019年减少2.41平方米；教学仪器设备总值36712万元，比2019年增加2548.2万元，生均9335元，生均较2019年减少367元；校内实习工位25997个，比2019年

---

[1] 王嘉毅，赵明仁.民族地区教师队伍建设的现状、问题与对策研究[J].西北民族研究，2012（1）：29-39.

增加了2252个，生均实习工位0.66个，较2019年生均增加0.023个；纸质图书藏量达122.503万册，比2019年增加了6.933万册，生均31.15册，较2019年生均减少1.45册[①]。具体来说，如今科技高速发展，多媒体在各阶段的教育教学中起着不可替代的作用。知识的可视化使得学生在学习中能够掌握更重要的知识点。但是现在的情况是，教育设备的落后和损坏会使教师难以充分发挥自己的技术，可以教给学生的只是原始的学习方法。农村职业教育的总体发展水平受到外界的质疑，而且农村职业学校教师的身份和社会地位也无法得到尊重和信任。农村职业学校的教师不仅承担外部压力，而且教师自己也会怀疑自己的身份。具体来说，农村职业学校的教师身份意识持续下降，并开始质疑自己的社会责任和教育角色。

2. 职称评选与岗位工资

在乡村振兴战略背景下，从客观角度来看，农村职业学校教师工作场所较远，教育环境恶劣，缺乏政策倾斜力度，晋升路径少，职称的评定比城市教师更难，教师职称与工作工资不一致。从主观角度来看，当农村职业学校的教师在教育过程中遇到不被理解和不被信任时，只能够自己说服自己。目前存在的问题是农村职业教育对教师的吸引力不足，教师流失情况严重。这反映出农村职业学校教师在身份建构过程中面临危机，难以成为推动农村教育发展的动力，形成了实现农村发展、乡村振兴的巨大短板。

（二）农村职业教育教师尊严的现实困境

1. 晋升空间渠道少

在当前农村发展的背景下，有必要对农村职业学校教师职称评选给予政策倾斜。在中央政策引导和地方积极改革的双重作用下，农村职业学校教师岗位改革取得了实质性进展，但农村学校的实际运行过程中却存在着差异。通过对农村职业学校教师的访谈，发现农村学校的高级职称数量占比相对较少，一名新聘教师在农村学校工作数年后无法评上相应的职称。不少教师反映，无法评职称，让人觉得前途渺茫，会让农村职业学校教师对教师职业的

---

① 承德市教育局. 承德市教育局中等职业教育2020年度质量报告[EB/OL].（2021-02-28）. http://jyj.chengde.gov.cn/art/2021/2/28/art_500_686150.html.

信任感和职业积极性明显降低。

2. 收入、住房与子女教育问题

农村职业学校教师的生活环境也会影响农村职业教师的职业尊严。相比城市而言，农村生活环境相对较差，尤其是一些偏远地区的农村学校，虽然有艰苦地区补助，也解决不了当下的年轻人对高质量生活的向往，造成农村职业学校的新鲜血液相对不足。农村职业学校教师收入不断稳定下来，目前的收入模式是否能向教师展示这是一份受人尊敬的职业，这仍然是一个需要深入思考的问题。目前，农村职业学校教师的住房情况是部分教师租房并接受住房补贴，部分教师住在周转房。在这种情况下，教师的居住地不尽如人意，教师的职业认同受到很大影响。这不利于提高农村职业学校教师的职业吸引力，会损害农村职业学校教师留守农村建设的决心以及教师的职业尊严。子女教育是每个父母都十分关心的问题，农村职业教育教师也非常在意子女的教育，子女教育成为影响教师是否会留在农村地区的重要条件。当前职业学校教师婚姻的"后遗症之痛"、孩子的入学、家庭的照顾极大地影响着教师职业选择和职业状态。

3. 专业发展与培训

教师专业发展也会受到教师职业尊严的影响，两者是相互促进的关系。当一名教师的职业尊严得到了重视，自身拥有职业的幸福感，会促使教师更好地做好本职工作，寻求各种各样的方法提升自己的专业素养、专业能力，教师的职业尊严变成了教师专业发展的动力。同时，农村职业学校教师的专业发展，也会很好地提升教师的职业认同，促使自身感受到职业的尊严。目前农村职业学校虽然也认识到了教师专业发展的重要性，但由于教育经费投入略有不足，没有专门的专业发展平台，教师外出培训的机会也非常少，此外，农村职业学校师资数量不足，教学任务中，也没有时间去培训或进修。对部分学校管理层和教师的访谈发现，一方面，从学校发展的实际情况和教师的实际需求来看，培训的内容并不能达到教师期望的培训效果，教师对培训结果产生不愉快的情绪，它降低了教师的培训欲望。一些教师参加培训，只是为了完成学校和教育主管的要求。另一方面，教师培训过于形式化。随着课程和报告的完成，培训结束，并没有形成反馈机制。由于教师培训缺乏足够的培训体系、管理体系以及专业发展支持，从而阻碍了农村职业学校教师职业尊严的提升。

五、河北省农村职业教育师资稳定性现状

（一）河北省农村职业教育师资稳定性现状

农村职业教育师资的稳定性，多数是指职业教育教师在职业教育相关的岗位上是否能够坚持职业教育的意愿和意向，从一个侧面上也说明了职教教师在自己的岗位上的流动意愿。

河北省农村职业教育有序推进得以保障的重要资源是师资的稳定性，直接关系到农村职业教育的质量。稳定的教师团队，容易形成一致的教育理念，形成人才培养的持续改进，促使教师队伍积极向上、不断创新，扎实开展教学工作。农村职业教育学校教育师资的稳定性，是衡量该学校教学质量的重要标志，是农村职业教育院校的重要人力优势。如果职教师资频繁流动，将会形成职业教育管理和教学工作有效开展的重要阻力，甚至影响其他教师的责任心和归属感，最终影响农村职业教育的办学质量。通过对河北省其他农村职业教育学校教师和领导的访谈发现，这些学校也存在不同程度的教师流动性问题。以河北省沧州的盐山县职教中心为例，2017年和2018年的教师数量分别为92人和93人，教师总量有所增加，但每年都有教师离职或转岗，教师流动率分别为9.27%和11.43%，教师流动呈现增长趋势，盐山职教中心教师队伍的稳定性呈减弱趋势。

（二）河北省农村职业教育师资稳定性的影响因素

农村职业教育教师队伍的稳定性，既有社会因素的影响，也有教师个人因素的影响。

社会评价会直接影响着职业院校教师的职业稳定性。政府部门不断加强对农村职业教育师资队伍的建设和管理，在农村职业教育中提高对农村职业教育的热情。但老百姓总认为职业教育都是给学习不好的孩子准备的，是

成绩不好的孩子不得不选的出路,这种想法也迁移到了对农村职业教育师资的社会评价上,甚至某些地区的人们对职业院校的教师评价不是很高,特别是老一辈的人认为职业院校的老师就是不如普教的老师。这种消极不良的口碑,不但影响教师的教学热情,而且还影响着教师对从教专业的态度和信心,进而影响职业院校教师队伍的稳定性。据调查统计,2019年,河北省公办中职学校兼职教师占专任教师总数的比例为18.23%,比2018年的19.12%略低。2019年,来自行业企业的兼职教师占专任教师总数的比例为7.73%,比2018年的7.43%略高;2019年,来自校外其他兼职教师占比10.49%,比2018年的11.69%略低[①]。虽然这种情况逐年改善,但是农村职业教育学院的教师与城市职业学院的教师群体相比,偏见更加严重,尤其是偏远地区,这导致职业学院的教师生活在农村教师的底层。农村职业学校的新教师中有很大一部分并不是本地人,这些通过省教育厅组织考试招录的老师,对农村来说是"外地非正式新手",这使他们一直处于相同学校教师的边缘状态,影响着农村职业学校教师的社会地位和认可度。

个人因素是教师队伍稳定性非常重要的因素。根据调研数据可知,2019年,公办中职学校专任教师硕士学位以上教师占比达到7.05%,比2018年的6.70%略有提高;本科学历教师占比达到89.69%,比2018年的89.20%略有提高。2019年,河北省公办中等职业学校教师队伍的职称结构进一步优化,学校正高级教师占专任教师总数的比例为0.94%,2018年为0.84%;2019年,副高级职称占比为30.07%,2018年为31.35%;2019年,中级职称占比为46.42%,2018年为46.05%。尽管河北省公办中职学校教师的学历层次呈现逐年上升趋势,但农村职业学校的福利与其他城市学校和行业相比没有实质性优势,对农村职业学校的教师心理影响较大,导致当地的优秀教师和外地教师经常通过各种方式跳槽和外调,改行、毁约、辞职的教师人数不断增加。例如,很大一部分青年教师是刚刚从师范大学毕业的大学生,与多年任教的教师相比,他们有自己的优势。然而,城乡青年教师流动的反向差异显著,这些年轻教师将农村学校视为"跳板",在农村学校实习后,获得了证书和一

[①] 河北省教育厅.河北省中等职业教育质量年度报告(2020)[EB/OL].(2020-09-09). http://www.tsldgjjx.com/info/news-9187.html.

定的教育经验，他们中的大多数人都离开农村进入城市学校，严重影响了农村职业学校教师的活力和农村职业学校的可持续发展[①]。

第二节 乡村振兴背景下河北省农村职业教育师资培养

一、加强在职教师的专业化培训

（一）教师专业理念与师德发展的对策建议

1. 营造农村职业学校教师专业理念与师德发展的良好氛围

良好环境的建设离不开各级政府的努力、法律法规的完善和经济的发展。各种制度、教师和学生的道德水平及学校风格对教师专业理念与师德的影响是可控的主要因素。营造农村职业院校教师专业理念与师德发展的良好氛围就需要实现教师与环境的协调，两者共同发展。

（1）政府和教育行政部门创造良好大环境

长期以来，职业教育被认为是"次等教育"，这种"学校歧视"不仅是社会大环境下直接和间接的对职业教育的歧视，也是对职业学校师生的歧视[②]。所以，政府和全社会想要优化社会精神，就需要加强舆论引导，在全社会形成尊重职业教育的良好精神。提供良好的舆论氛围和社会环境才能提高农村职业院校教师的专业观念和价值观念。第一，政府和教育行政部门树立正确的职业教育价值观，提升就业成功率和职业教育的推广宣传。第二，政府必须充分利用各大众媒体来促进职业教育发展，营造职业学校浓厚的学术氛围。第三，不仅政府，而且全社会都必须积极挖掘和推广先进的职业教育典范。

---

① 罗梦园,张抗抗.ERG理论视域下乡村教师流动问题审视[J].教师教育学报,2020,7(6):103-109.
② 周晓杰,董新稳.当下我国职业教育质量问题及其对策探析[J].河北师范大学学报（教育科学版），2013,15(5):75-80.

（2）农村职业学校创造良好小环境

农村职业学校必须建立良好的校园文化环境，良好的文化可以对教师起到感染和陶冶的作用，并以无声的力量鼓励教师不断提升专业理念与师德，营造良好的校园物质文化，积淀优良的校园精神文化。合肥民办职业学校校长王卫东、河北省张家口市职教中心校长和特级教师汪秀丽在营造良好的校园文化方面为我们树立了好榜样[1]。在农村职业教育不景气的时候，他们负责校长的工作，面对严峻的学校管理形式，他们敢于为当地经济发展的需求负责，推动物质文化建设和精神文化建设，提高实践基地建设水平，推动职业教育发展，加强教师队伍建设。他们凭借多年执着和坚韧的品质坚持下来，提升了学校教师的职业素养，提升了学校的整体管理水平，在"职教梦"的实现过程中托起"中国梦"[2]。

2. 深化教师对专业理念与师德的认识，外化于行

农村职业培训学校教师的专业理念与师德要想不断提升，首先就要明白这是一个持续不断的曲折复杂的发展过程。教师可以从学习先进的政治思想理论、加强对方针政策和法律法规的学习以及掌握精深的专业知识与专业技能三个方面入手。在培训过程中，农村职业学院教师专业理念与良好师德形成的前提是教师能够树立自我发展意识，基础是不断加强教师的理论学习，具体表现为在实践中教师是否采取积极行动，这也是教师的思想斗争最集中、最激烈的阶段，是决定是否形成良好的专业理念和师德的阶段。农村职业学校的教师可以在实践活动中深化和内化他们对师德的专业认识、情感，用行动促进知识，用行动促进认识，知行合一，这是提高教师专业理念和道德水平的有效途径。为此，广大农村职业学校教师可以将这三种方式结合起来，树立自我发展意识，加强理论学习，积极投身实践，在此基础上进行反思，努力提高自己的专业理念与师德水平。

---

[1] 白力民，王磊. 一位民办中职校长18年坚守与突围[EB/OL].（2021-07-28）. http://www.ebanhui.com/school/380.html.

[2] 王定华. 师之楷模国之栋梁 全国教书育人楷模群英谱（中等教育卷）[M]. 北京：高等教育出版社，2017：160-165.

（二）专业知识提升的对策建议

1. 提高农村职业学校教师专业知识提升的执行力度

农村职业学校的教师在提高教师专业技能方面处于首要地位。首先，农村职业院校的教师必须树立教师的专业知识提升意识。其次，尊重农村职业院校教师的个体差异。最后，要鼓励农村职业教师大胆创新。为了培养农村职业教师的专业技能，在教师培训中有必要改变单一的培训模式，取而代之的是以农村职业学校教师为起点，开展教育实践，采用灵活有效的教师培训模式。例如，按需培训的培训模式和校本培训模式。农村职业学校教师专业知识的反思与教师的日常反思是一样的，可以采取写教育日记、描述生活史、教师行动研究等多种方式。

2. 提高农村职业学校教师专业知识学习效果

（1）知识管理理论

通过研究知识管理理论，促进农村职业学校教师专业知识的提升，通过帮助农村职业学校教师培养专业知识，提高农村职业学校教师专业知识的有效性。按照野中郁次郎的知识转化"SECI"模式的核心点来管理教师的专业知识，是建立在教师共同体的知识基础之上发展教师专业知识，将教师的隐性知识转化为清晰的显性知识，形成收集、存储、转换、分享、创造和应用知识的动态过程[①]。

（2）专家系统技术

当农村职业学校的教师在农村职业教育教师团队内形成教学专家系统，并且提出问题时，专家系统可以根据问题的要求解决问题，操作知识仓库中的知识，提供原始数据，然后将问题的结果输出给教师。此外，农村职业学院可以聚集经验丰富的专家，采用自学和互学的方式，解决教育教学过程中发生的问题，并在此过程中获得新知识，并将新知识转移到知识库中，不断丰富专家系统的知识量。农村职业学校教师的个人智慧和个人知识可以通过专家系统的媒介被激活并理解，通过农村职业学校教师群体的交流和提炼，

---

① 赵明晖，郑燕林. 网络环境下教师专业知识发展技术策略研究[J]. 现代教育技术，2010（S1）：95-97，90.

传播教师的个人知识和经验，实现农村职业学校教师隐性知识社会化的效果。

（3）概念图

为了在绘制概念图时从概念本身的隐性知识中确定概念，根据层次结构对概念进行排序，并通过连接词进行连接。在绘制概念图的过程中，教师不仅可以发现自己隐性的知识，还可以创新概念，解释出新的概念与概念之间的关系。然而，农村职业学校的教师之间存在很大差异，绘制的概念图也存在差异，当我们交换和分享概念图时，不仅可以理解其他教师的想法，还可以将知识引导到我们自己身上。其他教师也可以从自己隐性的知识概念中获得有用的知识。农村职业学校教师之间概念图的交流与共享过程，不仅强化了教师现有的知识，也促进了教师隐性知识的外化。

（4）思维导图

农村职业学校教师交流时，外部知识的抽象性不同，外部知识的情境也不同，同一个例子用不同的语言，相同的词语描述也会指代不同，这给教师之间的交流带来了困难。因此，有必要通过一种思维引导工具，以更直观的方式将教师的隐性知识形象化，将教师的知识外化，从而促进教师群体之间的知识共享和建构。

（三）专业能力提升的对策建议

1. 从学校实际出发，开展校本特色教学培训

为适应农村职业教育发展趋势，进行农村职业学校培训计划是一个大胆探索和积极尝试。考虑到教师职业的特殊性，应合理利用学校环境。学校是培训教师的第一责任人，它在操作上有更大的灵活性，可以展示自己的特色，促进教师能力的发展和提高。教材培训计划以学校和学校教育资源为基础。通过不同的学科教师反思课程的设计来提高他们的专业水平。教材的培训内容有一个相对较强的目标，与该校教师的需求成比例。培训活动的主体和对象是教师，其能力的培养是一个系统化的建设，需要在各学校、各专业之间构建一个差异程度相似的培养网络。同时，学校将确保培训计划、培训的资源和评估，确保培训不仅仅是知识形式，培训内容不脱离实际并满足教师的实际需求。同时，为保证教师教育能力，对培训的效果应有一个合适的

评价机制。人事、教育、金融、科研和各级学院将共同分工，收集信息，制订培训计划，普及、反馈信息，优化决策，促进教师能力全方位发展。

2. 建立农村职业院校教师职教能力发展的长效机制

教师的教学能力总是随着教师职业的发展而变化。培训的组织、审核和授权一般由教务处和组织人事处负责，二级学院的意见相对较少，导致参与培训的教师话语权不足，培训难以对口。事实上，农村地区有许多职业学院，二级学院对教师的专业知识和教师的教学能力更了解、关注更密切。因此，学校的教学主管部门必须将管理中心下移，将"人事、权力和金钱"放在二级学院，并赋予其更多的权力。根据专业需求、教师的不同需求和实际培训计划定制二次培训计划，提高教师的专业技能和教育水平。

3. 借助校企合作，为教师职教能力发展提供支持

教师利用学校和企业的合作平台，根据自己的需求开展多层次、全方位的合作。利用合作公司现有的设施、资金和技术，建立实践培训基地，并在学校内建立了培训车间、校中厂和厂中校。在建立了教师企业培训制度后，新教师不能在第一年进入学校，应在前半年内进入企业实习。同时，专业教师必须定期进入公司培训，掌握专业技术和未来教育教学时学生的培养方向。学校鼓励教师建立自己的教师工作室，参与合作公司的生产线，解决他们在与公司合作生产过程中遇到的挑战，并建立深度的校企合作。通过学校和公司之间的合作平台，教师将能够通过校企交替学习促进他们的专业发展，不仅帮助公司研究和解决技术问题，还可以获得教育所需的知识和技能。另外，鼓励教师积极走出去，了解企业的招聘需求和行业动态，利用学校的科研力量和资源优势，为社会提供优质技术。同时，制定公司主管教师的聘任制，引进具有企业丰富实践经验的工程师，聘请专业课程实习指导教师，引导教师提高专业水平和执教能力。

二、培养"双师型"教师队伍

2019年，国务院印发的《国家职业教育改革实施方案》明确指出，"双师型"教师是指"同时具备理论教学和实践教学能力的教师"[1],将"双师型"教师的培养提升到了政策层面。乡村振兴背景下乡村人才的发展,需要的是能适应乡村建设的新型职业农民,既要掌握一定的理论知识,也需要能应对乡村发展需求的实用技能。近几年,河北省非常重视对师资队伍实践能力的培养,专业课教师的"双师"素质不断提高,比如说依托相关的企业形成校企合作培育"双师型"教师,在农村职业教育中引入兼职教师促进教师间的合作交流培育"双师型"教师。统计数据显示,2019年,全省中职学校和高职学校"双师型"教师与专任教师的比例较2018年有所提高。石家庄、定州、唐山三个市的"双师型"教师的比例排在河北省的前三名,远超教育厅规定的占比55%的基本要求。2019年,河北省"双师型"教师占比前五名数据如表10-5所示。但从全省范围看,河北省农村职业教育包括高等职业教育和中等职业教育,两类职业教育院校的平均"双师型"教师占教师总数的比例分别为54.67%和42.28%,仍然没有达到教育厅关于"双师型"教师占比为55%的基本要求,中等职业教育的"双师型"教师数量尤其不足。河北省"双师型"教师的培养已经取得了一定的成绩,后期需继续结合乡村建设的发展需求,培养与乡村发展相匹配的"双师型"教师。

表10-5 2019年河北省前五名"双师型"教师占比地市统计表

地市	"双师型"教师比例
石家庄	75.00%
唐山	73.10%
定州	74.10%
衡水	48.80%
秦皇岛	43.83
邢台	39.5%

数据来源:河北省各地市2019年度质量报告

(一)走进实践岗位,培育"双师型"教师

"双师型"教师的"双师",一方面强调教师要有丰厚的理论课的授课技

---

[1] 国务院.国务院关于印发《国家职业教育改革实施方案的通知》(国发〔2019〕4号)[EB/OL].(2021-12-07). http://www.gov.cn/zhengce/content/2019-02/13/content_5365341.htm.

能，另一方面要求具有强大的动手操作能力，能有效指导学生基于岗位进行实践，学生毕业后能直接承担相应的工作任务。我省乃至我国职业教育教师的培育，与国外一些在职业教育方面遥遥领先的现代化职业教育中教师的培养还有一定的差距。国外一些关于"双师型"教师培育的成功案例可以为我省"双师型"教师的培养提供借鉴，比如说日本的"职业训练指导员"制度，强调这些指导员经历了在企业工作的实践经验之后，再回到职业学校承担授课任务。日本的案例告诉我们，我们可以将教师安排到企业或乡村其他的岗位，参加岗位实践，增加实践阅历，提升农村职业教育教师的实践能力。

在我国大力推进乡村振兴、努力实现"脱贫不返贫"的时代背景下，乡村的发展需要传统农业所需的人才，但又和以往不一样，以村、镇为单位开展的农业合作社背景下形成了现代化农业的发展，以传统农业产业为核心拓展涉农产业的相关后续人才的培养，如市场营销、电子商务、产品研发、乡村旅游等。随着乡村和乡村产业的发展，乡村人才需求变得越来越复杂，条件越来越高。教师作为农村职业教育中培养人的核心力量，也需要具备现代乡村发展的理论知识和实践技能，才能针对乡村发展培育高素质的新型职业农民。

以乡村发展的实践岗位为阵地，由政府和职业院校牵头，职业教育师资定期到企业或乡村开展脱产实践，促使教师有序有质地到实践岗位一线，近距离地开展实践工作，提高自身的实践能力，引导教师具备教育教学过程中应具备的实践技能，促进个人的成长。河北科技师范学院作为河北省的一所综合性师范类院校，具有农科、植保、葡萄酒等十几个涉农的师范专业，而河北科技师范学院早在2014年就颁布了一系列教师到企业脱产实践的规章制度，教师结合工作岗位，在京津冀各个涉农企业进行实践锻炼，既有力地促进了教师实践能力的发展，也有效地与企业建立了合作关系，促进企业产品的研发或工作流程的优化，为企业创造利润，实现了校企合作的双赢局面。

（二）聘任兼职教师，培育"双师型"教师

河北省农村职业教育院校"双师型"人才比例不足的一个根本原因在于，教师或源于高中教师，或来源于基础文化课教师，或来源于大学转岗，或来源于刚刚毕业的研究生，他们没有在农村相关岗位的工作经验，在学生的教育实践指导过程中缺乏实践指导能力。德、美、英等国家不仅要求学校教师具备"双师"能力，还将企业中的专家聘任到学校参与学生的实践指导，有效地弥补了学校教师在实践能力方面的不足。河北省农村职业教育院校也开始聘请校外的专家进学校与本校教师一起兼任课程、指导实践活动。以承德市中等职业教育学校为例，学校教师3213人，兼职教师164人，长期外聘教师219人，兼职教师和外聘教师占全部教师的10.68%。

外聘教师的引入，能将实践岗位所需的实践能力有效地代入课堂，直接让农村职业教育的学生受益；外聘教师一般来源于本地市，对当地的资源、经济、产业发展有着丰富的经验，能因地制宜地引导学生建立地区的自豪感，形成专业情谊。而学校教师在与外聘教师共同任课、共同指导学生、共同开展教研的过程中，建立丰富的感性认识和实践感知，与专业知识和专业理论相认证，提升个人的"双师"能力。

（三）以赛促改，培育"双师型"教师

2021年，教育部等35个部门印发《全国职业院校技能大赛章程》，比赛项目主要以产业发展需求为导向，对接全国职业院校的主要专业群。该章程也为国家、河北省相关的职业技能大赛提供了样板。2019—2021年，河北省先后举办了河北省职业院校技能大赛教学能力比赛、社区教育"能者为师"特色课程推介共享行动、河北省职业院校学生技能大赛、河北省工业机器人技术应用大赛、河北省电子信息职业技能大赛等多项赛事，并选拔部分学生和教师参加国家级大赛。在各项比赛中，教师参赛或教师指导学生参赛，基于对接产业发展需求的导向，教师必须认真研究产业发展的需求以及产业发展的前沿知识，与外聘教师、一线的产业工作人员共同研讨，才能设计出较好的比赛方案，取得较好的成绩。当比赛尘埃落定的时候，无形中开阔了教师的眼界，提升了教师的实践能力，最终培育其"双师"能力。

2019年，河北省在职业教育国家教学能力大赛中获得了傲人的成绩，获得了2项一等奖、5项二等奖和4项三等奖，也体现了我省职教师资培育的水平。在参加各项比赛的过程中，职业教育教师围绕师德师风、专业实践能

力、信息技术应用能力、教师教学创新能力和团队建设能力等内容，不断对参赛项目进行打磨，进行教育教学改革，结合地方特色精心设计参赛的创新项目，促进地方政府根据区域职业教育发展要求来设计特色培训项目，满足区域经济社会发展对技术技能人才的特色需求[①]。农村职业学校要坚持以赛促改，结合县域职教发展的实践，抓紧乡村振兴的机会，立足专业化发展，打造高素质的"双师型"教师，进而为农村、为国家培养一批优秀的技术技能人才。

（四）强化职教教师资格认定，培育"双师型"教师

"十四五"时期，农村职业教育强调对接乡村振兴的发展，强调对接乡村防止返贫，职业教育教师"双师型"能力培养是当前农村职业教育的一项重要任务。"双师型"教师的培养，不仅要关注在职教师的培养，还要从源头抓起，在职前职教师范生培养过程中抓起。

2019年，教育部印发《职业技术师范教育专业认证标准》，从培养目标和毕业要求两方面对职业教育教师队伍的培养提出了基本要求，课程与教学、合作与实践成为两个非常重要的监测指标，这正好体现了职业教育职前师范生培养中对"双师"能力的要求。借助师范教育专业认证的契机，在师范生培养中要强化学生实践能力的培养，开设相应的实践课程。与此同时，应针对师范认证的培养要求，可以借鉴美国教师资格认定中的"入学认定""初任执照认定""续任执照认定"三部曲，在职教师资教师资格认证中强化专业实践能力的考核。一方面，在考核目标和考核内容上设置专业技能的实操环节；另一方面，在面试考官的选拔上，要聘请一线的懂理论、懂实践的企业专家，进而对考生的实际操作能力有一个客观的评判。

（五）深化产教融合、校企合作，打造新模式

近年来高职院校不断加强"双师型"重点师资队伍建设。国务院办公厅2017年印发的《关于深化产教融合的若干意见》提出"构建教育和产业统筹

---

① 曹晔. 职业教育教师队伍建设"十三五"回顾与"十四五"展望[J]. 中国职业技术教育，2021（10）：11-17.

融合发展格局""促进教育和产业联动发展"的要求。十四五时期，职业教育通过搭建更高的平台进一步加强"双师型"教师队伍建设。从时代背景来看，中国已经进入了以信息技术和人工智能为代表的新阶段。以知识创造为代表的第三产业发展迅速，社会对人力资源工程师的强烈需求不断改变着对人力资源供给结构的需求，职业教育的需求与区域产业发展高度一致，并通过人才培养主动进行这些变革。我们需要提高人力资源供应的准确性和有效性，在农村职业学院"双师型"教师队伍建设中，结合行业经济发展和企业类型，在对行业和企业的产业模式转变和升级中选择校企合作项目。项目必须贯彻人力资源开发原则，促进人力资源建设和开发。要实现校企合作项目的合作开发，必须实现农村职业院校的专业对接和企业之间的无缝对接。同时，国家教育发展体系的支持和关注促进了职业教育"双师型"教师向更健康、更好的方向发展。

以河北省承德市中等职业学校为例，为进一步提高职业教育服务本地经济社会发展能力和水平，结合深入贯彻落实国家、省出台的促进产教融合、校企合作的相关政策，承德市教育局启动了推进产教融合、校企合作的系列工作，确定了分类指导原则。2020年，承德市各职教中心围绕京津冀区域发展和承德市地方主导产业、新兴产业对技能人才的需求，积极开展"订单培养""冠名班""现代学徒制"等多种形式的校企合作。全市中职学校现与200多家本地和外地企业建立长期、紧密的校企合作关系，其中开展深度合作的企业有30余家，企业全程参与教育教学、企业提供专业教师实践岗位、校企共同制定人才培养方案等，以推进产教融合、深化校企合作，为全市主导产业和战略新兴产业提供人力资源支撑和智力服务。承德装备制造职教集团由本地40多家装备制造企业和12所职业院校组成，打造了校企合作的经典样本。同时，市各中职学校根据自身办学基础和发展需要，分别加入不同的职教集团，如河北学前教育职教集团、河北旅游职教集团、河北煤炭职业教育集团和全国职教中心联盟等省级、京津冀区域职教集团等20多个集团或联盟。由优质中职学校牵头组建地方职教集团或联盟6个。2020年，围绕服务支撑"3+3"主导产业，由市教育局主导和推进、由承德护理职业学院牵头，新组建承德市健康产业职教集团①。

三、建立教师专业群组

为助力乡村振兴,以《国家职业教育改革实施方案》为引领,构建河北省农村职业教育高水平师资队伍,坚定教师专业群组建设方向,探索专业群组建设的模式,不断更新专业群组建设的路径,为农村职业教育的发展和改革奠定了基础。

(一)把握教师专业群组建设的方向定位

在顶层设计中,要以系统化战略思维确立教师专业群组的发展方向定位,应体现人力资源开发、技术研发和社会服务三大功能,推进教师专业群组建设全面改革。专业群组应该"成为建立在产业链中相互关联的职业岗位基础上,跨越国界,相互合作,互通而持续的人才培养新载体"②,在此基础上,通过整合集团外的专业群体和机构资源,助推专业集群建设,构建适应产业集团的发展趋势、适应未来社会转型和技术变革的新型教师专业群组。教师专业群组建设要以培养国家、社会需要的人才为目标,准确把握人才培养的定位,按照职业教育办学规律准确把握教师专业群组建设的方向③。

乡村振兴要求农村职业教育服务于国家战略,以地方产业发展为立足点,强化技术服务水平,加快产业转型,提高技能型人才能力,促进职业教育出口和教育创新。这是农村职业院校与合作企业的共同责任。党的十九大报告强调,要通过构建数量充足、结构合理、技能合格、质量优秀的教师队伍,保证"三农"人才培养目标的实现。河北省农村职业教育教师队伍的建设,可以依托教师专业群组,结合乡村区域产业发展联合构建,有效促进教师能力的提升。

---

① 承德市教育局.承德市教育局中等职业教育2020年度质量报告[EB/OL].(2021-02-28). http://jyj.chengde.gov.cn/art/2021/2/28/art_500_686150.html.
② 王亚南.打造高水平专业群重在专业资源整合[N].中国教育报,2019-05-07(009).
③ 覃川.高职院校专业群建设定位与内涵发展研究[J].中国职业技术教育,2020(23):57-63.

（二）打造高水平技术技能平台

打造高水平技术技能平台，为教师的专业发展提供环境支撑，为教师提供产业的新技术。首先要明确教师专业群组高水平技术平台的功能定位。第一，服务区域产业发展是打造高水平技术技能平台、提升教师专业发展的根本动力。以服务区域产业发展为目的，需要高校教师能够在产教融合的过程中，搭建与行业的共建共享平台，在智能化的环境中实现资源共享、技术共享。搭建高水平技术技能平台，能将行业所需的技能技术有效地融入平台，在人才和教师之间构建共享的渠道，实现教师专业群组的发展。河北农村职业教育集团化办学有效地将各个职业院校和行业有机联系起来，搭建了一个互惠互享互助的高水平技术技能平台。第二，提升人才培养质量是其根本使命。教师专业群组必须深化与产业链群的产教融合，打破传统以学校为主的治理结构，探索产学研创育人共同体，培育创新型、复合型人才，为社会提供各类创新创造产品，为企业提供人才培养。实现相关产业技术技能积累、教学与创新，形成教师专业群面向具体产业方向的核心竞争力。通过构建产学研创多元治理结构，共建、共享、共治，建立起专业群与产业链群的良性互动模式，形成产学研创的育人共同体。要打破原有的以同类专业建院的格局，推进"以群建院"，将学院资源按照产业链群的组群逻辑重建，为产学研创多元协同治理提供基础条件。成立由职业教育相关研究专家、行业企业代表、国际交流专家等组成的专业群建设指导委员会，指导教师专业群组各项建设。

（三）打造高质量专业教学体系

教师专业群组应突出开放、共享、整合和生态特征的人才培养模式，充分体现复合型技术人才培养的根本要求。专业群组人才培养归根结底是以课程为载体实现的。课程建设与教学是人才培养的主阵地，专业课程质量决定了教师专业群组所培养的人才的技术技能素养水平。建立模块化课程体系，加强项目化教学实践，从而系统解决专业群组教育教学"教什么、如何教"的问题。

创新教师专业群组共享机制，丰富课程体系内容，提高行业和企业人力资源开发质量。例如，在农村职业学校课程中，加强了显性课程与隐性课程整合的大系统建设，将课程资源整合到小组中，打造成系列化、模块化课程小组和"课程超市"，推行班级制学生自主学习模式。满足学生多元化特征和定制课程学习的需求。开发了一个推动工业互联网发展的社区学习环境，促进教师专业群的"互联网+"建设，为职场体验式学习场景搭建新的空间，增强教师的共享学习意识和资源整合能力。构建师生多元互动、互学的新生态。同时，我们要培养教师专业技能，培养与专业相适应的生存和生活技能，从而提高学生工匠精神、团队精神、数字化能力、劳动意识和职业发展的力量以及面对未来高水平、高质量工作的竞争能力[1]。

（四）打造高水平教学创新团队

数量充足、结构合理、素质较高的教学创新团队，能够形成良好的集群发展效应，较好地满足专业群模块化教学改革及技术技能创新发展。在结构化建设中推动教师教育创新团队，一是根据国家职业教育学院教师教育创新团队的要求组建专业化教育团队，二是根据模块化课程的需求组建课程模块化教育团队。其中，在素质结构上，以"双师型"教师为主，兼顾学科性知识人才、技术技能人才、职教研究人才；在知识技术结构上，兼顾艺术、设计、科技、工程、管理等方面的人才；在专兼结构上，实现学科人才与行业人才并重、设计人才与科技人才并重、内部培养与外部引进并重。在专业群组、专业、课程、创新四个层面健全带头人机制，完善带头人遴选、管理、评价与退出办法[2]。

农村职业学院创新"进化型"专业化团队建设模式，激活自组织、自适应、自律的自我发展潜力，促进双层结构团队的发展，必须引导教师走出传统的专业舒适区，迎接专业建设的新挑战。基于新型教育对教师的新要求，

---

[1] 覃川. 高职院校专业群建设定位与内涵发展研究[J]. 中国职业技术教育，2020（23）：57-63.

[2] 王强. "双高计划"背景下高职艺术设计类专业群组群逻辑与建设路径[J]. 教育与职业，2022（1）：107-112.

强化复合技术技能培训人才能够得到教师的价值认同，教师必须深化工学结合、产教融合的意识，提高教师投身专业群体建设的积极性。教师能够通过企业培训、就业培训等多种途径，加强基本能力建设，拥有履行教育职责的基本能力，丰富教师在公司的实践经验，教师在专业群组建设环境下掌握"1+X"证书考试驾驭能力。必须提高适应"三教"改革的能力，拥有现代学徒制度的能力和整合与共享资源的能力。此外，教师专业群组应该有调研面向产业链和工作场所需求的专业人员，通过收集和分析数据，开发相应的课程群组，构建专业群组的教育资源库等[①]。

四、提升教师社会地位、身份认同与尊严

针对农村职业学校教师社会地位、身份认同与尊严较低的问题，必须要检查并提高农村职业教育教师政策有效性，河北省政府各级各部门加强了对农村职业学校教师的关注力度，应对问题时采取各种解决措施，必须提高农村职业学校教师的从教幸福感、乡土归属感和社会荣誉感，促进农村职业学校教师、农村职业教育事业的发展。

（一）从专业知识出发增强教师从教幸福感

河北省许多农村地处贫困地区，经济发展缓慢，教育水平较低，必须考虑农村职业学校教师职业吸引力的特点。"专业化"突出，要有针对性和有效性地提高农村职业学校教师社会地位。农村职业学校的教师经验和专业技能是"专业化"的核心。人们普遍认为，农村教育发展滞后，对教师的需求较低，因此农村职业教师在社会中的地位不断下降，教师职业也没有得到充分的认可。但恰恰相反，农村地区有着多元、多极和多样的传统文化，农村本身就是具有当地特色的教育，当地的教师在教授语言、礼仪和习俗等方面具有独特的优势。然而，他们却总在教育和发展方面遇到了困难，提高教师专业技能是提高教师社会地位和认可的重要手段。因此，对农村职业学校教师

---

① 覃川.高职院校专业群建设定位与内涵发展研究[J].中国职业技术教育，2020（23）：57-63.

专业发展的要求相比于普通教师的基本要求，不仅要掌握相关课程的专业知识，还要熟悉当地的民族文化、生活习惯、当地学生的心理特点，以及国家的民族政策和民间文化，拥有将民族艺术融入学科教育的意识和能力。此外，从国家到个人，必须始终如一地支持农村职业学校教师的专业发展。农村职业学校的教师对于乡村发展过程中新型职业农民的培育至关重要，他们是新型职业农民培育的引路人，是农村职业教育发展的重要人才支撑。政府应加大对农村职业教育教师的培训力度，在人力、物力、财力等方面协助学校开展系统的教师专业发展工程。其次，政府和学校要在思想层面引领教师对农村职业学校的使命、教师在职业教育中的角色进行深入的认知，并帮助他们塑造自己的理想角色。农村职业学校的教师要深入了解自己的角色，要持续不断地发展专业能力，认可自己的地位，突破自身的知识和能力边界，能够扮演真正的教师角色。

（二）给予教师人文关怀，提升归属感

对于农村职业学校教师来说，教师有意识或无意识的教育影响，是通过教师情感、教师人格，作为人的整体而产生的。城市教育发展迅速，在政策支持和教育资源充足的情况下，社会对教师群体给予人文情怀的支持，会给教师一种安全而坚定的归属感。农村职业学校的教师很难得到社会的关注，职业地位较低，一直处于默默无闻的状态中。要满足教师的职业归属感，必须坚持人文关怀，真正使农村职业学校教师成为独立的教育个体[①]。根据马斯洛需要层次论，人类最基本的需求是生理需求。从这一点出发，在政策制定和执行范围上，要考虑教师的物质生活，包括生活水平、家庭状况、经济情况和待遇并设立可行的解决方案。本土化是农村职业学校教师的最大特点，在专业知识和能力水平以及个人的出生和发展经历上也具有"本土化"的优势。外部社会对农村职业学校教师最大的心理慰藉是包容农村职业学校教师的缺点和差距，关注农村职业学校教师的发展和成长。最高层次是农村职业学校教师实现自我，热爱自己执教的土地，实

---

① 雷浩，李静. 社会经济地位与教师关怀行为关系：主观幸福感的中介作用 [J]. 教师教育研究，2018（5）：34-40.

现乡土归属感。

（三）加强法律法规与德治，提升教师社会荣誉感

虽然我国建立了完善的法律体系，颁布了一系列关于农村教师的政策和文件，但也存在着缺乏法律保障、政策体系设计缺乏合作性、教师社会地位不高、职业地位运行和执行偏差等问题。特别是各地农村教师队伍建设缺乏具体的法律规定，包括农村职业学校教师的相关安全、管理制度、协调制度和组织制度不健全[①]。为了提高农村职业学校教师的社会地位，提升教师社会荣誉感，各级政府和组织机构明确规定了农村职业学校教师的角色、责任、权利和义务，特别是在农村地区的教师培训中，教师的社会地位和待遇地位必须有相应的法律保障。自古以来，教师角色的重要性必然经常受到社会的正向反馈。然而，这种现象在边远的农村中很难存在，人们不再把农村职业学校的教师看作一名深深植根于农村教育事业的教育家，而是一名临时的、短期的教书者。这与农村职业学校的教师流动性大、教师队伍的不稳定有着不可避免的联系。改变这种单一片面的观念，纠正和改善这种看法，需要重新定位农村职业学校教师的角色，让农村职业学校教师和城市教师的社会地位相等，提升农村职业学校教师的社会荣誉感，并将尊重教师的思想观念深入到人的内心深处。

五、建立合理的教师考核机制

农村职业学校教师考核评价活动是一项系统工程，要加强组织指导，做好组织工作计划，完善规章制度，搭建考核平台，把握工作重点，认真开展实施，加强考核监督，才能达到预期的效果，从而提高教师的整体素质，促进学校教育事业的进步和发展，为助力乡村振兴培养更多的高素质技能型人才。

---

① 李升，方卓. 社会转型背景下乡村教师发展的结构性困境——兼论乡村社会建设中的教育问题[J]. 教育学术月刊，2018（10）：81-89.

（一）建立有效的师德考核制度

农村职业学校教师德育考核评价是对教师在教育过程中的总体表现情况的评价，是对教师教育和服务情况的客观、科学和真理的评价，评价结果具有可操作性，从而能够让教师不断改进。教师严格遵循教育规律，培养并带领高素质人才完成教育任务，推进学校教育和农村向前发展。

在河北省，农村职业学校成立师德建设指导小组，学校主要领导为领导小组组长，副校长为副组长，相关部门成员和二级学院负责人为成员。在指导小组下成立工作组，明确分工，确保工作稳步进行。农村职业学校可以颁布有关教师职业道德标准的规则体系，可以构建多维评价体系作为各种考试的最重要依据，可以实行"师德一票否决制度"。违反教师职业道德标准的教师，不得参与职称聘任、进修培训、鼓励评优奖励。具体可以从建立师德发展的常态化监测分析机制，将德育融入教学业绩考核、融入学年绩效考核、融入晋升考核、融入新教师录用考核五个方面入手。在日常监督过程中，每一个二级学院都会表彰在师德建设中有突出成就的教师。对于教师个人教育效果较差、学生反映强烈、不积极参与学校集体活动的教师在学校教师会和校园网上通报并及时采取措施，帮助这些教师改进和提高。学校严肃处理违反教师职业道德标准、在学校帮助和教育下依旧不改的教师，以此促进全校教师履行教育者的职责[①]。

（二）建立师生权重并举的教学业绩考核机制

教师教学业绩评价包括教育效果、教育建设、教育工作量和改革研究成果三种类型。农村职业学校可以增加学生评价和导师评价在教学业绩评价中的比重。教育效果评价可以从"结果评价和量化计分"评价逐渐转变为"过程和结果评价并举，注重反馈鼓励"的评价方式。同时，建立了科学、动态的教育质量评价体系，并在评价体系中加入教师自我评价、师生互评。这种动态的教育评估可以让教师和学生更多地了解他们需要改进的地方，评估效

---

① 胡晓霞.高职院校教师考核评价机制构建的实践探索与思考——以国家示范高职院校A学院为例[J].职教论坛，2015（14）：14-17.

果会更高。教师的自我评价在总分中占有一定的权重，总分中的学生评价分数和教师评价分数相同，不同特点的课程采用不同的评价指标和权重。学生的评分指标是从学生的角度建立的，学生必须能够解读评价教育的指标，正确理解评价指标才能够反映教师的真实水平。通过评估教育质量、科学研究能力、教育工作量等来评估教师的工作状况，教师教学的评估不应成为教学业绩考核的一票否决项[①]。

（三）完善教师职务评聘考核制度

目前，国家已经下达了中等职业学校教师职称制度改革的指示，增加中等职业学校实习教师的比例以及实习教师职称考试评审系列，进而加强对学生实践能力的培养。KOSHIKI对学校的职业名称审查权的释放，为教师队伍的建设和建立创造符合学校办学定位的条件，下放高职院校职称评审权[②]。

根据发挥教师特点的原则，教师的职称分为四个层次：初级、中级、副高级和正高级。不同层次的教师承担不同的任务，设定不同的标准。初级教师年轻且缺乏教育经验，因此他们可以被定位为服务型教师，并承担相应的教育职责，完成适量的教学任务。中级教师一般是教育的中坚力量，通常他们可以被定位为教育型教师。副高级教师可以根据自身的优势自愿成为科研型或教育科研型教师。正高级教师可以通过选择教育类型，如教学型（担任专业负责人），接受较少教育工作，但必须负责专业建设、青年教师的培训，以及领导教育团队的任务。

对职称的评审方法可以结合教师的分类和专家考核的结果进行研究，建立日常考核结果与职称评聘相结合的考核方法，建立不同类型教师的职称考核体系，指导教师分类的发展[③]。

---

① 张棘,邵昀泓,崔煜,等.高职教师教学质量评价实证研究[J].教育教学论坛,2021(18)：54-57.
② 曹晔.职业教育教师队伍建设"十三五"回顾与"十四五"展望[J].中国职业技术教育,2021(10)：11-17.
③ 晓霞.高职院校教师考核评价机制构建的实践探索与思考——以国家示范高职院校A学院为例[J].职教论坛,2015(14)：14-17.

（四）完善反馈机制，提高考核有效性

教育评价跟踪反馈是教育评价体系的重要组成部分，是教师与学生之间构建生态课堂的桥梁和纽带，教师通过了解每个项目的得分情况，了解学生的需求，尊重学生个性的发展，可以准确地调整教育方法和课堂状态，提高教育技能和教育艺术，这是一个让学生和教师看到自身参与其中并得到改变的窗口，是一种双赢的教育手段。在河北省的每一所农村职业学校设立专门的部门和人员，对教育质量评估数据和资料进行系统的研究，发现并改进所有农村职业学校教育质量存在的问题和原因，科学有效地建立教育质量评价体系，为学校管理决策提供依据[①]。例如，构建了基于考核结果的奖励分配系统。按照"加强考核、加强分配、按职计酬、讲求绩效"的原则，将员工的薪酬分为基本工资、职位津贴、年审奖励、特殊津贴以及项目援助等方面。根据考核结果，开展基于职位的专业发展培训，学校特邀专家为个别教师提供分类层级培训和个性化指导。同时，要长期跟踪评价一直以来教育效果好的教师和较差教师，发现并记录原因，使教师们有榜样可学、有改进经验可借鉴。

---

① 张棘，邵昀泓，崔煜，等.高职教师教学质量评价实证研究[J].教育教学论坛，2021（18）：54-57.